U0722271

文明经典：通识写作

《文明经典》教材编写组

石　磊◎主编

重庆大学出版社

图书在版编目（CIP）数据

文明经典：通识写作 / 石磊主编. --重庆：重庆
大学出版社，2025.5. --ISBN 978-7-5689-4970-5

Ⅰ. H15

中国国家版本馆CIP数据核字第2025W35Z94号

文明经典：通识写作
WENMING JINGDIAN：TONGSHI XIEZUO

《文明经典》教材编写组
石　磊　主　编
策划编辑：张慧梓

责任编辑：张慧梓　　　版式设计：张慧梓
责任校对：谢　芳　　　责任印制：张　策

*

重庆大学出版社出版发行
出版人：陈晓阳
社址：重庆市沙坪坝区大学城西路21号
邮编：401331
电话：（023）88617190　88617185（中小学）
传真：（023）88617186　88617166
网址：http://www.cqup.com.cn
邮箱：fxk@cqup.com.cn（营销中心）
全国新华书店经销
重庆升光电力印务有限公司印刷

*

开本：787mm×1092mm　1/16　印张：12.75　字数：277千
2025年5月第1版　　2025年5月第1次印刷
ISBN 978-7-5689-4970-5　定价：58.00元

本书如有印刷、装订等质量问题，本社负责调换

版权所有，请勿擅自翻印和用本书
制作各类出版物及配套用书，违者必究

编委会

编　委（按姓氏字母顺序排列）：

罗　宇　　沈　秋　　石　磊　　斯　维

唐　杰　　肖馨瑶　　闫　云

意义生成与通识写作

古人讲"文以载道"，将文章视为"经国之大业，不朽之盛事"，赋予写作传承道统、治国安邦的政治功能，也赋予学者经世致用的社会使命。今天文字早已从"精英特权"下降为大众工具，写作也从经国大业、宏观叙事更多地转向日常化的个体表达。大众阅读与写作的兴起，让写作褪去了神圣维度；文本生成式AI工具的出现，又让写作能力的重要性受到质疑。但是在人人都号称能写作的时代，大学生的总体写作水平却堪忧，逻辑混乱、表达不规范、言辞贫乏等问题广泛出现。当此之时，为什么需要写作、怎样写作，成了高等教育人才培养需要考虑的重要问题，不少高校也陆续开设了专门的通识写作课程，以提升学生写作能力。

重庆大学"文明经典"作为全体学生修习的通识核心课程，自2021年开课伊始，即设置了读书报告写作这一环节，要求学生在阅读经典文本之后，根据教师布置的思考题写作读书报告并参加研讨班。这一环节设计的初衷是希望通过写作来检查、督促和引导学生的阅读与理解，因为写作和研讨是经典阅读教学模式的内在构成环节。在数年的课程运行期间，学生提交了几十万篇读书报告，且在2022年和2024年两次大规模问卷调查中，超过一半的学生认为写作能力得到了大幅提升。这使得我们深刻认识到，读书报告的写作既是这一课程本身的教学方法，也正好契合了当下大学生写作能力训练的迫切需求，需要在理论上作出进一步的梳理总结，以廓清共识并形成专门的教学指导用书。

作为经典阅读教学模式的必要方法，读书报告的写作是引导学生进入文本空间并引发意义生成的重要手段。只要学生直接阅读经典文本，他们自己生活的原初经验就会与经典的意义世界碰撞交融，这个过程一定会生发出独特的感受与理解，而读书报告正是要求学生将这感受与理解诉诸文字，即以写作激发经验反刍、促进意义生成，生长并留下属于学生自己的真实而个性化的思想印记。这是一个真诚的互动过程，它要求学生务必结合经典和自身经验，避免架空泛论、堆砌辞藻、套路套话，避免我们今天已经习惯的无处不在的形式主义话语。因此，写作读书报告是在返璞归真中的意义生成，有助于学生创造性思想能力的培育。

中学阶段的作文常偏重修辞训练，而在阅读经典之后写读书报告，却是在言之有物的基础上偏重说理写作。与修辞写作、创意写作等相比较，说理写作尤其是谋篇布局、逻辑推理、驾驭材料、修辞炼字的统一体。基于个体真诚的阅读理解体验，然后提炼和表达观点，行文中先说什么、后说什么，考量词句、把握分寸、前后呼应等等，这一过程不仅是系统的思维训练，也是从事任何工作必需的组织能力的训练。在这个意义上，我们甚至可以说，一切工作都终将是写作，而读书报告式的说理写作，正是在培养学生作为现代人在理性思维和工作组织方面的基本能力。

如果将写作仅仅视为表面的遣词造句和逻辑推理，视为规范和规则性的技能，以为写作就是语法构造和修辞润色，那么今天"文本生成"式 AI 工具已经完全胜任。这种形式主义的机器写作越是泛滥，人的价值和独特性就越是萎缩、人的个体经验和体验就越是无足轻重。经典阅读的读书报告写作，所要求的返璞归真式的"意义生成"，以及在此基础上促成的理性和组织能力训练，正是将学生从形式主义空洞话语中挽救出来的一种尝试。

读书报告写作因此通过对学生原初经验、创造力和理性能力的重视，促进学生个性化的意义生成和思想成长，去实现教育之为教育的真正的人文主义内涵。我们在这样的基础上重新把握写作的重要性，将写作看成是"立德树人"的重要路径而并非单纯的技能训练。在这个意义上，我们理解了古人讲的"文如其人"，文章是每个独特个体"心力"与经验的体现，而培养个体的写作能力即是培养真正的"人"的一种方式，它仍然是"经国之大业，不朽之盛事"。

这本指导读书报告的通识写作教材，是重庆大学博雅教育和通识教育人文内涵的又一生动彰显。

唐 杰
2025 年 5 月
于博雅书院

前　言

　　放在十多年前，即便在追求建设世界先进水平一流大学的号角已吹响的大背景下，被装进不同专业框子里的大学生们也无非只有两条接触通识教育的门径：要么去听为数不多的全校性公共讲座，要么去"水"几门通识选修课以达到学分要求。彼时恐难以想象，今日相当多高校已走向对以专业化为导向的教育思路的反拨，由此催生出一个新局面，其中大类培养、通识核心课程等实践尤其成为主要趋向。

　　2021 年 9 月入学的重庆大学新生，不再入校初就确定具体专业方向，而按照"大类招生、大类培养、大类管理"原则，首先进入本科生院学习和生活，接受广义的通识教育。与此同时，全校增设文明经典通识核心课程，采取"大班授课、小班研讨、大量写作"等形式，通过对中西方文明经典著作的研读及围绕于此的读书报告写作、小班讨论、大班讲授等环节，全面提升学生的人文素养、思想格局，以及文献阅读、说理沟通等多方面能力。

　　2023 年 8 月，在课程运行进入第三个学年之际，《文明经典：一》和《文明经典：二》出版，这两本教材分别对应文明经典通识核心课程系列 A 和系列 B，涵盖中西方共十二本文明经典著作要旨要义的讲解。这两本教材，虽都包括"经典阅读与读书报告"章节，对课程读书报告写作环节有所涉及，但限于篇幅，它们既无法详尽阐明读书报告写作的性质、意义和方法，也无法充分呈现该环节已汲取的经验和教训。因此，一本既能呈现课程写作环节具体面貌又能由此对读书报告写作的性质、意义和方法做出总结的教材，无论从教师的教学端，还是学生的学习端，抑或课程的建设端，都具有现实意义。

　　任何具有理论意义的方法论并非自空中楼阁而来，任何基于具体实践总结的经验教训，也并非只有点对点意义上的狭隘功用。正如达尔文通过在生物学领域的研究、弗洛伊德基于心理治疗领域的实践提出自己的理论假说，但进化论和精神分析学说的影响力却不局限于得出它的原初领域。以此为例并非自夸本书的功用，而是更想表明：它来自和服务于重庆大学文明经典通识核心课程读书报告写作环节的具体实践，基于此的理论总结却又包含着对通识写作基本原理的探索。因此，它绝非某个具体学校具体课程的侍者，而是向任何对说理性写作有兴趣和需求的读者敞开。

读书报告写作、通识写作、说理性写作三个概念，在上述"表明"中混杂出现，它们各自有怎样的内涵、彼此间构成什么关系？以下便从这个问题开始，分别对本书的概念界定、内容框架、使用方式、编写过程做出说明。

首先是概念界定。通识写作不同于专业化写作，专业化写作旨在基于某个学术共同体传承、积累、创造、传播知识，专业性学术论文、著作以及学位论文即属此类。通识写作本质却是一种非专业化写作，它的目标不在于猎取知识，而在于对批判性思维和复杂性思维的训练，不在于从纯客观的意义中探索"真理"，而在于通过阅读、思考去体会古往今来圣贤处世／事情境，在真实当下的人生和社会中建立自我体察、认知和反思的意愿。

读书报告写作是通识写作的一种具体形式。通过阅读经典著作，并将阅读者个人的情感、经验、观念乃至偏见与经典著作碰撞的结果记录在案，以实现从"用脑思考"到"用笔思考"的转换，进一步达到思维和认知能力上从"就事论事"（从现象到现象）到"就事论理"（从现象到本质、原理、理论）的飞跃，这是读书报告写作的性质和目标，具有很强的思辨性特征。依此，读书报告写作便必然是一种说理性写作。

说理性写作即以"讲理"为核心目标的写作方式，从文体规定性来说，它本质上是一种议论文、论说文或说理文。记叙文写人物、说故事，抒情文造意象、传情愫，而论说文则摆事实、讲道理。构成论说文或说理性写作的三要素是论点、论据、论证。论点即该文章要阐明的观点，论据即证明论点的证据材料，论证即组织论据以最有效地证明论点的逻辑推理过程。说理性写作就是把一个观点"销售"出去的书面操演。

事实上，无论日常生活、工作场合还是公共领域，说理性情境无所不在，小到夫妻吵架、中到科学研究、大到国家大政方针的拟定和执行，我们无时不处在各种观点传达、沟通交流的场景之中。然而，如何获得一个富于洞见的"理"并讲好它，并非任何专业化教育的宗旨。本质上，说理是一种普遍性能力，而非专业化水平，其强弱与思维和认知能力息息相关。本书将尝试证明：作为通识写作的读书报告写作是提升此能力的最佳训练方式之一。

其次是内容框架。本书基于重庆大学文明经典通识核心课程实践，旨在讨论作为通识写作的读书报告写作的性质、意义和方法。为使其特殊性和普遍性兼具、理论性和实践性并存，上编以理论阐释为主，辅以少量、局部的案例展示，意在说明读书报告是什么，写读书报告能带来什么，以及优秀读书报告的特征和写作方法；下编以案例展示为主体和线索，从既往课程中筛选 60 篇读书报告案例，旁附结合对具体句段的"批注"，尾挂结合对文章整体的"综合点评"，意在"手把手"地讲解读书报告写作的注意事项和操作方法。它既是对上编所阐明原理或理论的呼应，自身也构成读书报告写作之经验教训的记录合集。

针对本书下编部分，还有以下几点细节上的补充说明：第一，案例选编的范围限定在课程的第一学年，即 2021 年秋季学期和 2022 年春季学期。此时系统性写作指导尚未展开，如 ChatGPT 之类的人工智能工具也尚未流行，学生提交的读书报告具有某种程度的野生性，选文中虽有令人拍案叫绝的文章，但多数还难称"范文"，因此批注和点评的空间更大，能够由此揭示出有代表性的写作偏颇。第二，文明经典课程会由课程组在课前统一命制结合经典文本要义的思考题，这一方面有利于引导学生预读，另一方面也可为随后读书报告写作和小班讨论环节提供参照。但本书仅在附录中列出思考题选粹，没有将其与下编中的选篇并置，理由是它并非读书报告写作方法的内在组成部分，仅是外在参考工具，忽略它并不构成对本书阅读和学习的障碍。第三，文明经典课程和本书都强调读书报告写作是提升学生自我认识和思维能力的手段，除了坚决反对抄袭外，对写作中如注释等学术规范不做特殊强调，为更清晰集中地呈现本书目标，下编案例选编中采用了统一体例，未保留部分读书报告中的引文注释。

再次是使用方式。读者既可按顺序阅读，也可随意翻阅。因为本书整体是一个有机体，内部各小节尤其下编中任意一篇读书报告案例选编及其批注、点评都各自是这个大有机体内部的小有机体。如上编中，每一小节只侧重谈一个问题；下编中，每一篇读书报告案例都自成一体，旁批和尾评既涉及标题、开篇、主干、结尾写作方法的解释性评点，又结合句段涉及的具体论证方法、修辞方式等方面进行针对性指导和纠正。因此，读者可将本书看作某种"词典"性质的读物，零散时间随意翻阅其中任意一篇或几篇，不失为对它的一种有效使用方式。一套写作理论是系统性的，但学习它的方式完全可以是碎片化的。

最后是编写过程。本书自 2022 年 9 月开始筹备，期间得到重庆大学博雅学院、重庆大学出版社的重要支持，尤其得到了唐杰副院长和张慧梓编辑长期的关心和指导。本书编写的具体分工如下：上编由石磊撰写；下编的编写经历若干阶段：

在一学年近 80000 份读书报告作业中，经任课教师和助理讲师推荐，其范围被大大缩小；2021 年秋季学期的推优作业由董涛、龚泽军、黄铭、黄瑞成、李广益、谢利民、余昕进一步筛选出 71 篇，2022 年春季学期的推优作业由罗宇、石磊、沈秋、斯维、肖馨瑶、闫云进一步筛选，并将所选篇目与前一学期选出的篇目混合，再从中选出 116 篇做批注、点评；最后，石磊根据具体章节安排的需求和侧重，选定 60 篇读书报告案例，对前期完成的批注、点评做修订、统稿，并补充了本书的前言和附录。因此可以说，本书是师生共同努力、合作的成果。

上　编

经典阅读与读书报告写作

下 编
读书报告选编·批注·点评

上　编
经典阅读与读书报告写作

第一节　读书报告长什么样

本节核心观点

◇ 写作并非乐事，而是苦差
◇ 读书报告 = 我读 + 我思 + 我写
◇ 读书报告不是读后感
◇ 读书报告本质上是论说文
◇ 读书报告 = 论点 + 论据 + 论证

与文明反人性而动的趋向一致，写作也是一件反人性的苦差。倘非如此，弗洛伊德为何要对文明表示"不满"，我们又为何如此厌恶写作？

弗洛伊德指出人格结构包含本我、自我和超我三个组成部分，本我按照快乐原则要求得到本能欲望的满足，自我和超我却按照现实原则和至善原则对它进行监督和管控。于是，人的行为受欲望驱使，却又不能在社会中为所欲为。依弗洛伊德所见，自我、超我监督和管控本我乃出于文明的要求：

> 文明在很大程度上是通过消除本能才得到确立的，而且在很大程度上（通过抑制、压抑或其他手段）必须以强烈的本能不满足为前提。[1]

因此，文明的历程，就是人的本能被驯化的过程，它不仅诉诸外部的法律或道德习俗，更内化到人格结构内部，实现了个体自我压抑机制的塑造。显然，文明是逆乎人性而动的，它的本质就是反人性。

创造文字是文明的重要成就，一种文明是否留下文字记载，甚至构成今天衡量其价值乃至存在与否的主要标准。所谓文字记载，正是写作的产物。因此，写作堪称文明的一个大动作。倘若文明是反人性的，写作能独善其身吗？那些道德

---

[1]　西格蒙·弗洛伊德：《一种幻想的未来 文明及其不满》，严志军、张沫译，上海人民出版社，2007，第150页。

指令和文化禁忌是怎样传播的，著书立说不正是其重要环节吗？它甚至可以说是文明的"帮凶"中影响最深远的一个。千百年来，原始人朴素而自由的人性不断在这些说教中萎缩到种类繁多的道德要求的小匣子里，成为进阶为文明人并获取安全的代价。正如弗洛伊德所说：

> 原始人比我们更幸福，因为原始人不知道对本能采取的限制。作为代价，人类鲜有可能继续享受这种幸福。文明人已经将自己部分幸福的可能性换成了部分的安全。[1]

有趣的在于一个悖反结构：那些通过写作以帮助文明反人性的著作家们，自己非但不是这个过程的受益人，反而也深受其苦。他们以匡扶世道为名义，写出道德说教的文字，难道能自外于那些反人性的法则和要求吗？立法者不能外在于法律，显然其自身追求本能欲望满足的本我也要遭到他们所致力于传播的道德法则的压抑；更重要的还在于，他们著书立说的过程就其写作行为本身也是苦不堪言的。自不必说古往今来大量著作家已多次倾吐写作所带来的痛苦煎熬，就从人性法则本身来说，人是趋利避害、趋乐避苦的动物，消费使人快乐，生产令人痛苦，消费是顺乎人性的，生产则是迫不得已的。写作作为一种生产活动，尤其作为一种更加耗费精神的脑力生产活动，何乐之有？从这个意义上说，难道写作不是一件反人性的苦差吗？

当然，身处文明世界中的我们，很难否认文明及作为文明内在构成的写作百无一用，然而，不应被它们表面上给我们带来多少好处和便利遮蔽，而应窥破其反人性的本质。正如弗洛伊德所指出的，文明让我们所感知到的进步和利益，"大部分满足都沿袭了在轶事中备受称赞的'廉价享受'的模式——例如，在寒夜把光腿放到被子外面，然后再把腿抽进来，这样就能得到幸福的感觉。如果没有铁路拉近距离，我的孩子就不会离开故乡，而我也无须打电话听他的声音；如果人们不会乘船越洋旅行，我的朋友就不会踏上出海的航程，而我也不必发电报来消除我对他的挂念……最后，如果生活充满艰辛、毫无乐趣，而且充满了无数的不幸，以致我们只想以死来作为解脱，那么对我们而言，长寿又有什么好处呢？"[2]由此，我们不得不质疑将文明与幸福相关联的虚假性。

总而言之，文明和写作的本质都是反人性的，文明是普遍的反人性，写作则不仅反对读者的人性，还反对作者自己的人性，这不仅是从所写出的内容来

1 西格蒙·弗洛伊德：《一种幻想的未来 文明及其不满》，严志军、张沫译，上海人民出版社，2007，第172页。
2 西格蒙·弗洛伊德：《一种幻想的未来 文明及其不满》，严志军、张沫译，上海人民出版社，2007，第138—139页。

说，也是从写作这一行为本身来说。文明剥夺了人性之初的快乐及其延续下去的可能，它正是一个失乐园。而写作，既是文明的统治工具，其行为本身也正是文明反人性的证据。

读到这里，相信有心的读者已然疑窦丛生、实感蹊跷：这书究竟是教授通识写作的，还是要陪着想到写作就头大的我们一起倒苦水？

这本书的确致力于把通识写作这件事说明白，不过，写一本教写作的书，也是写作，编者也苦于其中啊。教写作的书，更不能违心说写作是乐事。

本节开篇前六段，结合弗洛伊德的精神分析学说，从"文明"和"人性"的角度，来讲写作即苦差这个道理，你认同它吗？或者说，你是否被说服？

如果你认同它，那就太好了，这说明编者通过写作，成功"出售"了他的思想；如果你没有被说服，那就更好了，这说明你并不苦于写作，可以立即合上本书。因为对于一件不苦恼的事情，我们总有办法做好。

写作，有千种万种，写日记是写作，写情书也是写作，写政府工作报告是写作，写《红楼梦》也是写作，应用性写作是写作，创意性写作也是写作……

作为本书中心话题的读书报告写作，当然也是写作。何谓读书报告？顾名思义，就是读一本书后，将阅读过程的所感所思，加以提炼总结，诉诸文字记录。与编写朋友圈文案的片段化特点不同，读书报告应是一篇有观点、有论证、有谋篇布局的完整文章；与高考作文的议论文写作相异，读书报告不是泛泛地讲一个道理，而须充分结合所读之书来展开说理性论述。

如果上面的解释仍无法帮你形成对读书报告这一文体的觉知，没关系，请重新阅读本节开篇前六段——没错，它是编者阅读弗洛伊德的经典著作《一种幻想的未来　文明及其不满》（简称《文明及其不满》）后心得体会的记录，是一篇如假包换的读书报告！读书报告长什么样？这就是读书报告的一个典型模样，虽不能说是唯一模样。它主要包括以下五点外貌特征。

首先，它不能不是围绕一本书所展开的论述，须紧密结合著作原文及其核心要义。在上述读书报告中，可见其论述总不脱离对《文明及其不满》的引用和阐释，对象关系清楚。不失时机地引用经典原文，既能让读者领略原著作者的思想风采，又增强了读书报告本身的论证可靠性，还能推进文章论述逻辑的进展。

其次，它不能不是写作者对一本书总结、提炼、阐发的结果，体现思考的主动性。就上述读书报告而言，可见它并不是亦步亦趋于《文明及其不满》，而是总结提炼出其核心主张（文明是压抑性的），继而结合到写作行为进行阐发（写作也是一件反人性的苦差），这体现出读书报告不是原书的单纯梗概或复述，而是在其中包含自己的思考。

再次，它不能不是一篇有中心线索的独立文章，须有明确的论述宗旨和推进方向。一本书的内容是十分丰富的，越是经典著作，便越博大精深。写作读书报告，不求面面俱到，也难以做到事无巨细，而是只针对原著中的一个问题做主要展开。上述读书报告就是这样做的，它的中心线索即文明和写作皆"反人性"，可谓清晰明确。

从次，它不能不是一篇逻辑清晰、论证严谨的论说文，须进行谋篇布局的缜密构思。不能将读书报告单纯理解为读后感，它更是读后思，也就是思辨一个道理，并用论据和论证过程说服读者认同它。上述读书报告的论证层层深入：开篇引入问题，中间四段论证文章核心主旨，结尾一段总结，观点明确、结构清晰、逻辑严密、论据翔实。

最后，不得不承认，为了不在起初暴露前六段是一篇读书报告案例，编者刻意省略它本应有的一个部分——标题。读书报告应有一个干货信息充分又引人入胜的简洁标题。它不是正文可有可无的装饰品，而应与其相辅相成。如给上述读书报告冠以"文明的'帮凶'——论写作是一件反人性的苦差"这一标题，各位意下如何？

第二节　写读书报告能带来什么

本节核心观点

◇　写作是我们的宿命

◇　经典是反专业性的

◇　写读书报告是对高层次思维能力的训练

◇　写读书报告是与高手过招的过程

◇　"用笔思考"优于"用脑思考"

编者和许多数苦于读书报告写作的读者都坚信，写作的确是一件反人性的苦差。那为什么还要写？更奇怪的是，为什么竟还有人热爱写作，甚至以此为业？

有时我们会陷于诡辩，越是利益偏好一致的观点越容易轻信。轻信就是缺乏怀疑精神，满足于一个观点的表面道理，而忽略其表述语境、层级与应用的复杂性甚至悖反性。就拿写读书报告来说，承认它是反人性的苦差，并不等于质疑它存在的正当性，二者没有必然关联。如我们常说，念书真苦，不意味着我们都想辍学；再如大家常说上班真累，也不意味着大家都乐意失业；尤其如"婚姻是爱情的坟墓"之类的说法，人们也并不因此只谈恋爱而不结婚。

写作的确是反人性的苦差，从动物趋乐避苦的本性来说，这再正确不过了。但它的正确性，仅限于从人的动物本性来说。正如为所欲为也是人的动物本性，可文明偏偏压抑和限制了它，讲明自由不等于任性的道理，并将自由的权利和道德及法律的义务紧密联系在一起，唯此社会才不至于陷于混乱。在这个意义上，压抑性的文明难道不是善莫大焉？

今天我们享受着文明带来的便利，但常常容易忘记，文明原本是一种压抑性力量，而当我们感知到它时，已深陷其中不能自拔。如过度理性化和秩序化的社会将导致人的感觉钝化、生命力衰弱，正因此，席勒在十九世纪便发出这样的反思：

假使理性对人期望过殷，那么，为了人能有人性（人还缺乏人性，但缺乏人性无伤人的存在），它就甚至会夺走人获得兽性的手段，而兽性又是人性的条件。这样，人还没有来得及用自己意志握紧法则，理性就已经从人的脚下把自然的梯子撒走。[1] 这一看法在刘慈欣《三体》中得到更为言简意赅的表达：失去人性，失去很多。失去兽性，失去一切。[2]

可见，文明之于人类，是一把双刃剑。它既为生活世界提供了必要的秩序、规则、技术乃至美和装饰，同时也可能造成对人的完整性本身的伤害。人既有人性，也有兽性；既有感性，又有理性；既有个人意志，又有群体需求；既有创造性，又有破坏性；既有无限的可塑潜能，承受能力又无比脆弱。文明出问题的时刻，往往是过于强调人的完整性中某一个端点的偏激时刻。因此，衡量文明进步与否的标准，不在于它到底顺乎人性还是逆乎人性，而在于它是否能够平衡人性中的两端。

事实上，只要我们在社会状态下继续生活，文明就是一种宿命，是我们为了更好地生活在一起必然付出的代价。因此，它本身无所谓好坏，赞美或批评应仅限于它的实际运作过程。而"写"作为文明过程至关重要的一个动作，或者说作为文明发明出的一种关键"技术"，与文明自身的性质和作用具有同构性。只要不能退回到前文字时代，"写"同样也是我们的宿命，在写作中遭遇的"痛苦"正是我们为了提升思维、获得知识、传播文化所不得不付出的代价。因此，问题不是写还是不写，而是如何写才能让我们成为这个文明行为的受益者而不是受害人。

人生在世，受益的情境未必源于快乐。这可类比于文明的另外一个动作烹饪：几乎所有人都难以抗拒美食，但烹饪却让许多人敬而远之。写作也是如此。读读"三国""水浒"，不少人颇觉趣味盎然，再读读"飞雪连天射白鹿""霸道总裁爱上我"，很多人乐在其中。然而，去写写又如何？尽管不乏有人跃跃欲试，但恐怕多数人还是无此志向。

另一种情况又有所不同："吃"也不尽然都能带来快乐，因为人皆有口味偏好。对应到阅读上，读读《庄子》《史记》如何呢，再读读《伯罗奔尼撒战争史》《第一哲学沉思集》又如何呢？它们对于文科专业的同学来说或不陌生，但对于非文科生来说呢？如果不仅要读，还要围绕它们各写一篇1500字的读书报告呢！孟子说："可欲之谓善。"谁能说，读文明进程中那些陌生、深刻且复杂的经典

1　弗里德里希·席勒：《审美教育书简》，冯至、范大灿译，北京大学出版社，1985，第17页。
2　刘慈欣：《三体Ⅲ：死神永生》，重庆出版社，2010，第382页。

并要围绕其写读书报告是可欲的呢?

古往今来,凡可欲之事,行之如河流入海,自然而然,不需特别的借口;不可欲之事,劝人行之,则必诉诸多番理由。能为阅读经典和写读书报告做出什么辩护呢?卡尔维诺曾为此做出努力,撰写了一篇《为什么读经典》,为"经典"说了很多好话,如他强调"读过并喜爱它们的人构成一种宝贵的经验"[1]"它帮助你在与它的关系中甚至在反对它的过程中确立你自己"[2]。这些理由,显然有些浮泛,最后也只能落在"读经典总比不读好"[3]这样的夫子自道。它们能令喜爱经典的人心有戚戚,却难让畏难于经典者动力十足。

卡尔维诺实际漏掉了经典相当重要的一个性质,那就是它的反专业性。这其实本就内在于我们的常识认知。比如说,没有人会认为中国古典四大名著是中文系学生的专属读物,在西方,莎士比亚也并非为英文系所垄断。经典之所以称得上经典,一方面,它能经得起时间考验;另一方面,它自身能赋予时间以具体性,也就是说,它凭着对同时代重大问题的回应能力,成功地让自己化身为历史进程上的路标,记录着文明路途诸知识、观念、价值的演进变迁序列。经典不是僵死的知识教条,更非独门的学科秘籍,而是我们正在经历的生活世界的内在构成部分。可以尝试追问:从小到大,我们所接受的各种世界观、人生观、价值观从何处来?它们并非天赐,而是其来有自,并经历了累世的实践和层叠的阐释,在文明历程中慢慢为人们所接受和传播,而经典无非正是那些"观"和"价值"的凝结物。

孔子说:道不远人。经典也不远人。经典以精神路标的形式无时无刻不参与着当下的生活实际,左右着我们的思考和行动。因此,不能把它看作专门家从事的知识生产对象,而应该明白,经典虽被当今高度细碎化的不同学科"占为己有",但其本性却是反专业的。也正是在这个意义上,卡尔维诺才会说:一部经典作品是一本即使我们初读也好像是在重温的书。[4]经典是熟悉的陌生人,只要我们承认自己不是生活在真空世界,那么就一定已然多次遭遇经典,不管读没读过。

因此,阅读经典不存在专业壁垒,反而只是"认识你自己"的一条路径。我们从哪里来,到哪里去,我们是谁?阅读经典有助于回答这些"灵魂"之问。但很多时候令人悲伤却又不得不面对的一个事实却是,回答得辩证、深入,不是不

1　伊塔洛·卡尔维诺:《为什么读经典》,黄灿然、李桂蜜译,译林出版社,2006,第2页。
2　伊塔洛·卡尔维诺:《为什么读经典》,黄灿然、李桂蜜译,译林出版社,2006,第7页。
3　伊塔洛·卡尔维诺:《为什么读经典》,黄灿然、李桂蜜译,译林出版社,2006,第10页。
4　伊塔洛·卡尔维诺:《为什么读经典》,黄灿然、李桂蜜译,译林出版社,2006,第4页。

加训练就能运用自如的能力，即一种高层次的思维能力，而读书报告写作正是对此能力的一种训练手段。

思维能力即综合处理碎片化信息的能力。如榨汁机能把苹果变成苹果汁，榨汁功能就是它的"思维能力"，苹果就是所处理的信息。但思维能力有高下之别，榨汁机能把水果变成果汁，却不能把铁矿石变成钢铁，要把铁矿石变成钢铁需要炼钢炉。前者可称为基础思维能力，后者才是高层次思维能力。如果我们的思维只是以非此即彼、非黑即白的二元化程式运转，便难以辩证地处理复杂的现实信息。如果只是人云亦云、随波逐流，也很难对现实信息培养一种批判性和反思性的眼光。唯有辩证性思维和批判性思维，以及由此衍生出的复杂性思维，才能让我们高于常识、走出迷局、发人所未发；二元对立这般简单化思维，只会让我们循规蹈矩、陷入低水平重复甚至走向偏执。

以经典阅读为中心的读书报告写作，是高层次思维能力训练的绝佳方式。每一本经典都是回应其时代复杂难题最重要的努力，它们现身说法地展示出一个时代所可能具备的包括批判性、反思性、整合性、结构化、形式化、形象化等在内的最强大的高层次思维能力。在人类历史上，又有多少世界大事纷至沓来的时代呢？对这些转折性大事件深入地描绘、分析和批判性地思考，甚至以这些思考本身，推动思想的解放、社会的变革，经典不能不说是人类历史的路标、智慧的结晶。读书报告写作，某种意义上就像对象棋名局或经典战例的复盘，写作过程可谓真正地与高手过招的过程。

为何一定要写，光读不行吗？阅读对高层次思维能力的训练效果不及写作，原因在于"用笔思考"优于单纯"用脑思考"。阅读是用脑思考，写作则是用笔思考。前者更趋于天马行空，不修边幅；后者则落实于文字，一步一个脚印；前者只能靠遨行大海之上思想自身的油箱来补给，后者的文字载体就像航空母舰般能够给思想提供源源不断的支持；前者的产出形态多是碎片化和转瞬即逝的，后者则如同阶梯，步步为营，让思维的链条不断延展，又在此过程中可瞻前顾后、随时自我反诘、弥补修正。口算和笔算的区别，其实就是用脑思考和用笔思考的区别。前者宜于处理简单运算，后者才能处理更复杂的问题。类比于跑步，用脑思考是短跑的最佳训练方式，用笔思考才是长跑的正确训练方式。对于长跑而言，不仅需要爆发力、腿长和步频，还更依赖耐力、韧性、策略和随机应变的纠错能力，而高层次的思维能力训练深同此理。要知道，只有那些疲于应对的期末考试、萍水相逢的酒肉饭局才是与我们擦肩而过的短跑时刻，而不管是人生历程，还是世界历史的发展走向，都是绵亘千万里、难有间断的长跑啊。

第三节 "凑"字数为何难

本节核心观点

◇ 有效阅读是读书报告写作的前提

◇ "重读"将线性阅读转化为结构性认知

◇ "凑"字数功夫在结构,而非遣词造句

◇ 读书报告写作首先是思维能力的运用

◇ 结构化思维将写作从论述题变为填空题

除在本性上归属于论说文外,读书报告并非规定性明确的文体。它没有随意到如杂感般漫不经心,也没有谨严到如学术论文般郑重其事,而更近乎二者之间,或可称为训练式文体。如果杂感是社区广场,学术论文是奥体中心,那么读书报告则近似校园操场,我们在此通过写作来训练高层次思维能力。这是读书报告写作的根本宗旨,至于提出什么高深见解乃至不刊之论,倒并不要紧,因为这仍属于专业范畴下的竞技性标准,而非一般能力和素养训练的成长性检验方式。

从篇幅上说,读书报告的字数有很大弹性。三五百字不算短,五七千字不算长,但不管字数要求是多少,总会有一种颇能引人共鸣的声音暗暗苦语:这些所谓经典著作我读不懂啊,实在不知道写什么,凑字数怎么就那么难!

巧妇难为无米之炊,将军难打无兵之仗。任何生产性活动,输入和输出都应保持正相关关系。有足够且高质量的输入,输出自然不在话下;倘若没有,便容易陷入明朝解缙所作著名对联所描绘的窘境:"墙上芦苇,头重脚轻根底浅;山间竹笋,嘴尖皮厚腹中空。"读书报告写作不能摆脱输入与输出正相关的一般规律:下笔千言的前提是阅读积累的数量和质量。

读不懂经典未必是真问题。如前文所述,经典固然有其难度,却并没有严格的专业门槛。因此,问题或许首先不在于读不读得懂,而在于读与不读。而这又怎么会成为问题呢？毕竟，我们总在读啊。问题在于，我们或许误解了阅读的本质。

阅读的本质在于持续不断地将输入的内容转化为认知。有意味的在于，阅读是一个线性过程，认知却是一个结构化过程。一本书从头读到尾，证明我们读了。至于读完记住了什么，哪些被转化为认知，对此言人人殊。尤其对于经典著作而言，其密度、深度、厚度都非浮光掠影式的线性浏览所能染指，更不要说穿透，仅仅读了又能说明什么呢？

阅读是输入，读书报告写作是输出，输入是输出的前提。从输出端看，读书报告写作检验的是阅读的输入效果，而非其线性过程。打卡后上班摸鱼，也在办公桌前坐了一天，可这对于工作的完成又有什么助益呢？可见，作为读书报告写作前提和基础的阅读，不是所谓"读了"就能打发的。如果仅是浮光掠影地"读了"，"读不懂"是再正常不过的结果。很多时候，不掌握正确的"读"法，读和不读没有区别。

什么是正确的"读"法？对此古人已有精妙见解，如"读书百遍而义自见"的说法，就提供了一条读书法门，朱熹对此解释道："古人云，'读书百遍，其义自见'。谓读得熟，则不待解说，自晓其义也。"不能不说，这样的读书法，未必对读所有书都有效，但它通行的道理在于，浮光掠影式的读法，仅见皮毛；要见真义，非"读得熟"不可。

怎样才能"读得熟"？办法只能是"再读一遍"。"再读一遍"不是读两遍的意思，而是说，去体会一下"再读一遍"的感觉，看看相比前一遍阅读差异何在。这个感觉，类似越是与一个人格丰厚、品行高尚的朋友相处日久，便相知越深、触动越大之感。正是基于这样的感觉，卡尔维诺才说："经典是那些你经常听人家说'我正在重读……'而不是'我正在读……'的书。"[1]"重读"所带来的阅读效果，相比于初读将是几何级的提升。因为正是在重读中，对经典著作理解上整体和部分的辩证法才能真正运作起来，线性阅读才能转化为结构性认知，所以重读才能称得上是有效阅读。

"重读"或"再读一遍"，说起来轻松，做起来谈何容易，哪来那么多时间和精力呢？回答这个问题前，需先纠正一个误区，那就是读书不应以读完为目标。从第一页翻到最后一页，未必就意味在读书，选着读、跳着读乃至于倒着读，却可能是好办法。对于经典著作，倘能逐字逐句反复体味，自然是理想状态，但这

---

1 伊塔洛·卡尔维诺：《为什么读经典》，黄灿然、李桂蜜译，译林出版社，2006，第1页。

对通识写作的"进货"过程来说，的确过于奢侈。然而，难道因为达不到理想状态就摆烂放弃吗？似乎不存在这个道理，因为人世间从未有过真正实现了的理想状态，却充满了在既有条件下心向往之的努力。这时，择其要而"重读"，就是一个优解，也就是说，可把从通篇阅读那里节约的时间，用在对经典著作重要章节的"重读"上，由此体会"再读一遍"的感觉。

解决了输入问题，即阅读法的问题，接下来看输出的问题，也就是如何在读书报告中"凑"够字数。在既往课堂实践中，倒有不少"巧"法子被摸索出来。荦荦大端，主要有两种：一是大量梗概或描述经典原著内容，或过多铺陈原著外围的一般性知识；二是借着原著一个话题由头的联想，结合大量现实或个人经历展开讨论，甚至一发不可收地进行抒情或表态式表达。前一种法子的缺点在于缺乏观点和论述主线，看似结合了文本，却散漫无边、不知所云；后一种法子的缺点则是缺乏结合文本的分析，论述大而无当、言之无物，或缺乏反思性和批判性眼光，使读书报告只在平面上飘浮，无法拉扯开纵深空间。

显然，这两个"巧"法子可拉长读书报告篇幅，却严重违背读书报告写作的本性——充分结合所读之书，写一篇有观点、有论证、有谋篇布局的完整文章，如这样写，字凑够了，读书报告却还是一"团"糟，可谓南辕北辙、吃力不讨好。

造成这样的局面，归根到底还是没有真正认清读书报告写作的根本性质。既然它应是一篇充分结合经典文本而有观点、有论证、有谋篇布局的完整文章，便一定是结构性的而非散点式的。结构即稳固的关系系统。读书报告的结构，应有其内部的凝聚力，将各要素有机地结合起来，形成一个有支撑性骨架的关系系统。它并非从天而降，而是需要写作者深思熟虑，是思想加工的产物，也是高层次思维能力的体现。结构好，文章才有生气、清晰度和坚固感；结构不好，文章则便如剔骨之肉，瘫软一堆，亦如散滚之珠，凌乱四散。

可见，要想"凑"够读书报告的字数，不能像"巧"法子那样在字句上下功夫，而应在结构上下功夫。在字句上下功夫，就像挤牙膏，施加一点压力，出来一点内容，它往往是线段式的、杂乱的；而在结构上下功夫，却似搭框架，建构一个整体，再在局部完善经营，最终成就有血有肉的文章有机体。前者像炖一锅粥，全部食材一股脑放下去，乱搅一气，后者更像盖房子，做图纸、打地基、上框架、灌混凝土，再完成内部装修等，井井有条；前者拼的是一股蛮力，拉开乱拳打死老师傅的架势，后者考验的是高层次思维能力，也就是积极运用头脑去建构、组织和创造，这并非我们匮乏的能力，却是一种在读书报告写作中常常忘记发挥出来的能动性。

读书报告写作"凑"字数为何难，难就难在用力不当。如果仅停留在字句层面，字数当然只能靠"凑"，逻辑只能靠"扯"，东拼西凑、东拉西扯，说的就是这样的做法。要想一劳永逸摆脱这样的困境，就须意识到：写作首先是思维能力的运用，其次才是文字能力的运用。写作不是写字，不是写句子，也不是写段落，而是写思路，写思想，写思维。思维能力的运用，就是靠独立思考，整合所阅读之经典中的各种信息，并将之安置在一个中心明确、条理明晰的结构中。读书报告写作只需要最低限度把说清楚的朴素文字，更多地依赖于用高层次思维能力去建立结构。结构一旦被构思出来，写作也就从令人抓耳挠腮的论述题摇身一变成了手到擒来的填空题！思维越缜密、思维链条越长越周全，写出的读书报告的密度就越星罗棋布、深度也越入木三分，到这个地步，难的就不是"凑"字数而是删减字数的问题了。

第四节　一不小心就会掉到坑里

本节核心观点

◇ 读书报告写作应力避过度文学化

◇ 读书报告写作应紧密结合经典原文

◇ 读书报告写作应守住论点和主线

◇ 读书报告写作应坚持求真务实作风

◇ 读书报告写作应立足于客观性和公共性维度

已明确读书报告的性质和意义，知晓"凑"够一篇读书报告字数的方法原则，还未万事大吉。唐三藏西天取经，历尽八十一难，有的难是折磨，有的难却是诱惑，写读书报告也是如此，有的困难是荆棘丛生，让我们绞尽脑汁，有的困难却是蜜汁毒药，让我们愉悦地滑入万丈深渊。因此，需提防读书报告写作中那些一不小心就很容易栽进去的"坑"，只要避免跌入，它的下限就保住了。下面结合既往课程实践中《伊利亚特》读书报告的若干案例，逐一展示写作中应力避哪些"坑"。

1号坑：修辞华丽，以美为鹄

风景可以美不胜收，人可以美入心脾，文字也当如此，如我们夸一段美文清词丽句、字字珠玑等。文字修辞极漂亮，我们就说这富有文学性。但读书报告写作是否应以此为目的，却是一个值得怀疑的问题。如下面这段文字：

> 神一样的赫克托尔死了，他就死在自己国家的城垣下，在雅典娜伪装的得伊福波斯的祸口怂恿下，宙斯将他天平的一侧深深沉入哈德斯的冥界……
> 英雄只会为英雄砌上坟茔，命运的祭司从不会为亡灵点明消逝于世间的原因。

阿基琉斯也可以在弗提亚与他的眷属相养以生，他的名字同样会被代代儿孙铭记；但他却选择让年迈的佩琉斯苦闷地等待，自己去赚取那会享誉千年的传奇。

…………

赫克托尔生来的环境决定他受阿波罗的青睐，穿戴胫甲成为特洛伊城的光辉勇士；阿勒珊得罗斯的放浪形骸谁又不能说是王室靡靡之风的产物。环境塑造了一个人，就像宽阔的海面才能使北风神释放它神明的威力，当江水为竭，他也不得不随之成为干涸水床风沙的奴仆……

……他们也可以选择颐养天年，继承光耀的宗室，等待下落的神明为他们生育子孙，但却毅然穿上胫甲，绰起铜枪，只因他们生来有战士的天赋，知道注定逃不过深埋土地的命运，患有所不避也。

……悲剧假如能被讴歌那还怎么催人肠碎，君也不见阿基琉斯为了如是般的悲剧将帕特罗克洛斯当作一次性的赌注，人们总是愿意忽视50%的可能灾难去争取另50%责任带来的无上荣誉，于是乎患有所不避也。

神明与人都在祭祀，看谁能拔得这场竞赛中的头筹，也就是那永生的乐趣与竹帛扉页上的名姓。

荷马在讴歌，从那么大一片灰烬上取下的骨殖，该用多大的黄金器皿盛装啊！

这段文字摘编自一篇名为《祭祀命运的竞赛》的读书报告，它最大的特点就是极具文学性，可谓修辞华丽、气势澎湃。从作文评分标准看，堪称上等，但作为读书报告写作却不合宜。原因在于读书报告本质是论说文，要有明确的观点，讲求逻辑，也要在写作者和经典原著的碰撞中"推"出新东西来；而美文则以修辞和情感取胜，它对经典原著的加工往往是修辞性的，无非用漂亮的语言、充沛的情感把经典原文的内容或情绪"翻译"一遍，是一种新瓶装旧酒式的重复，与读书报告写作本质所要求的生成性和推进性判然两端。因此，读书报告写作应力避过度文学化。犹如高端的食材，只需要最朴素的烹饪。当然，这样说不是否认修辞的重要性，而是警告修辞为上的危害。

2号坑：脱离文本，大而无当

完成科学实验后在实验报告中描述一番实验室门把手的温度总不合适吧，因为实验报告应紧密围绕实验目标展开，不必旁及其他无关之物。既然是读书报告，当然就要围绕所读之书展开，与此同时，这个展开过程，也不是涣散无边的，须时刻围绕读书报告的中心论点（相当于科学实验中的实验目标），不能旁枝斜弋，而要"戴着镣铐跳舞"。请先看下例：

> 史诗是以最自然质朴的口语方式写成的，运用了大量的口头艺术表现手法，例如夸张、比喻、烘托等，这些技巧从开头一直贯穿到结尾，把40多个英雄人物形象刻画得淋漓尽致。阿基琉斯珍视友情，英勇善战，任性倨傲，不能顾全大局，残忍但又不失同情之心；阿伽门农固执己见，虽为富贵豪强，却勇于自责；赫克托尔英勇善战，有责任心和丰富的思想情感。正是有这些技巧的存在，才让整首诗看起来更有磅礴的气势，让人感受到浓厚的英雄气息。
>
> 如今书面写作越来越普遍，书面写作结构较多，例如顺序、插叙、倒叙等。书面写作的方式分为书面语和口头语。现在也有很多作家采用书面语和口头语的方式来进行创作，也就是现代文学。书面语是人们在文本上交流时使用的语言，比起口头语，书面语更加有稳定性。口头语常常出现在家书、日记等书面中，主要特征是随意性、临时性、复杂多变性，其常常以短句、单句、省略句的方式出现。所以书面写作的"花样"更多，毕竟文章中的一字一句都是作家们细细斟酌过的，也是耐人寻味的。
>
> 就拿我最喜欢的《皮囊》作为例子吧。这是当代作家蔡崇达创作的长篇散文集，以人物肖像画的方式描绘了小镇上的风土人情和时代变迁，用一个个温情而又残酷的故事，流露出作者对父母、家乡的怀念和对朋友的关切。整本书文气沉稳，向读者传达出了理想膨胀却又被现实的骨感支配的青年人对自己命运的深切思考。让我印象最深刻的是作者在写父亲的时候，反复地、百感交集地写父亲离家、归来、生病、挣扎、全力争取尊严、失败、退生为孩童、最后离去。整个过程作者没有用太多华丽的词句，就是平平淡淡地写下了这整个过程，但当读者拿到手里看的时候，对印在纸上的每一个字、每一个词都在反反复复的感受着。

这几段文字摘编自一篇讨论荷马史诗口头写作和现代书面写作差异问题的读书报告，可以说完全掉到"脱离文本，大而无当"这个坑里了。前两段分别从"表现手法"和"写作结构"论证文章主题，乍看颇具条理，细看却会发现，写作者并不是通过对《伊利亚特》原著的分析得出现有结论的，属典型的脱离文本论述。对此有一个基本判断标准：不阅读原著，是否能得出同样结论，如果能，便说明该结论只是写作者头脑中既有"常识"的输出，而不是结合经典原文分析所得。

不结合文本分析，而只是基于"常识"联想，必然导致读书报告的论点呈现随意独断、逻辑散漫、大而无当、漏洞百出。尤其写作者在第三段所举的《皮囊》之例，突兀不说，还是与前文论述主线缺少逻辑关联的枝蔓之笔，文章由此变得支离破碎、不伦不类。这提醒我们，读书报告写作一定要紧密结合经典文本，任何结论性表述，都应来自对经典原文的阅读理解，且能够从中寻出证据，切莫空做宏阔之论，尤其莫做与论述主线无关的宏阔之论。

3号坑：逻辑混乱，离题万里

回想一下，从小学到高中，每逢语文考试前，老师和家长提醒最多的问题是什么？是写作文不要跑题，不要跑题，不要跑题。写读书报告和写作文的要求和评价标准天差地别，但在对待跑题这件事上态度却出奇一致。

为什么会写跑题？表面看是没抓住题目重点，根本原因却是没有厘清论述对象之间的层次和逻辑关系，写着写着思路就"脱轨"了。来看下面一则案例：

> 细品《伊利亚特》，可以发现《荷马史诗》的写作方式和我们现在的书面写作方式存在很大的差异，两者的不同之处可划分为形式上的差异和内容上的差异。
>
> 从形式上看，有以下两点差异：
>
> 首先，现代文学作品通常由作者本人通过手写或者打字机、电脑打字完成；而《荷马史诗》则是由作者荷马用言语述说给周遭的人……
>
> 其次，《荷马史诗》是一部长诗，而现代书面写作作品通常为小说和散文……
>
> 从内容上看，《荷马史诗》与现代书面写作作品也有非常大的差异：
>
> 第一，《荷马史诗》是一部口述叙事诗，而现代诗歌多为抒情诗……
>
> 第二，《荷马史诗》蕴含的"神性"远大于现代书面写作作品。《伊利亚特》通篇与古希腊众神有关，而现代书面写作作品中很少出现神明……
>
> 第三，《荷马史诗》是一部由真实事件进行文学加工而成的著作……而现代书面写作作品虽然带有时代的印记，但通常不会直接将一件历史上发生

过的大事作为全文内容并加以改编……

这篇读书报告旨在讨论《荷马史诗》口头写作和现代书面写作的差异问题，案例中仅摘编其整体框架。仅从其形式看，写作者做"区分"的逻辑意识非常显著："从形式上看""从内容上看""首先""其次""第一""第二""第三"，如此这般，分层分点，逐一论述，可谓清晰明了、逻辑井然。这是值得肯定之处。但细读就会发现，它徒具其表，实质上却掉到了"逻辑混乱、离题万里"的坑里，也就是写跑题了。

文章本意在论述《荷马史诗》口头写作和现代书面写作之间的差异，实际却写成了《荷马史诗》同现代写作之间的差异，可谓离题万里。问题的根源，正在于写作者没有理顺讨论议题的内在层级及其逻辑关系，在思维上并未把事物关系摆放清楚，而仅靠直觉，捡起几个关键词就展开联想式论述，导致偏离中心议题。逻辑清晰性和统一性，是读书报告写作中应坚持的重要原则，如果能在思维上把内容摆清楚，所谓写作，无非就是一种伴随着思维过程的抄录。这再次体现出，写作就是写思维，写作时须时刻保持思维的活跃，这样才能避免一不小心就进入"无意识"的"梦游"状态而酿成跑题这一大错。

4 号坑：穿靴戴帽，空话连篇

在我们的人生经历中，一定听过很多废话吧，没有人喜欢听废话；与他人交流时，我们有过碍于开口的情形吧，于是就虚与委蛇地绕弯子，虽然说了很多，却让听者摸不着头脑；还有，从小到大，想必不少人写过检讨书，写到最后，大概会习惯性地总结道：保证以后不再犯啦。这是真心真意的表达，还是只是一种套路化表态？不得不说，废话、绕弯子和表态是语言交流中难以回避的表述方式，但都不适合放在读书报告写作中，因为它们都意味着空洞。请看以下三个例子：

案例一：

《伊利亚特》叙述的是古代希腊人和特洛伊人之间的一场战争。特洛伊王子帕里斯拐走了斯巴达国王的妻子海伦，希腊人为夺回海伦，组成十万联军，远征特洛伊城。战争持续了整整十年。希腊最勇猛的将领阿基疏斯在面对节节失利的危急局面时，抛开与主帅的个人恩怨，奋勇作战，扭转了战局。最后，希腊人用木马计智取特洛伊城，大获全胜。

《伊利亚特》和《奥德赛》是古希腊人流传下来的最早的文学作品，是世界古代文学的珍贵遗产。这两个故事都是由古希腊盲人歌手荷马所写，因此被统称为《荷马史诗》。《伊利亚特》这个故事歌颂英雄的威武勇敢，赞美希腊民族历史。阿基疏斯是个不完美的英雄，他勇敢、富有同情心、重视荣誉，同时又具有固执、易怒等弱点，这些弱点往往会酿成大错。《荷马史诗》叙事生动明确，语言流畅。书中的英雄人物热爱生活，给人一种向上的力量。

生活中，我们总要面临一些挫折与失败，然而，我们在面对这些困难的时候，首先应该做些什么呢？神奇教练米卢说，"态度决定一切"，所以我们要做的不是从外界借助多少他人的力量，而是选择一种良好的心态。

那么，良好的人生态度是怎样的呢？我想它应该是河蚌忍受沙粒的痛苦而选择育出珍珠的心态，应该是蚕蛹为冲破重重阻碍而奋力破茧的抉择，应该是小草头顶着大石头的压力而挺起脊梁的刚毅，应该是海燕不畏汹涌澎湃的风浪的袭击而毅然飞翔于蓝天时的勇敢。河蚌、蚕蛹、小草、海燕，这些原本渺小的生命尚能做到如此境界，作为万物之灵的我们呢？我们要掌握自己的命运，我们要创造人生的辉煌。为此，选择积极拼搏的人生态度，常常能使我们走出逆境，掌握自己的命运。

....

案例二：

....

虽然《荷马史诗》离我们时代久远，且与现代书面写作作品存在很大的差异，但这丝毫不会影响《荷马史诗》的文学价值。作为读书人，我们都应细品这部古希腊史诗，探索它与现代文学的异同，从而了解历史、了解文学、提高文学素养。

案例三：

....

荷马的口头写作能让读者感受到崇高、壮丽，书面的写作则耐人寻味。不管是哪一种写作方式，都是值得我们去学习和研究的！

读过以上三例，诸位可试回答：从中能提炼出哪些干货内容？对读书报告写作而言，干货就是论点、论据和论证过程，此外皆可称为水分。这样说，不意味读书报告要完全脱水，而是说它应以干货为主。上面三则案例的问题就在于干货太少而水分太多。案例一前两段大篇幅做泛泛的知识或背景介绍，与文章论述目标和主线无关。其三、四段则是高考作文式的八股文体，排比句罗列，道理浅显，意象陈旧，虚张声势，言之无物。案例二、三皆以表态方式结尾，与检讨书里"保证以后不再犯啦"异曲同工。这是一种穿靴戴帽的语言，本就言不由衷，更难取信于人。

读书报告写作应坚持求真务实作风，说用心用意的话，写深思熟虑的想法，坚决抵制空话、官话、套话、场面话！后者最大的危害不在于大而无当，而在于说这些话时出言者的思维是停摆的，真正的写作者不在场，只有那些既有"常识"惯性地在头脑和读书报告中奔跑。读书报告写作根本上是一种思维训练，写作时思维不能不在场、不能不活跃，只有如此，独立思考才有可能，说自己的话、说实在的话才有可能。

5号坑：主观任意，处处唯我

读书报告更接近科学论文还是诗？它介乎二者之间。科学论文具有客观、真实、准确、理性化等特点，诗则呈现出主观、真挚、深刻、情感化等质地。但从写作法角度讲，将它理解为一种更近乎科学论文的文体比将它理解为更近乎诗的文体对我们更有利。因为读书报告是一种说理性写作，其个人的情感、经验、观念固然很重要，但却不能成为核心，它所说的"理"应更具客观性和公共性，唯此才是可争辩的。可争辩性正是"理"的基本特点。倘若只是个人趣味、主观任意、处处唯我，就不能构成争辩对象。请看下面例子：

> 在第一次翻开《伊利亚特》时，可能是由于该书的文字形式相对以前读的历史类书籍来说比较特殊，语言更加复杂丰富，一开始看两页便昏昏欲睡，但随着逐渐了解特洛伊战争的背景后，《伊利亚特》的故事线与各路人物的关系才在**我**的脑子里逐渐明晰。
>
> 根据**我**查找的资料来看，特洛伊战争一开始是因为帕里斯与墨涅拉奥斯争夺被誉为"世上最漂亮的女人"海伦而起……
>
> …………
>
> 赫克托尔是**我**读到现在为止最欣赏的人物。虽然赫克托尔的遭遇十分坎坷，结局也非常悲惨，但赫克托尔的悲剧，不仅是命运安排的不幸，**我**个人认为其实可以上升到整场战争的角度上来分析……
>
> …………

我个人觉得让谁获得胜利似乎是宙斯的意愿，而宙斯就是为了让希腊人看到他们必输无疑。神的决定可能不能百分百决定结果，但是真的占了特别大的一部分因素。

这两点就让**我**开始思考，是不是在一开始，特洛伊人无论多么努力、无论多么虔诚地向神明祈祷，也无法战胜希腊人……

这篇读书报告意在分析《伊利亚特》中赫克托尔形象的悲剧性，编者将其中的"我"字用粗体标示了出来，其出现频率反映出写作者"处处唯我"的思维特征。当然，频繁使用第一人称，未必意味着文章就绝对主观。如"我查资料""我思考"其后跟随的就不是主观化表述。但这种表述方式也存重复啰唆的问题，读书报告本就出自"我"手，不必再强调"我查资料""我思考"，直接呈现资料或思考内容就够了。

在另外一些地方，"我"的使用却体现出主观色彩，如"我最欣赏"。"欣赏"是私人的倾向性问题，而非一个可争辩、可公共讨论的对象。说"我最欣赏"，只是呈现态度，无法表明观点。读书报告需要观点而非态度。有一个既能呈现"欣赏"之情又能客观呈现它的观点的办法，就是不说"我欣赏"，而说"荷马欣赏"。将人称转换后会发现，"我欣赏"是"我"主观趣味的表达，而"荷马欣赏"却是"我"对《伊利亚特》文本分析的可能结果。"我"可将"我"对人物的"欣赏"寄托在原著作者对人物的"欣赏"中。

过多地使用第一人称还会让表述显得拖沓和犹疑。如此文开篇说"我"阅读过程的感受就是与文章主旨无关的"废话"。在读书报告写作中，可有可无的内容应从无。再如"我个人觉得……似乎是""我开始思考，是不是……"之类的表述，表面看是谦虚探问，实际却破坏了文章的自信力。读书报告作为论说文，注定要进入争辩的"战场"，写作者应对其中观点坚定不移，有"真理"在握之感，展示出说服读者的论述魄力，避免使用"似乎是""是不是"这类商量口吻的词语。当然，这样说并不是鼓励狂傲和妄言，因为客观中立、有理有据、不卑不亢才更接近"真理"论述的语调。

第五节 读书报告写作的对策

本节核心观点

◇ 读书报告一般先写正文，后起标题

◇ 读书报告开篇三大功能：诱饵、公平秤、导览图

◇ 读书报告主干论述部分的两个关键：论证和结构

◇ 读书报告结尾最好在更高维度总结文章中心观点

◇ 读书报告标题三大功能：引力场、广告词、导火线

前一节说如何避坑，就是竖一块告示牌，说明读书报告不应怎么写，让写作者对可能遇到的陷阱有所警惕。本节则在此基础上，重点讨论读书报告具体可以怎么写。下面将以本书下编选文为案例基础，对读书报告写作中的四个主要部分——标题、开篇、主干、结尾——逐一分解讨论，解说其在读书报告中的性质、功能和写作方法。

一、开篇：诱饵、公平秤、导览图

对写作而言最重要的是什么？按前文说法，可能是思维，高层次思维；也可能是思想，高深的立意；又可能是逻辑，行文的缜密和连贯；还可能是语言，朴素干净、简明清晰的表达。它们都正确，但主要是原则和道理层面的正确；从实践层面讲，对于任何类型的写作，最重要的事情只有一件，那就是尽快写下第一个句子。

万事开头难。克服开头难，唯一的办法就是立即去做。行动不仅是解决问题的唯一办法，也是缓解任务压力所带来的焦虑的苦口良药。但去做，也要讲步骤和对策。读书报告写作一般第一个句子是落到开篇，而非标题。文章最终呈现在

读者面前首先被读到的标题，在它的"制作"过程中往往是最后一道手续，唯此才能起到统领全文的作用。

想要写好读书报告开篇，首先应明悉它之于文章整体的功能所在。同当下流行的短视频的开篇类似，读书报告开篇也应如诱饵般起到吸引和留住受众的作用。请看下面例子：

案例一：

弗洛伊德曾言"梦是欲望的满足"，那么，对前为楚国贵族，后为小官隐居于世的道家庄子来说，他的那个蝴蝶梦又代表着他什么需求呢？

案例二：

庄子曰："夏虫不可语冰。"说的是如果虫子的生命只存在于夏天，那么和虫子谈论冬天的冰是没有意义的。但是，夏虫死于冰，为何不可语冰？

案例三：

认识是人类汲取对于新事物看法的一项最为重要的能力，同样它也是一项我们与生俱来的能力。但是，我们真的了解这种能力吗？

以上三例共同特点是都具有很强诱惑力。它如何产生出来？这几个案例体现出一个公式：一般说法 + 陌生化提问。如案例一弗洛伊德"梦是欲望的满足"假说是个一般说法，写作者借此追问庄周所梦之"蝶"代表了他的何种需求便是陌生化提问；案例二则借用经典原文中"夏虫不可语冰"这个一般说法，写作者用一个陌生化提问质疑它；案例三先陈述对"认识能力"的一般说法，随之发问：我们真的了解它吗？这也堪称一个陌生化提问。可见，"一般说法"更近乎定见或常识，而"陌生化提问"要么是对其远距离的应用，要么就是挑战它的可靠性，二者间的反差容易吊起读者胃口，引发继续阅读的兴趣。

读书报告开篇吸引读者的方式还有很多，如案例列举、名言引用等。它们的共同目标是把读者快速引入对读书报告的阅读中。那么，同样为把受众引进来，读书报告和短视频在开篇引入功能上的差别何在？一般来说，前者做到博人眼球就够了，后者却不仅要引人注目，还要尽可能把文章自身的中心主题一并引出来。

仍看前述三则案例。案例一通过弗洛伊德精神分析理论，引出庄子之蝴蝶梦的潜意识追求，即寻求一种精神自由，这正是该篇读书报告的中心主题；案例二通过质疑经典原文中"夏虫不可语冰"表述，旨在论述《庄子》中的时间观问题，这也正是该篇读书报告的中心主题；案例三追问我们是否对日常使用的"认识能力"有真知，恰为了引出笛卡尔在《第一哲学沉思集》所讨论的认识论问题，这同样是该篇读书报告的中心主题。可见，将文章中心主题引出来，也是读书报告开篇所承载的引入功能的题中之义。

除引进读者、引出主题的引入功能外，读书报告开篇还至少承载其他两个功能：一是选题立意的正当性论证，二是接引随后的主干论述。前者主要是对文章选题立意的自我评价，相当于一杆公平秤，称一称选题立意的价值和意义；后者则主要是对问题意识的交代，相当于一张导览图，清晰预告文章提出的观点在接下来的主干论述中将得到怎样的论证。

读书报告开篇如何实现对选题立意的正当性论证功能？仍先看几则案例。

案例一：

……历朝历代的文人们根据这本书的内容，对魏晋时期的社会风气进行了褒贬不一的评价，当然，批评的声音更多。笔者在细读书中《政事》《雅量》《汰侈》《简傲》四篇后，认为士族们虽然有着诸多不好的品质，但从历史的大局来看，士族们在坚守中华文明上的功劳是大于其奢侈娇靡的行事风格上的过错。部分士族身上所展现出来的栖逸、任诞此类的品质，可谓当时黑暗的社会中的一道曙光。

案例二：

小国当如何依靠外交手段，在霸权与帝国之间保持独立，甚至在巨兽口中拔牙？这是一个自古以来善于权术的政治家、外交家都企图弄明白的问题，直到如今仍是一大问题……

案例三：

卢梭在探索政治权利与政治原理上为人类做出了不可磨灭的贡献。罗伯斯庇尔曾称赞卢梭道："他是法国大革命的先驱。"歌德评价卢梭道："伏尔泰结束了一个旧时代，而卢梭开创了一个新时代。"……卢梭对社会原理、国家起源的思考，值得我们仔细研读。

上述案例共同特点是都尝试将文章主题放在一个脉络中。案例一将《世说新语》所呈现的"社会风气"放在它的评价史脉络，案例二将小国的政治外交策略放在"自古以来"这个历史脉络，案例三则将卢梭关于社会契约的思考放在其影响史脉络。将所论主题放在脉络中，也就是给它打造一个参照系，凸显其重要性。由此，写作者也便可以向读者证明：我的选题立意是有价值的，值得我写，也值得你读。

再来看读书报告开篇如何实现接引随后主干论述的衔接功能？仍先看几则案例。

案例一：

赫克托尔的故事，毫无疑问是一个典型的悲剧。孤高的英雄面对着不可战胜的敌手，狠心离开自己的娇妻幼子，去打一场不可能赢的战斗。他最终毫无悬念地败亡，未能挽救国家破灭的命运。单从结果上看，他的死亡似乎毫无意义。那究竟是什么，驱使这位睿智勇武的豪杰，决然放弃生还的希望，出城迎战，走向死亡呢？

案例二：

什么是现实？如何认识我们身边的现实？笛卡尔借由这两个问题阐述了他作为一位数学家、科学家，是如何证明和解释我们的存在以及我们的认识。"我思故我在"便是其阐释的开端，不过在此必须为这句话做一个解释："我思故我在"应该被翻译为"正因为我在思考，所以我可以说是存在的"，而非"我的思考导致了我的存在"……在纠正完翻译上可能存在的问题后，我将阐述笛卡尔认识世界的思维逻辑，并证明它并不是唯心主义的产物。

案例三：

尼采在《论道德的谱系》第三篇中提到"病态者"（即病人）一词，并说"那些病态者是人类的大威胁：而不是邪恶，不是'食肉动物'"，并对他们进行了详细的叙述。那么，尼采眼中的病态者到底为何物？是什么促成了他们的病态？又如何治疗呢？本文将围绕这三个问题展开论述。

上述案例共同特点是布局思维，即把问题提出后，随之画一张导览图，提示或接引主干论述部分的论证对象或思路。案例一通过提出一个具有内在张力的问题——为什么赫克托尔毅然选择"毫无意义"的死亡——暗示后文主干论述即对此的回答；案例二、案例三开门见山，径直交代接下来主干论述的主旨和思路所在。在此类开篇的指引下，读者能快速建立起对文章整体面貌的感知，据此可既见森林，又见树木地游走在其主干论述中。

综上，读书报告开篇兼具诱饵、公平秤、导览图三大功能。诱饵指它的引入功能，将读者引进来，将主题引出来；公平秤指它的自我评价功能，呈现文章选题立意的价值和意义；导览图则指它对主干论述的接引功能，呈现文章宏观面貌，预告主旨和思路，顺利过渡到随后的主干论述。当然，在简短开篇完全释放出以上三个功能，并非易事；事实上，也没有必要——即便开篇不设诱饵，文章也未必无趣；选题的意义和价值有时也未必靠论证得来；只要篇章内部结构清晰，开篇的导览图也不是非要画出。只要我们对读书报告开篇的功能有所把握，那么快速写下第一个句子，大概就会利落许多。

二、主干：拾荒者、厨师、辩手

万事开头难这句话，既是虚指，也是实指。虚指即初始进入一件工作时的心理反应，如拖延症；实指则与此相反，指很多工作在其客观原理上就是开头难中间易的。如前文所示，读书报告开篇承载着诱饵、公平秤和导览图三大功能。写作者要找到准确的语言和形式实现它们，本就不易，尤其是为这些语言和形式赋予实在内容，要建立在熟读经典著作的基础上，这也是读书报告开篇写作的一个难点所在。因此，读书报告写作实在是开头难的。

但好消息是，成功搞定开篇后，它虽可能只占文章篇幅的五分之一甚至更少，却意味着我们实际上已完成整篇读书报告写作工作量的一半甚至更多。原因在于，开篇写好了，说明问题提得有价值，也说明对经典原著读得精熟，同时还说明我们思考的主动性和程度也都够了，如此对文章中心观点的论证思路已经心中有数。落实到主干论述写作中，在框架已搭设、材料已齐备的情况下，读书报告写作就接近于一道具有可操作性的填空题。

读书报告写作的主干论述部分虽然不难，但想要写好，应牢记其两个关键：论证和结构。结构性地论证文章中心观点是主干论述部分的核心任务。与论证相关的是证据，与结构相关的是逻辑，二者结合，构成读书报告主干论述部分写作的核心要旨：在有效的逻辑结构中摆放好证据，以论证文章的中心论点。这主要涉及三方面问题：证据从哪来？找来的证据通过怎样的摆放以有效论证观点？论证过程应呈现出什么样的精气神？

第一个问题，证据从哪来？对基于经典阅读的读书报告写作来说，证据主要来自经典著作原文。一方面，读书报告写作以所读之书为中心，对其关键问题、概念、方法、形象等做理解和阐释，形成文章观点。既然观点来自文本，佐证它的证据也自然主要来自文本。另一方面，读书报告作为一种通识写作形式，激发其问题意识的主要源头是写作者个人之情感、观念、经验乃至偏见与经典著作的碰撞，而非专业化研究的科学化取向，因此无须通过旁征博引来证明和提升文章的创新性或学术性。

因此，读书报告写作中为其观点背书的证据，主要来自所阅读之经典自身。当写作者基于对经典原著中的某一问题、概念、方法、形象等的理解和阐释提出自己看法后，为了论证它是一个真判断，就需引用经典原著中的相关表述来支撑。在搜集和整理证据的过程中，写作者的工作身份接近于一名拾荒者。和拾荒者一样，写作者不能停下脚步，应不断在经典原著中穿梭漫游，将能佐证观点的相关论据竭力搜集出来；光搜集也不够，还应对所搜集内容做分门别类整理，就像拾荒者将纸品分作一堆、将瓶罐分作另一堆。但这还只是粗加工，仍处于材料准备阶段，就像厨师将食材处理待用的阶段。

一篇读书报告的成品类似菜品。菜品并不是食材机械相加的产物，读书报告写作也一样，同样需将处理好的证据材料再做进一步加工处理，其根本目标是通过周密的筹划完成文章主干论述部分的谋篇布局，使各类证据有序地被安置在一种结构性关系中，以实现对文章论点最有力的论证。如同一位技术过硬、经验丰富的厨师不会一股脑把所有食材都倒入滚烫的油锅，火候大小、油温高低、下锅顺序、翻炒程度等都需根据不同食谱、食材做出差异化安排。

读书报告主干论述部分写作的结构安排，一般包括但不限于如下三种常见"烹饪"方式：并列结构、对照结构、递进结构。

并列结构，指读书报告主干论述的各部分并行排布，分别围绕文章中心论点展开论证。如本书下编《庄子》读书报告选编中《用一瞬间抓住永恒》一篇，立意在于讨论庄子的时间观问题，便抓住其"两个最大的特性"——"相对"和"永不停止"——展开并列论述；另如《伯罗奔尼撒战争史》读书报告选编中《搬起石头砸自己的脚——浅谈雅典远征西西里的失败原因》一篇，从雅典的政治制度、提洛同盟的组织形式、核心将领的决策失误等三方面并列论述，都围绕于对雅典战败内因的分析；再如《哈姆雷特》读书报告选编中《奥菲莉亚的必要性》一篇，旨在论证奥菲莉亚之于这部经典的不可或缺性，论证从人物功能、形象内涵、叙事意义等三个层面并置展开。

对照结构，指读书报告主干论述采用对比和照应的论述结构，文章一般呈现为两个板块联结的组织方式。如本书下编《史记》读书报告选编中《司马迁心中的侠客江湖》一篇，将《刺客列传》《游侠列传》同司马迁本人的生平经历和人格结构做对照论述，二者形成印证关系；另如《世说新语》读书报告选编中《民脂民膏里的魏晋风流》一篇，则将魏晋门阀士族所呈现出的两个截然相反的面向做对照论述，揭示其"风流"背后对普通民众"压榨"与"剥削"的一面；再如《世说新语》读书报告选编中还有《论嵇康和阮籍反对黑暗的不同方式》一篇，标题中即可见其立意本身就是对照式的，行文结构也按此设置。

递进结构，指读书报告主干论述围绕中心观点环环相扣、层层递进地推进论述这样一种组织形式。如本书下编《唐律疏议》读书报告选编中《"孝道"何以为"道"也？》一篇，便层层递进地讨论"孝"从一种"道德"发展为一种"社会规则"的历史过程；另如《传习录》读书报告选编中《致良知而后行道德》一篇，从道德实践中"知而不行"原因的分析，递进到对王阳明"知行合一"思想的分析，其中包含着明确的递进论述思路；再如《伊利亚特》读书报告选编中《命定的悲剧——赫克托尔人物解析》一篇，核心立意是分析赫克托尔的悲剧形象实质，从性格和形势两方面分析赫克托尔的出战选择后，更进一步从史诗的神话结构层面递进展开分析，使文章主题得以深入。

综合看来，如果把读书报告的写作者比作一位厨师，把读书报告写作比作做菜，那么他的拿手菜绝非乱炖，而是更具组织性的菜肴：并列结构类似蓝莓山药，横平竖直，架构清晰；对照结构好像双椒鱼头，红黄映衬，比照鲜明；递进结构则如同一道广东地区年节团聚时的盆菜，层层码放，循序渐进。正如菜肴再美味营养、再有组织性，最后都以食用为目的，读书报告写作一切形式的组织结构安排，都以论证文章中心论点为目标。

综上，在读书报告写作的主干论述部分，写作者应像拾荒者一样搜集论据，并做初步分类，还要像厨师一样为这些论据精心安排组织结构，以实现论证文章中心论点的最佳效果。二者结合，便是一篇读书报告"身体"的初长成形态。而它的灵魂或精气神又何在呢？这仍需我们在写作中赋予。从表象上说，通过语言赋予，从根本上说，则是通过思维赋予。读书报告写作，尤其是主干论述部分的写作，语言应是论辩性的语言，思维也应是论辩性的思维。也就是说，须在其中公开表明观点，并且始终如一捍卫它，不管是陈列证据，还是逻辑推论，都应坚持论辩性姿态，不断在立论和驳论之间切换，找到作为一个辩手的感觉，使整个行文沛然充满论辩气势，这就是读书报告主干论述部分的精气神所在。

三、结尾：尿不湿、活扣、台阶

读书报告的开篇和主干论述部分，写作难度系数高于结尾和标题部分。如果写读书报告开篇和主干论述部分，就像一次出海捕鱼，要经历风浪和颠簸、日晒和劳作，那么写结尾和标题部分，更像满载归来的黄昏、余晖下的海港，十分繁忙，人们清点收获，喜笑颜开地对此行做一番总结和点评。但也正如古话所说，行百里者半九十，写作者仍不能轻视结尾和标题的写作，毕竟，渔民并非打完鱼便可万事大吉，还要整理储存以及卖个好价钱才算善始善终。

先说读书报告结尾写作。前文已经说明，读书报告应是一篇完整文章，有头必然有尾。从既往课程实践看，读书报告写作中难度系数不算高的结尾部分，反而呈现出的整体效果并不理想，甚至不少开篇和主干论述写得出彩的读书报告，结尾却没能善终，给文章留下遗憾。结尾写不好，原因主要在两方面：一方面是正文没写好，那么结尾自然难写好，毕竟"上梁不正下梁歪"；另一方面，写作者不清楚读书报告结尾的性质和功能。前一方面不在本部分讨论范畴内，接下来就主要看后一方面。

读书报告结尾的性质和功能其实就在字面，结尾即总结。总结应能将前文论述兜住而无遗漏，具体而言，即能兜住全文中心论点。当然，这项工作具有一定程度的重复性，因为读书报告的中心论点是贯穿全文始终的。既然如此，结尾的总结同开篇对观点的提出、主干论述对观点的论证有何区别？区别在于，结尾最好在更高维度完成对文章中心论点的总结，也就是说，结尾中的总结应具有升华性或延展性，以打结来比喻：结尾的总结应是给文章系一个活扣，而不是死扣，这个扣应是使其迈升到进一步讨论的台阶，而非把前文气脉掐死的套索。

为让读书报告结尾写作的性质和功能得到更明确呈现，下面列举具体案例进一步说明。

案例一：

道家言"梦是由天神感应以及三尸作怪而成"，就连庄子也曾言"至人无梦"，但是他却认为这个梦是魂交，是他的精梦，因为这个蝴蝶梦恰恰展现了他的精神自由和思想自由，我们可以从中窥视到他在梦中从"迷失自我"到"物化忘我"，最后到梦醒的"了解自我"，那个过程不仅是他对个体内在的探寻，也是他对社会包括自然的研究与发现。

案例二：

从上述分析可见，哈姆雷特的复仇与古希腊式的复仇虽然在形式上都是以武力实施报复的行为，但它们的内涵却大相径庭。古希腊的复仇，是一触即发的，不存在什么"君子报仇十年不晚"的信条，也不存在考虑规模与后果。夺妻之仇，可以引发一场持续多年的特洛伊战争；丧友之仇，可以让阿基琉斯重返战场……如果说哈姆雷特的复仇与基督山伯爵更相近，更像是一种对于自己精神与理念的胜利的追求，对反人性行为的反抗，那么古希腊的复仇则更接近于《圣经》所写的"以眼还眼，以牙还牙"，纯粹是勇者血性的承载物。个中差异，也许就是莎士比亚想传达的人文精神的困境与价值吧。

案例三：

我不赞同"心物二元论"和"心物一元论"中的任何一方。我的见解是：心灵与身体相互独立又相互依赖并且二者可以通过大脑神经进行联系。对于"人类能否通过神经科学破解意识之谜"这个问题，我的思考是，人类或许可以通过神经科学破解意识之谜，但是我们目前对于神经科学的研究都是建立在人的思维、人的大脑这一思考方式上的，以人的大脑研究人类神经的问题，很难得出客观公正的结果……如果人的意志、思维与心灵那些虚无缥缈没有实体的东西存在于另外一个空间中，就像人的身体与神经存在于地球空间一样……两者通过一种未知的方式联系，那么人就很难通过此空间的神经科学破解彼空间的意识之谜。

案例一紧扣文章中心观点——"这个蝴蝶梦恰恰展现了他的精神自由和思想自由"——以及《庄子》原文论述的内在逻辑——"从'迷失自我'到'物化忘我'，最后到梦醒的'了解自我'"——进行总结，并呈现其个体性和社会性两个面向；案例二同样紧扣文章中心主题——对哈姆雷特复仇的深度解析——并通过哈姆雷特和阿基琉斯复仇行为的对照总结全文，还进一步揭示哈姆雷特复仇所体现出的人文主义内涵；案例三以否定句式总结全文——"我不赞同'心物二元论'和'心物一元论'中的任何一方"——在此基础上重申写作者的核心观点——"我的见解是……"——并提出进一步思考——"我的思考是……"——这个结尾对读书报告全文同样既具有总结性又具有升华性。

四、标题：引力场、广告词、导火线

如果结尾是对读书报告开篇和主干论述部分的总结与升华，那么标题则是对整篇读书报告的总结与升华。同样是总结与升华，标题不同于结尾之处在于，它须更加凝练，也须更加掷地有声。写读书报告时，标题一般最后完成，可对读者来说，它却首先映入眼帘。因此，读书报告的标题，近似于一个头像，是读者对文章的第一印象。

如果把读书报告的标题比作头像是从标题本身来说的，那么从标题和文章的关系来说，它还具有其他功能。首先，标题须能概括整篇读书报告的核心观点，成为全文"主脑"的概括化体现，像引力场一般能凝聚全文；其次，标题与读书报告正文还须能建立一种相辅相成的关联。具体说来，标题可构成对读书报告正文的引入，读者由此进入文章，文章的主题也由此得以初步体现。由此说，一个好的标题应成为能够吸引读者的广告词，甚至成为引燃全文的导火线。

在此意义上，如果将标题起作"《诗经》读书报告""《传习录》读后感""由阅读《伊利亚特》所想到的""我对《论道德的谱系》的理解"之类，那么它们只能起到标签分类的作用，完全不能履行前述标题应起到的功能。读书报告写作和任何写作一样，应尽可能最大化地释放出它每一部分的潜能。

文无定法，读书报告的标题，也没有固定和标准起法。下面通过本书下编读书报告选编中的若干案例，呈现四种具有代表性的标题类型。

第一种，一般陈述型。如《世说新语》读书报告选编中的《民脂民膏中的魏晋风流》，《伯罗奔尼撒战争史》读书报告选编中的《演说词中的历史》，《哈姆雷特》读书报告选编中的《奥菲莉亚的必要性》。三者都采用陈述主题的方式起标题。

第二种，问题导向型。如《唐律疏议》读书报告选编中的《"孝道"何以为"道"也？》，《伯罗奔尼撒战争史》读书报告选编中的《小国的周旋求存之道》，《哈姆雷特》读书报告选编中的《行动为何如此困难》。三者都采用提问或以解决问题为导向的方式起标题。

第三种，比拟修辞型。如《诗经》读书报告选编中的《你看〈鄘风〉她多美》，《庄子》读书报告选编中的《庄周隐于梦》《井底之蛙的出路》。三者都采用比喻、拟人等修辞手段以间接呈现文章主旨的方式起标题。

第四种，主副结合型。如《诗经》读书报告选编中的《勤朴融风情，忠正藏唐风——从〈诗经·唐风〉窥晋国风土人情的一角》，《伊利亚特》读书报告选编中的《命定的悲剧——赫克托尔人物解析》，《伯罗奔尼撒战争史》读书报告选编中的《搬起石头砸自己的脚——浅谈雅典远征西西里的失败原因》。三者都采用主标题和副标题相结合的形式，主标题呈现文章结论或中心观点，副标题则交代文章讨论对象或主题。

综上，一般陈述型的标题起法直截了当，问题导向型的标题起法动力十足，比拟修辞型的标题起法引人注目，主副结合型的标题起法清晰明了。当然，读书报告标题的起法类型并不止此四种，但不管怎么起，都共享某些相似特征：形式上简洁明晰、凝练大方，内容上准确得体、引人注目，功能上对文章有总结、升华、凝聚、引入作用，等等。

第六节　AI 工具使用"指南"

本节核心观点

◇ 面对技术革命，唯一积极的态度是顺应
◇ 读书报告写作并非一门工具化技艺
◇ 人工智能技术是工具理性激进化的结果
◇ AI 工具不提升使用者的思维能力
◇ 应珍视人自身所固有的"局限"

对绝大多数初学者来说，掌握读书报告写作锁钥，并非一日之功。知易行难。而如今，一个新的岔路口又拔地而起，它或将使我们面临一个极为尴尬的处境——纵然花费不少时日和思量，通晓"凑"字数办法，可以自觉绕开各种一不小心就容易掉进的"坑"，也能够自如运用读书报告写作的具体对策，但客观地说，最终搜肠刮肚写出一篇读书报告，其水准和质量或未必胜得过 ChatGPT 或 DeepSeek 等人工智能（AI，Artificial Intelligence）工具以秒为单位所完成的同类作品。这不免令人沮丧。譬如有朝一日，既劳心劳力又花费不菲地从驾校学会驾驶技术，却遇无人驾驶汽车的普及，其平稳度和安全度皆完胜于人力，如此我们长期相信的所谓"艺多不压身"的古训或就要遭到质疑，因为在技术迭代发展的前景下，许多传统技艺已看来纯属多余，今天掌握了，明天可能就失去用武之地。

随着人工智能技术的不断发展，许多技艺注定会被取而代之，毕竟，已经有了一键完成式的解决方案，又何必再浪费宝贵的人力成本呢？更何况，在某种限定条件下，人工智能技术可以比人力技艺更多、快、好、省地完成任务。这样的优越和便捷必将使它势不可挡地快速成为我们工作和学习的得力帮手，我们唯一的选择就是张开双臂欢迎它，任何保护主义态度都不合时宜，技术革命对社会变迁的影响绝不以个人意志为转移，唯一的积极态度只有顺势而为。然而，相信一个最极端的技术乐观主义者也会承认，人工智能技术毕竟尚未达到法力无边，且不说许多人力事业当前甚至未来难以被彻底替代，即便就它自身而言，也有只能提供结果而不能为我们提供素养的局限，譬如餐厅可以为我们提供美味食物，却不能为我们提供一个好胃口。在此意义上，读书报告写作对我们思维能力的增进之用恐怕便是人工智能技术暂时还无法取代的，后者只能通过有限度的知识整合代替我们完成一份作业，具有纯粹的工具性，前者本身却并非一种工具化技艺，是一条思维能力提升的途径，直接作用于"人"本身。

通过 AI 工具高速便捷地完成读书报告写作，与通过对经典慢工细活的阅读和绞尽脑汁的思考进而苦心孤诣完成的读书报告写作，二者之间的不同显而易见，但本质差异在于前者是结果取向，后者是过程取向。结果取向以完成一个可量化的事务为目标，过程取向则指向难以立竿见影却实打实日拱一卒的自我提升。依照马克斯·韦伯的区分，这两种不同的取向实则是不同理性驱动的结果，支配目标取向的被韦伯称为工具理性，支配过程取向的则被他称为价值理性。工具理性凭结果或目标的达成来实现意义，价值理性则更侧重从动机和过程本身获得意义。这两种不同的理性，为人性所固有，没有高下分别，但二者之间如果产生较大程度的失衡，也会造成一些始料未及的后果。对现代社会而言，许多严峻问题，其实就正来自工具理性的一家独大。在此背景下，充满目标属性和竞争属性的线性发展观大行其道，康德"人是目的"的呼声常常被遗忘。事实上，以 ChatGPT 和 DeepSeek 为代表的 AI 工具，严格意义上说也正是工具理性激进化的结果，是长期以来现代社会效率至上观念和诉求的当下表现。但提升效率的目标终究并非加速内卷，寻求外部世界可量化的增长，而是为了人的自由全面发展，忽视了这一点，只看到它们所带来的高效，显然有失片面。

因此，人工智能技术的发展对于读书报告写作的意义，至少需在两个维度进行考虑，一方面是它所势必带来的积极功效，另一方面则是它极有可能产生的消极作用。这两个维度都应引起我们注意，做到心中有数，明确以下事实：问题不在于用还是不用 AI 工具，而在于如何用。具体说来，即面对一场必须去拥抱的技术革命，我们该以何种姿态最大化利用它的积极效用，又如何保持起码的限度和必要的克制，找到驾驭之道，不至于使我们不知不觉间受制于这个呼之即来挥之即去的"好"仆人，却从此变得懒于"亲自"阅读、思考和写作，从而让外部知识叠床架屋的同时，属于我们自己的思维能力仍原地踏步。

　　读书报告写作，本质不在于猎取知识，甚至不在于创造知识，而在于锻炼思维能力，进而支持一种创造力，在自我和他者的对话语境中建立一种观我与入世的意愿。因此，基于经典阅读的读书报告写作，不在于往我们的头脑之筐里装进多少知识，而在于如何完善头脑之筐本身对知识的准确抓取和深度加工能力。目前看来，这样的能力是 AI 工具还无法提供给我们的。毋庸置疑，我们当然可以高效率地通过 AI 工具来做一种读书报告写作的初步准备工作，如扫清一些背景盲区，甚至让它为我们提供一个初步论述框架以资借鉴。但如果全然倚仗于它，就如同足球运动员完全依靠虚拟性的 FIFA 游戏完成日常训练一般，实在是自欺欺人。尤其不应忽视，基于经典阅读的读书报告写作将提升我们的批判性和复杂性思维能力，然而这能力却并非专门服务于写读书报告，而是为面对真实世界的各种不同场景下的不同任务。AI 工具可以轻而易举地替使用者生成一篇合格甚至优秀的读书报告，却很难包治百病地替我们完成一场错综复杂的商业或外交谈判，也不能指望它全权代劳各种日常生活中所难以避免的人际"琐事"。在真实而复杂的现实世界场景中，高层次的思维能力才是虽非唯一却十分不可或缺的核心武器。

　　最后，还有一点值得我们特别留心，那就是在人类历史上或我们个人经历中已经取得的或所可能取得的重要成就中，其中不少并非总基于正确或合逻辑的前提和假设，有时候，偏见、误读甚至某种不稳定的情绪亦有其酵母之功。同时，从世界本然的逻辑来说，除了应重视对确定性和必然性规律的把握，许多不确定性和偶然性的因素也不应被忽略，除了应重视理性的价值，也不能忽略非理性所可能蕴藏的积极意义。理性至上的世界总是一个冰冷而缺乏深层动力机制的世界，世界的运转无法离开理性，但世界历史的任何时刻都无法自证仅由理性和确定性所支配的世界是美好的世界。目前而言，AI 工具相比于人类高层次的思维能力来说，似乎仍显得机械和单面，它不具备情感和经验因素，尤其不具有人所内在其中的历史性和生命限度，依照的是被设定好的轨道，虽有时也会"胡言乱语"，却仍旧是千篇一律的"煞有介事"，缺乏意义生产和价值生产的能动性。

　　相反，基于经典阅读的读书报告写作，实则是以经典为媒，调动的是写作者个人的全部情感、经验、观念，这里面理性与非理性、确定性和不确定性、井然逻辑与奇思妙想是交织在一起的，共同决定着我们的主体性立场及其所衍生出的各种世界、人生、价值之"观"，一个绝非单纯中性的评判视域，一个人之为人的终极视角主义"局限"。从这个意义来说，本书对于读书报告写作中 AI 工具的使用"指南"的总结性观点如下：AI 是工具，人不是工具。工具能替人解决许多问题，但不能解决全部问题。工具能弥补人自身的许多局限，但有时某些势不可免的"局限"却恰是人的价值和创造力所在。人应最大化利用工具所能提供的积极效能，但前提条件在于，人不能依附于工具，过分抬高工具的"优势"而贬低人自身某些"局限"的"劣势"，应对工具对人所潜在的反噬可能保持警惕。

下 编

读书报告选编·批注·点评

第一部分 文明经典（一）

第一节 《诗经》

你看《鄘风》她多美[*]

《诗经》是我国最早的一部诗歌总集，是人类历史上不朽的诗篇。不可思议而又让人觉得理所当然的是，《诗经》是古代贵族从劳动人民的歌谣中汲取营养和智慧创作而成的，也正是因此才能当得起"周朝社会生活的一面镜子"。

如果说十五国风是形态各异的美女，有的惊鸿艳影，有的尽态极妍，有的丰神绰约，有的温香软玉。那么《鄘风》一定是甜美淳朴、正气凛然的少女。[**]

《柏舟》是她的少女心思，是她勇敢自由的心灵。少女惊人地倔强，即使只是封建礼教下身不由己的一叶扁舟，在爱情之下也仿佛拥有全世界的力量去追寻自由。"实维我仪，之死矢靡它"，何等果决，何等勇气，何等愤怒的抗争！与《邶风》不同，《柏舟》写作于既遭弃离之后，诗中充满了痛苦的反思，其心受到伤害，其情感如百尺潭水那样深沉，极浓厚的情感蟠结于心中，故像春蚕抽丝一般把它抽出来，语言婉转，如山间溪水，风格沉郁，能长久地引起人们的同情。而本诗感情突变，语言一泻无余，如大河奔流，毫无隐瞒的情感迸裂在字字句句，激烈的表现很容易激起人们的共鸣。"实维我特，之死矢靡慝"，何等坚定，何等义无反顾，何等热烈如冲天之火的感情！

《墙有茨》是她的道德底线，是她纯洁自然的良知。宣姜虽美，可实在不符伦理的行为让她简直不忍道出如此廉耻尽丧之事。内丑不可外扬，

[*] **标题**引人注目，既扣住了文章的中心思路（将《鄘风》比作"少女"来展开分析），又没有过于直露地在标题中"剧透"文章内容，这种"犹抱琵琶半遮面"的标题起法，可起提示文章内容和吸引读者的双重作用。

[**] 以拟人方式描绘《鄘风》整体风格特点，准确而形象。但此处到主干论述部分具体文本分析之间，缺乏必要过渡和衔接。如在指出《鄘风》宛如"甜美淳朴、正气凛然的少女"后稍加展开，说明这个"少女"形象总体上的若干特点，为后文具体文本分析建立一个"纲"，便既可实现开篇到主干论述的有效过渡，又可倒逼写作者为后文谋划更明晰的层次秩序，使之不致给人罗列之感。

宫中的那些事不可说，不可细说，不可多说。说什么说啊，说了也尽是丑事罢了。尖锐且带有强烈的感情色彩直至矛头，言有尽而意味却让人深思。多说无益，这种丑恶的东西就埋葬起来仅在世人的口舌中臆想牝牡骊黄吧。可见《鄘风》厌恶斥责之下的无奈，在恶的种子里还能开出善的花吗？于是她又写下《君子偕老》，她说你们好好看看，她是地位极高，她是服饰极盛，她是眉清目秀，她是清扬婉兮，可是她不淑不端不良，她配吗？先不说她配不配得上国母的身份，配不配得上三个男人被他迷得神魂颠倒，配不配得上街头巷尾流传的风韵与隐隐的好奇，就单说她配得上我委婉的春秋笔法吗？《鄘风》一腔拳拳爱卫国心不可抑制地流露于笔端。*

* 文章体现出独特的**文体风格**特征，论说主体在《鄘风》和写作者之间自由切换，这段文字就是突出代表：以《鄘风》第三人称分析诗歌内容，以写作者中立叙述为这段诗歌的内容宗旨做总结。

不过《鄘风》终究还是女儿心性，不禁借男子之口书写一番与情人的幽期密约。《桑中》满怀深情，是将百炼钢化为绕指柔的男儿思念。"期我""邀我""送我"，正是一副黏黏糊糊的小情侣模样，回忆起来都满是甜蜜。不管两个人在哪里，在干什么，只要在一起，就能开心得忘乎所以，不需具体描写二人相处的友爱细节，自然的真情就已把人打动。

而《鹑之奔奔》以另外一种较为新奇的反衬批判了作为兄长君主的卫宣公为人之不忠。鹑鹑、喜鹊尚且有自己固定的配偶，联想到卫宣公荒淫无耻的乱伦生活，他简直连禽兽都不如，枉为人！《鄘风》想告诉我们的不止如此，似乎还在为所有不得不奉无良之人为兄长为君主的人说话，"我们无能为力，我们只能落得如此不幸的境地，我们只能卑微地讽刺，只能相信做错的事情将会被永远钉在耻辱柱上。"

《定之方中》则大赞卫文公之贤明举措，物材训农、通商惠工、敬教劝学、授方任能，卫国的国防力量空前的强大。一向抒情的《鄘风》一改往日生动形象和简洁明快的语言，不厌其烦地一一列举卫文公重建家园的功绩。就像婉约派的词人也能写出豪放诗一样，《定之方中》让我们看到了《鄘风》在儿女情长之外的史诗级恢宏叙事。《干旄》同样描写隆重的场面，表现热烈的气氛，突出卫文公思贤若渴，招纳人才的形象，侧面反映出卫国强盛开明的风气。

明明同样是反映妇女婚姻的不自由，《柏舟》激昂有力，《蝃蝀》却在讽刺女子追求婚姻自由。明明是抵抗礼教、争取自由恋爱婚姻的女子，却被鄘风曲解为一个不听父母之命媒妁之言的私奔之人。不禁让读者怀疑，《鄘风》是不是为卫文公冠冕堂皇道化其民的幌子所欺骗，才污蔑这样一个有反抗精神的女子不讲信用贞洁。当然，此诗也侧面反映出当时男尊女卑的社会性质，说不好卫文公是不是以此来加强三纲五常在人们心中的地位以巩固统治。

至于《相鼠》，与《鹑之奔奔》一样直吐怒骂，毫无《鄘风》与她的姐妹平素里的温柔敦厚。诗歌一上来就直接讽刺当权者人不如鼠，大声斥责卫国统治阶级苟且偷安、暗昧无耻。统治阶级自己定了一套礼，一套合乎他们利益的礼，用来欺骗剥削劳动人民，炫耀他们的权威。何其可笑，最华丽的宫殿下掩埋无数人的冤魂，嘴上说着礼实际上却干着最无礼的事！《鄘风》看透了他们的欺骗，强忍着满腔怒火，大无畏地诘问："你们这些连脸皮都不要的统治者，为什么不去死呢？不死等什么呢？怎么还不赶紧死？"王小波曾说："人类的所有痛苦来自对自己无能为力的愤怒"。被逼急了的人民，不仅痛苦而且愤怒。

《载驰》则是她对有胆有识的许穆夫人的敬爱，是她爱国思想的高潮。许穆夫人听到祖国灭亡，便快马加鞭回到卫国建言献策，然而竟遭阻拦，使其愤怒又忧伤。虽然在亡国的背景之下，该诗沉郁顿挫，感慨唏嘘，但悲而不污，哀而不伤，女性的英壮之气流淌在字里行间。"控于大邦，谁因谁极！"如此激昂的歌曲，时隔千载犹在耳边回荡，震得骨子里的血液不停回响。

这就是《鄘风》，永远鲜活地站在历史长廊的一角。你看，或者不看，她就在那里，静静伫立，不再见。不悲喜。*

（作者：刘畅）

综合点评：

这篇读书报告将《诗经·鄘风》比作一个"甜美淳朴、正气凛然的少女"，围绕这一中心形象对其中具体诗篇进行文本细读。情感丰富，文字细腻，自然贴切，且有视角的内在变化，论述节奏生动可感，展现出较好的文学感受力和语言驾驭能力。

文章写作的思路是逐篇分析，凸显《鄘风》的不同面相，虽把"她"作为串联，但仍略显零碎，较拘泥于内容的表层分析，未能深入到地域文明和政教精神层面。结尾也欠缺对文章整体的提炼总结，文章整体给人留下感性有余而思辨不足的印象。

*以抒情笔调结尾，略显仓促，没有从更高层面对全文进行总结和统摄。主干论述部分以对不同篇目的分析支撑起《鄘风》的少女形象，结尾可把这一人格形象作为整体进行更高层面的升华，由此指向对《诗经》整体乃至中国文化深层结构的映照。

追求美好生活的"周南"人

《诗经》这本书内容包括风、雅、颂，其中"风"便是指国风。这一部分共讲了十五个地区的风土人情，因此也叫"十五国风"。读了"十五国风"中的"周南"后，我对西周末东周初周南地区的风土人情有了进一步的了解。结合我对"周南"的理解，如果要把这一国风拟人化的话，它应该是一个比较传统、注重礼节、关心家人、热爱劳动、热爱生活、积极乐观、和和气气、对幸福美好生活充满渴望的年轻人。*

为什么将其比作年轻人呢？首先，"周南"以《关雎》开篇，再加上后面的《汉广》，这两首诗都是以男子追求女子为主题，将年轻人对爱情的追求与渴望展现得淋漓尽致。**"窈窕淑女，君子好逑"可以说是《关雎》的文眼。这也是人之常情，对美丽贤淑的姑娘，没有哪个青年男子会不产生爱慕之情。诗中用"雎鸠鸟""沙洲""荇菜""琴瑟""钟鼓"等意象烘托气氛，那位年轻女子美丽与贤淑的形象便跃然纸上。在青年男子这边，"寤寐求之""寤寐思服""辗转反侧"，简单的几个词语，完美诠释了他内心的急切以及昼思夜想的心情，突出了青年男子对爱情的渴望。《汉广》同样如此，它是一首樵夫劳动时哼唱的恋歌，也描写了男子对女子的爱慕。"乔木""汉水""长江"等意象都寄托了的他对心上人的思念。高树下难以休息，汉水的对岸难以游到，长江难以渡过，这些都表达了男子对爱情的渴望以及对爱情难以实现的无奈。倘若那位姑娘嫁给了他，他甚至甘愿做她的仆人，替她喂马，表现了男子对那位姑娘深切的爱意。

从《关雎》《汉广》两首诗可以看出，"周南"这位年轻人对爱情的迫切追求。而到了婚后生活，他同样追求着平凡生活的幸福美满。《葛覃》《卷耳》《樛木》《桃夭》《汝坟》就描写了那时人们的婚后生活。***《葛覃》中"是刈是濩，为絺为绤"写出了女子精明能干。做好了准备工作后，她先去请示公婆，再回娘家看望父母，可见该女子是一个既重礼节又孝顺的媳妇。《卷耳》和《汝坟》中写了夫妻间的思念之情。一个是妻子通过丰富的想象，表达自己对丈夫的深切思念；另一个则是在君王暴政的背景下，夫妻聚少离多，未见想念，既见欢欣，不愿分离的现实状况。"未见君子，惄如调饥。既见君子，不我遐弃"便是最好的真情流露。《樛木》中用樛木比喻男子，用葛藟比喻女子，二者依附生长，展现了夫妻间

*用拟人手法描绘《诗经·周南》核心特征，经典原文化作一个生动的形象跃然纸上，这也为全文建立起一条串联**线索**，后文即围绕这个"年轻人"形象展开对《周南》诸篇的具体文本分析。

** 本段结合《周南》中《关雎》《汉广》两篇分析其爱情主题。能够紧密**结合原文**，主要采用意象分析的方法，围绕两首诗中的重要意象，生动还原恋爱中的周南青年男女的情感心思。

*** 这句话是**过渡句**，从前文对《关雎》等篇的分析过渡到后文对《葛覃》等篇的分析，内在逻辑是从爱情主题到婚姻主题的演进。这个过渡句起到将两个论述部分**衔接**在一起的作用，使文章内在逻辑流畅自然。读书报告写作应重视过渡句的使用，它是使文章能形成有机整体的重要部件之一。

的恩爱。《桃夭》则主要烘托新娘出嫁时喜庆的气氛。诗中出现了三次"之子于归，宜其家室"，即祝愿新娘的往后生活，给夫家带来平安。从这几篇诗文中可见，这位"周地年轻人"不仅守传统重礼节，而且也努力经营着自己的小家庭。*

　　除了上述这些特征，周南人之间关系和睦，和和气气。《螽斯》和《麟之趾》就是例子。"宜尔子孙，振振兮，绳绳兮，蛰蛰兮""振振公子，振振公姓，振振公族，于嗟麟兮"都是祝愿别人多子多孙的诗句。不仅子孙众多，而且一代一代绵延不断，品德高尚，家族安定，甚至祝愿这些子孙们像祥瑞之兽麒麟一样。

　　在平凡的生活中，周南人还热爱劳动。如《芣苢》中"采采芣苢，薄言采之"，"有之""掇之""捋之""袺之""襭之"，尽显妇女们的吃苦能干。一边劳动，一边唱着这欢快的劳动之歌，我被她们热爱劳动和生活的精神态度深深感染。**她们虽然没有改变国家，辅佐君王的大志，但却有对平凡美好生活的向往。不管丈夫是献身仕途还是田园耕作，她们都可以把这个小家庭料理得井井有条。

　　"周南"中除了有对平民生活的描绘，还有一首歌颂忠君卫士的诗——《兔罝》。勇敢威武的壮士，他们时刻陪伴在公侯的身旁，以作为他们的屏障保护他们，是公侯们的心腹之将。由此可见，周南不仅有以家庭为重的好丈夫，还有威武勇猛的忠君者。

　　综上，传统、重礼、顾家、耐劳，就是我所领会到的周南地区的风土人情。这些风土人情与当时的时代背景应该存在着一定联系。西周奉行宗法制、礼乐制，所以他们看重血缘关系，注重宗族内部的团结与兴旺，重视身份等级，也由此更加传统和重视礼节。而他们对劳动的热爱，对生活的乐观态度则来自农耕社会的时代背景。***

（作者：赵昱熙）

综合点评：

　　这篇读书报告以拟人手法，概括《诗经·周南》所体现出的精神特质，这也构成串联全文的中心线索。对诸篇章的细读能紧密结合经典原文，准确概括其主题并进行适当阐发。文风质朴，语言较为简明干练。多处过渡句、总结句的使用同时体现出写作者具有较强的逻辑意识。

　　文章在阅读和思考上下了功夫，但在整体论述上，略显"就事论

---

* "可见"是**总结句**的标志词。在分析了若干文本后，言简意赅地对所分析内容进行小结，使这一段具备阶段的完整性，便于读者把握写作者思路的推进。

** 读书报告应尽力呈现可在客观和公共层面**辩论**的看法。因此，写作中应少写"我"的主观感受，多写经过理解之后对经典原文的看法。这里"我被她们热爱劳动和生活的精神态度深深感染"就是一个主观感受，若将这句话改为"她们热爱劳动和生活的精神态度是极具感染力的"，便可称为写作者对经典原文的一个看法。区别在于，"'我'被……深深感染"这一主观感受是不可辩论的；而作品"极具感染力"则是一个针对对象的判断，不同观点可围绕它展开辩论。

*** 结尾基本达到总结全文的目的，缺点是没有**扣住**和**呼应**题目和文章主题中"美好生活"这个关键词，显得笼统浮泛。

事"，虽然看到了故事和主题，但缺乏更深入的义理发掘。如对《关雎》的解读只是就爱情谈爱情，落实到年轻人的情感生活这个主题。这样做固然无差，可却略显简单，不能与更大的文明史背景关联起来，进而阐发中国早期文明中的教化传统。

浅论《关雎》中的法理[*]

《关雎》所吟咏，毛诗序已曰："《关雎》，后妃之德也，《风》之始也，所以风天下而正夫妇也。故用之乡人焉，用之邦国焉。"然何为经典乎？看似单纯的"君子"对"淑女"的求爱而难得，但其下却含有先秦时期的礼乐教化。从狭隘角度看，它可称得上情爱诗，朝思暮想的姑娘呀，我怎样才能追求你，取悦你，亲近你？而从另一角度看，它所歌唱的内容，则取决于你的理解。结合《关雎》所在《诗经》第一篇的位置，依古人之法，夫妇是人伦之始，一切道德的完善都是以夫妇之德为基础的。家庭是社会的基本单位，社会的和谐来源于家庭的稳定。也就是说，一个美好的社会始于一段美好的婚姻。因此，可将《关雎》理解为半部封建前的"婚姻法"。^{**}

中国历史上第一部比较系统的成文法典由战国时期魏国著名的改革家李悝制定，而"婚姻法"则是要等到西汉的《汉婚律》。在先秦这个没有严格律法的时代，"礼"则承担了"法"的责任，用于限制人的思想道德和行为规范。代入《关雎》中的男女求爱，男主角为"君子"，女主角为"淑女"，品行操守良好的二人，为后续爱情发展到婚姻奠定了坚实的基础。不是男女间短暂的邂逅与激情，而是负责任的、有明确婚姻导向性的爱情，才值得社会所歌颂。"风天下而正夫妇"大抵如此，这正是我称其为"婚姻法"的原因。在缺少真正"法"的时候，《关雎》作为一本良好的道德教材，其规范社会风气的效果与"法"相当。^{***}而从其与现代社会"法"的区别来说，现代"法"是为了限定人所做的下限，即法无禁止即可为。而《关雎》中"君子"与"淑女"间美好纯真的爱情，甚至节制（《关雎》虽是写男方对女方"寤寐思服"般的追求，但他们却并无直接接触，爱得很守规矩），则是对人们思想道德上限的要求。

[*] **题目**简洁清晰，层次分明，信息量充分。"论"字表明文章性质，"《关雎》"表明"论"的文本对象，"法理"则表明在文本对象中重点分析的问题。

^{**} 开篇综述历史上对《关雎》的两重理解作为**引入**，并凝练生动地界定《关雎》的性质——"半部封建前的'婚姻法'"，达到交代全文总纲的目的。

^{***} 以广博的历史视野呈现"礼""法"在传统中国社会中的辩证关系，同时也是对作者提出的"将《关雎》理解为半部封建前的'婚姻法'"的**概念界定**，在历史语境中阐明"婚姻法"的具体内含，使文章的中心论点更加清晰明了。

这是"半部"的原因所在，*即便不谈"强制性"这一要点。

再结合创作背景深究《关雎》的法理。先秦时期，面对低下的社会生产力，松散的政治结构，迥异的文化传统，在儒者面前，《关雎》所歌颂的一种感情克制、行为谨慎、以婚姻和谐为目标的爱情，自是"夫妇之德"的良好典范。《关雎》中"君子"（先秦时对贵族的泛称）、"钟鼓""琴瑟"等，皆暗示其描述的是贵族阶层的生活，但其中男女朦胧爱意缠绵悱恻，又使它成为一首传唱千载的民歌。从中我们可以看出两个要素：其一，《关雎》做到了自上而下的"无阶级性"。在上层贵族与下层百姓身份地位、经济实力甚至学识修养都存在天壤之别的时候，它仿佛一个另类，不论阶层地统一引导社会。其二，《关雎》原作为一首诗歌，其"歌"所具有的传唱性又令它别具一格。在小农社会个体间高度独立的同时，与外界的信息交流格外少见，一里一乡作为孤立个体难以言说至其他地方。但以诗歌为载体的流传方式，却在"通信基本靠吼"的时代大放异彩。这时我们重新调整视角，会惊奇地发现，沟通上下阶层为纵，联系各个阶层中个体为横，一纵一横，几乎巧妙地联系了社会中各不相同的所有个体。这不就是"法"的普遍性吗？此刻却在《关雎》身上体现得淋漓尽致。**

那么结合"法"所具有的强制性呢？以虚无缥缈的"礼"来规定，无任何犯错成本，强制性好像成了一句空谈。然而，这并不意味着"礼"不具备强制性，"礼"所背负的社会道德要求会形成强大的社会舆论，给当事人造成一定的心理压力，甚至对其形体进行伤害。***同时，"礼"作为人与人之间的行为处事规矩要被人反复衡量考究，依照"礼"处理罪行的时候要比依照法律条文处理复杂得多，要考虑各方面关系，它更倾向于乡土社会的内部裁决。如在皇权不下乡的时代，宗族的族长可以根据不成文的"礼法"决定不合"礼法"男女的生死尊严等。社会舆论可以直接或间接害死一部分民众，那么"礼"的强制性就显露出来。单说《关雎》似乎并无这样的强制性，但若结合如《氓》《月出》等各式爱情诗，"爱情伦理观"便不难构建，而强制性就自然而然地出现了。

以上看来，从内容的普遍性和强制性等方面称《关雎》为半部"婚姻法"还当真使得。春秋时以"礼"替"法"治百国万邦，一下想来当真匪夷所思，但细细品味，又是如此的合乎情理，令人回味无穷。

（作者：彭一涵）

---

* "半部婚姻法"是文章阐释《关雎》既有新意又有统摄性的**中心概念**，尤为可贵的还在于文章在论述推进过程始终围绕此概念展开，从不同侧面回应它，体现出作者缜密的逻辑思维能力。

** 这是使文章结论"《关雎》是半部婚姻法"得以成立的重要**论证**。如何证明《关雎》具有法理性？那就要找出诗歌与法理的共通之处——传播的普遍性。作者依此立论，从一纵一横两个维度说明诗歌在各个阶层中的普遍性。原始社会中，诗歌正是基于此起到了类似法律的作用。这个观点颇具创见，且能言之有理，逻辑完备，令人信服。

*** "礼"表面看不具有强制性，文章先承认这一点，再透过现象看本质，指出它有另一种强制性——社会伦理的要求。这一段体现出**让步论证**的方法，以退为进，可避免偏颇。

综合点评：

　　这篇读书报告立论清晰，指出《关雎》不仅是讲婚姻，而且还是"半部婚姻法"。这个论点不仅吸引人，立意也很高，尤其还能将其放在具体历史语境中，结合"礼"与"法"的辩证关系展开论述，既揭示了《关雎》文本的丰富内涵，又与传统中国社会的文明特质接通血脉，达到了"小题大做"的论述效果。

　　文章具有读者意识自觉性，段与段、层与层之间的衔接、转折都交代得清晰明确：第一段进行文献综述，并以此为基础提出自己的观点；第二段追溯我国婚姻法历史，解释为何《关雎》只能算"半部"婚姻法；第三、第四段分别从《诗经》的普遍性与强制性两个方面，论证其与法律的共通之处。全文思路顺畅，不枝不蔓。

勤朴融风情，忠正藏唐风

——从《诗经·唐风》窥晋国风土人情的一角 *

　　《唐风》是诗经十五国风之一，以凝练精辟的语言反映出了晋国人民的内心世界，从这样一种独特的文学角度，或许能够一窥晋国的风情。 **

　　从偏向个人的层面上看，晋国人民首先表现出来的特征是"勤"。《唐风·蟋蟀》中"无以大康，职思其居"告诫人们切莫过度贪图享乐，而要时时记得自己的职责。值得一提的是，这虽然是一首主张人们勤劳工作的诗，但作者并未一口否认享乐，反而认可享乐本身的意义，这种态度在"今我不乐，日月其除"一句中得到了体现。这种既要勤劳又欲求享乐的心理实际上构成了一种矛盾的心理：一方面，艰苦的劳动让"士"感到劳累而渴望休息与玩乐；另一方面，传统的美德教育又时时限制着他的享乐行为。 *** 这种矛盾的心理实际上一直绵延至今天，在我们当代人的身上也颇有体现。而在当时的时代，这种矛盾的思想是一个"士"有修养、有理智的体现，更加强化了"勤"这一贯穿古今的美好品质。

　　仍然从个人层面上看，晋国人民另一种隐藏的品质是"朴"。这是最

* 采用主标题和副标题相结合的**题目**起法，主标题呈现论述结论，副标题呈现论述对象。二者结合呈现出文章中心内容：通过阅读《诗经·唐风》，从中看出晋国风土人情的特点是勤朴和忠正。可谓清晰明了，读者看标题即可对文章内容做出基本把握。

** 开篇极为简练，虽传递了基本有效信息，展示了文章的立论所在，但仍稍显单薄，可适当增补内容，让开篇引入和主干论述部分得到更好**衔接**。比如，可点出本文所论述之晋地具体地理位置，为读者提供一个联系现实的想象空间的基础；抑或，可预告本文将从个人和国家社会两个层面展开论述，提示文章的结构性信息，实现引入和主干论述部分的有效过渡。

*** 敏锐注意到经典原文所呈现出的享乐但节制、好乐而不虚度的心理，但并未充分展开分析。可根据"矛盾的心理"这一现象尝试进一步**推进**论述。比如可进一步讨论上述心理所体现的矛盾，是什么意义上的矛盾？它是否有更深层次的文化原因和现实基础？如果有，其运作机制是什么样的？这些问题都是促进思考走向深处和远处的可能契机，也是由一个小局部打开《诗经》乃至古代中国社会和文化心理结构的可能契机。

纯粹的风情体现，是不经修饰的人格流露。《唐风·山有枢》中"子有车马，弗驰弗驱。宛其死矣，他人是愉"以一种非常生硬的口气讽刺了吝啬者的行为，这看似粗鲁无礼，实则最为真实，这种不加修饰的朴素才是生活的真理，对于当今的我们仍存在着借鉴意义。

上升到关乎国家社会的层面上，"忠正"二字便能诠释晋人的态度。《唐风·无衣》中"不如子之衣，安且吉兮"与"不如子之衣，安且燠兮"反复陈述自己虽然有礼服，但却不如天子所赐予的那般名正言顺、舒适美好。这首诗看似在描写衣服的舒适与否，实则是晋大夫向周天子请命的隐喻，以天子所赐的"子之衣"比授予的使命，以此表达自己对天子的忠心和对成就事业的期望。

换个角度来说，忠于君主就要考虑国家的兴亡。《唐风·采苓》中以"采苓"起兴，是一首当之无愧的刺诮诗。作者的语气较为平和，以一种平和的态度讽谏，反而能起到良好的效果。"总之，于诗未见激烈言辞，却字字可见诗人劝其主戒谗远佞之意，属讽谏之辞。"（于婷婷：《〈诗经·唐风〉若干问题研究》）

值得一提的是，所谓"忠正"并非盲忠。* 在《唐风·鸨羽》中的第一章："肃肃鸨羽，集于苞栩。王事靡盬，不能蓺稷黍。父母何怙！悠悠苍天，曷其有所？"这是一首描述国家徭役沉重，民不聊生的诗歌。诗歌语气极其怨愤，表达了作者对统治者没能体察民心的强烈谴责。尤其是三章的结尾："曷其有所？""曷其有极？""曷其有常？"三次正义的追问将作者的愤怒提升到了顶点。此时的作者已经抛弃了对君主的效忠之心，剩下的只有极度的愤怒，就像炽烈的岩浆，随时有可能会冲破统治层的地壳。这正是真实人格的体现，近代鲁迅曾言"不在沉默中爆发，就在沉默中灭亡"，《鸨羽》的作者想必就是"在沉默中爆发"的有志之士，不屈服于不合理的制度压榨的孤勇者，势要为人民发声的觉醒者。

《诗经·唐风》中所体现出的风土人情无疑是多样的，但笔者认为这种复杂的特征或许可以融合为一个虚拟的人格，以一种更加具象的形式展现在读者面前。一名普普通通的现代大学生，应该就是最贴合晋国风情的形象了。作为求学路上的一个普通人，他会为了学业，为了自己的未来，为了家人的期望而勤奋学习，也会时常耐不住奋斗的枯燥而去短暂玩乐，正如《唐风》中所描写的"士"一般活在矛盾中，平凡却不平庸，默默地做着他自己；他会响应国家的号召努力提升自身本领，会向各方提出自己

*此段及其上两段，围绕"忠正"展开，既能结合经典原文分析，又能通过对"忠正"概念的辨析达到思路上的**层层递进**，即后一段是对前一段提出观点的推进性阐释而不是重复性发挥。这与简单罗列式的平行结构不同，而是一种具有推进性的递进结构。

*好文章牵一发而动全身，它的整体效果靠文章架构的严密性和有机性来保证。此处文章**结尾**联系实际生活和个人体验的讨论略显平直。倘若前文对经典原文所呈现出的享乐但节制、好乐而不虚度的"矛盾"心理有较深入的讨论，这里联系现实的总结性论述也必将更具复杂性和深度。

不成熟却又真诚的意见，也会因为某些不合时宜之事而愤懑，但藏不住的是赤诚的心，一如《唐风》中的忠正之气。*

《诗经·唐风》虽然成于千年前，但其内核中所蕴藏的精神却绵延至今，古时士族身上的品质如同跨越了时空一般，体现在当代人身上。也许，正是这些抵御得住历史磨损的品质构成了文明的内核，使其能够延续下去。

（作者：申超磊）

综合点评：

这篇读书报告探讨《诗经·唐风》所反映出的晋国风情，从个人和国家社会两个层面，分析了晋国人民"勤""朴""忠正"等特质及他们对爱情和生活的态度。整体看来，篇章结构清晰、层层递进，从个人不断深入到社会层面，对经典原文的引用较丰富、恰切，可看到写作者细致的阅读痕迹和对《唐风》整体风貌的把握程度。

文章的论述虽然体现出较好的推进性意识，但一些关键论述还可以多做深入思考。想要做到这一点，可在写作中持续追问自己：已写下来的内容是否论述得足够彻底，问题是不是还有别的可能性，解释上能不能深入到其他层面等。总之，写作者不应轻易满足于已写出的内容，要逼自己多想一步。这个思想动作将调动思维能动性，帮助文章"更上一层楼"。

主标题和副标题相合的题目**起法，主标题展示论述结论，副标题展示论述对象，二者结合呈现文章主旨：基于《诗经·秦风》分析出秦地的"国风"为"强武奋发"和"刚柔并济"。

***以陈述古秦历史开篇，展示秦地风土人文特征，进而将《秦风》与《齐风》《郑风》比较，**引**入文章核心观点。这样做既能将论述对象放在纵向的历史语境中，又能将它和同时期的其他国家做横向对比，在纵横网络中锚定秦地之"国风"特质。

强武奋发其民，刚柔并济其邦

——试浅析《诗经·秦风》中秦之"国风" **

古秦于西犬丘因有功受列为诸侯，改建都于雍，逼近敌戎，由此奋发自强，征战扩疆。《汉书·地理志》指明古秦"皆逼近戎狄"，人民百姓都修习战术、以备外敌之侵。所以初读《秦风》，其不同于《齐风》因繁荣的海洋经济而民富国庶，字里行间流露的温润恭良之气；亦不同于《郑风》政权忽微，风雨如晦、摇摇欲坠的靡靡之音；一种罕见的慷慨悲壮与尚武之气扑面而至——这便是秦之国风：强武奋发其民，刚柔并济其邦。***

秦之国风，一在于其国自强不息、尚武奋发。

不论是《驷驖》中秦襄公携爱子田猎，轻车田猎，英姿飒爽，神采熠然，还是《小戎》中贵妇对兵器出人意料的熟识如家珍，丈夫"温其如玉"的君子气节与威风凛凛的征战风采，都反映了秦民自上而下、广及全国的尚武气节、军事素养。"尚武而不暴，技高而不骄"，秦人尽管骁勇能战、通晓兵法，但仍恪守礼节、言行有道，故方能所向披靡，乃至后来大秦帝国一统天下，均与秦人这种骨子里的"武"气脱不了关系。

《无衣》有言："岂曰无衣？与子同袍。王于兴师，修我戈矛。与子同仇！"意气风发，激昂慷慨。面对战友，情同手足；面对边戎，同仇敌忾；面对国土，视死如归。"修我戈矛""修我矛戟""修我甲兵"谓之可以歌，可以舞，重章叠唱，士气之盛，他诗不及。英雄赤胆，爱国之魂，在这刚与美的糅合中，气贯长虹，震撼人心。*

秦之国风，二在于其民恪守美德、循礼重义。

深析《小戎》，结语"言念君子，载寝载兴。厌厌良人，秩秩德音"，可见女子对夫婿的崇拜、思念与爱慕均溢于言表，然而细细品味，便发现这般赞美源于对社会、君主的信任与忠诚，也从侧面反映君主开明、治国有方；而即便是高高在上的将军（丈夫），亦是娴静智慧、温和循礼。

再观《终南》一篇，秦人守礼之德亦见。终南山上美味的甘棠、枇杷被摘下，用来献给尊贵的客人，即使没有昂贵的珠宝，秦人也忍不住为其衷心地祝福歌唱。"佩玉将将，寿考不亡"，看似淳朴的祝词，实际上是诚恳之心的体现，以玉作比喻其客，可见其纯良。

秦之国风，三在于其文百态千姿、刚柔并济。**

先读《蒹葭》，百转柔肠，凄婉缠绵。"蒹葭苍苍，白露为霜。所谓伊人，在水一方。"此诗绝非爱而不得、苦苦寻找如此简单，其所歌咏的物象意味深浅，已无限延伸，打破了诗本原有的内涵空间。钱锺书于《管锥编》中点明其象征意味明显。这或许更是一种对理想难求的嗟叹、对国势清平的追思、对仕途坎坷的怨艾。在遥远的先秦时代，人们已能借助细腻的内心刻画寄寓复杂的感情，可以看出先秦国民的文学造诣，以及丰富的精神生活。

从《晨风》中女子永远等不来绝情的男子，绝望发叹"如何如何，忘我实多！"到《渭阳》甥舅情深谊长"悠悠我思"，妙手偶得；从《权舆》中没落贵族对昔日帝王重用贤才，而转手便遗弃的怨恨，到《黄鸟》

*语言风格与论述对象贴合，精练短句读来清晰明了、铿锵有力。读书报告写作的语言，也值得考究，虽每个人都可以保留自己偏好的语言风格，但最好以清晰、简明为鹄（尽管无须都像本文这样将短句使用到一种极致化程度）。

**主干论述部分用单列段和粗体字方式标明文章的三个分论，体现出谋篇布局的结构意识。但也应注意分论之间的逻辑关系，分类标准要保持一致。文章前两个分论按主题内容而分，第三个分论却按形式风格来分，这样逻辑推进思路便存在分歧，损伤文章贯通性。

中女子痛失爱人，对残忍酷虐的活人殉葬制的控诉……百姓的喜怒哀乐、悲欢离合的情思被融入一首首诗歌，在世世代代的传颂之中于历史的黄卷上留下不灭的痕迹。不同于他国纵横歌乐、消极变革与征战的国家风气，秦的诗歌总能以小见大，以个人的悲欢反映整个国家的制度之弊与治理之失，看似消极实则藏着的是改善现状、变革当下的积极愿望，以及对国家绝对的热爱与忠诚。

更不用提《车邻》《无衣》等"战歌"，重叠复沓，但语义层层递进，情绪逐渐迸发激荡，起伏跌宕的韵律一次又一次点燃将士斗志与为国献身的勇气。且看"龙盾之合，鋈以觼軜""王于兴师，修我甲兵。与子偕行！"……朱熹《诗集传》也说："秦人之俗，大抵尚气概，先勇力，忘生轻死，故其见于诗如此。"秦的战争诗往往以"气概"胜，此言不欺，尚武刚烈之风，再次鲜明地显现。

总而言之，秦的风土人文在《诗经·国风·秦风》十篇中可见一斑：一个仍未摆脱落后制度的原始社会，一个重情义、讲礼节、好诗文的民族，一个为摆脱做周王朝的附庸而尚武奋发、自强不息的国家。*

（作者：薛梓心）

综合点评：

这篇读书报告体现出较为自觉的结构意识：一个清晰明了的三段论，开篇部分是引入、中间三段是主干论述、结尾部分是总结。但具体安排上，主干论述的三个分论存在分类标准上逻辑不一致的问题，结尾总结部分，相对于主干论述存在逻辑跳跃问题。对读书报告写作而言，结构是其筋骨，应使其内在气息运转协调一致。

---

* **结尾**总结再次体现出谋篇布局的结构意识，但稍显简略，更重要的还在于它与前文主干论述部分缺乏必要衔接。读书报告的结尾部分，应是主干论述自然而然发展出来的，不能突兀地转到其他论述层面。

第二节　《庄子》

庄周隐于梦

弗洛伊德曾言"梦是欲望的满足"，那么，对于前为楚国贵族，后为小官隐居于世的道家庄子来说，他的那个蝴蝶梦又代表着他什么需求呢？*

梦从"栩栩然蝴蝶也，自喻适志与，不知周也"的为蝴蝶的愉快惬意而开始，不用怀疑这时的庄周是欢喜到不能自知角色的，但他的"喜"不同于唐玄宗梦游广寒宫喜得《紫云曲》的"喜"。唐玄宗沉溺于悠闲戏耍的欢乐，是物质享受层面的满足，这种快乐是极易得到的，但是短暂的，会激发你无止境的欲望，让你逐渐不清醒，一味地索求；而庄子的"喜"，是喜在能像蝴蝶一样拥有自由，不受尘世规则的束缚，不被周边环境拖着走，是精神层面上的，更为饱和，更为持久。同时，他的"喜"也有异于赵简子梦游钧天望仕途顺达的"喜"，赵简子青年时遭遇的不幸让他对功名权力抱有急切的渴望，他现世不能够实现，就到梦中去托神，这种"喜"是个人做事成功的喜悦，他急于前方道路的开辟，而庄周的"喜"是个人自我探寻到达一定境界的欢喜。** 他身处战国，秩序混乱，社会在不断地组装与重建，"自己是怎样的存在？如何存在？"成为他追寻思考的命题。

梦由"蘧蘧然周也"的为庄周的惊慌不定而暂停，想必那时庄周也如李白梦觉一般"忽魂悸以魄动，恍惊起而长嗟"，*** 梦中的他享受着为蝴蝶时的自由，梦醒的他苦恼"庄周"身份的不自在，梦后的他仍恍恍惚惚，胸中仍波涛激荡澎湃。

梦由"不知周之梦为胡蝶与，胡蝶之梦为周与"的困惑不安而迷幻，真实与虚幻巨大的落差让庄周开始怀疑到底谁为做梦者，探寻"人是否能确切地区分真实与虚幻"这个问题的答案，思考人与物的变化和界线。不同于黄粱一梦中的吕洞宾梦后思索人生的长短，也不同于南柯一梦中的淳

* **开门见山**交代文章中心问题。从弗洛伊德"梦是欲望的满足"观点分析"庄周梦蝶"，颇为新颖，同时也体现出理论视野的穿透力，为文章找到分析问题的框架和线索。尽管后文论述没有在严格的精神分析理论脉络上展开，但开篇从弗洛伊德的"名言"来切入讨论，还是对文章有所增色。

** 比较几个著名的"梦"，指出唐玄宗的梦是物质层面的满足，赵简子的梦是对仕途顺利的渴望，庄子与他们都不同，体现的是对精神境界的追求。通过比较论证，准确把握住了庄子的梦的独特性。**比较论证**体现的是一种对比性思维能力，将不同事物互为参照，比较其异同，有助于深入认识各比较项的本质特征，使结论有说服力。

*** 对李白《梦游天姥吟留别》中的诗句信手拈来，可见作者不仅对历史上名人的梦有充分了解，对文学史上梦的叙事也颇有见识，将之体现在行文中，展示出广博视野、**发散性思维**能力及对不同材料的驾驭能力。

于梦醒后感叹人一生的空，庄周的想法跳出了人世的框架，将人与世间的万物联系在一起，不再只是个体的人，而是群体，将所有的都包含在内，更为广阔，追寻整个世界的规则与秘密。

梦由"则必有分矣，此之谓物化"的大彻大悟而终止，庄周摸索到物与我交合变化的线索，感悟到只要打破生死物化的界限，就可以得到真正的快乐。我想，他或许能与陶渊明成为挚友，凭着陶渊明的"聊乘化以归尽，乐夫天命复奚疑？"他们都致力于寻求的精神自由。

道家言"梦是由天神感应以及三尸作怪而成"，就连庄子也曾言"至人无梦"，但是他却认为这个梦是魂交，是他的精梦，因为这个蝴蝶梦恰恰展现了他的精神自由和思想自由，我们可以从中窥视到他在梦中从"迷失自我"到"物化忘我"，最后到梦醒的"了解自我"，* 那个过程不仅是他对个体内在的探寻，也是他对社会包括自然的研究与发现。

（作者：陈琳）

* **结尾**通过由浅入深三个层次的总结清晰概括了庄子入梦前、在梦中、梦醒后的不同状态，但围绕它的展开颇显单薄。

综合点评：

这篇读书报告短小精悍、干净质朴，看似平淡无奇的文本解读，却蕴含着深入思考。文章对历史和文学史上的有关"梦"的叙事信手拈来，并和庄周梦蝶进行灵活自如的比较论述，既实现了有效的阐释和论证，也使得文章丰润饱满。

从现代心理学角度解读庄周梦蝶故事，体现出文章的立论深度和新颖性。文章尽管没能把握到弗洛伊德精神分析理论更深层的方法论内涵，也未通篇将其贯彻，但开篇借弗洛伊德名言"梦是欲望的满足"发问，也为其论述提供了基本"动力"。

从行文结构看，文章虽采用逐句解读的文本分析方式，但也有推进论述的自觉，并非只是复述原文。尤其是所建立的从"'迷失自我'到'物化忘我'，最后到梦醒的'了解自我'"的论述线索，虽展开论述略有不足，但也堪称对经典原文较为深入的把握。

关于人在现象世界的悲剧性迷失

维特根斯坦曾经提到过"我是我的世界",不同于"世界是我的世界"这样的观点,这样的表达恰恰体现了"我"的无力,"我"的存在不能在象征界找到一个客观的述语,"我"的存在只能寄居于自我想象界的符号系统之中,然而"我"和"我的世界"是主观的,世界却是客观的。不仅如此,"我"还在"我的世界"之外,所谓"正在记述的我"作为被记述的"我"而出现,作为主体的我不会成为作为对象的我,"我"也就迷失于"我的世界"之外了。这正隐喻了庄周梦蝶的悲剧性内涵。*

在庄周梦蝶故事中,传统的观点认为庄周与蝴蝶可以相互转化,二者具有同一性,然而二者却有实实在在的差别。** "栩栩然胡蝶也,自喻适志与",庄周在昏昏然坠入化蝶的梦境时,感到的是自由穿梭于花丛间的快乐肆意,忘记了自己曾是庄周,"俄然觉,则蘧蘧然周也。"当他忽然从梦中惊醒,从梦中快乐肆意的超然情绪跌入凡俗肉体之中,此时是梦醒时转瞬的惊惧,继而是恍然、怅惘与之前忘我的快意形成了巨大的反差,这时的他记得自己是庄周,也记得自己曾在睡梦中化蝶。然而他仍发问于"不知周之梦为胡蝶与,胡蝶之梦为周与"。这并不意味着庄周无法辨明现实与梦境的边界,毋宁说是庄周从超越的外部审视自我哲学体系的悲壮性崩塌,是意识到个体渺小无知而不自由的悲剧宿命论。***

当主体被作为客体进行审视之时,主客体之区别被遮蔽,人被作为存在者对存在进行追问就成了伪命题,这里的人是不受世俗空间和社会范式束缚的本真意义,是海德格尔式的"此在"。庄周重视生的意义,在《逍遥游》中分明能感受到他对鲲鹏浩大而扶摇直入青云的生命热情的钦羡,但其在《齐物论》中认为一切事物归根结底都源自道,没有什么不同的,由此主张打破物我的界限,像这样的相对主义和形而上的论述却让他深陷于自我与外部不再平静的外在距离之上,正像历史上的大哲学家都会接触到哲学外部那个瓦解自我反思的那个点,意识到自身无法把握自身哲学背后显现的物质环境,庄周也于自身的思辨之中敏锐地觉察到:人被抛于现世,带着自身的盲目和局限,于现世的陌生与诡秘而言,人的有限思维无法赋予带有无限和变化无常的现世以意义,人却偏偏又不堪承受没有精神负担的虚无主义沉沦,向现世索求意义就成了人生存意志的盲目冲动,但人类个体认识的局限性与先验的狭隘又导致

* 以维特根斯坦的观点做类比性**引入**,随后径直提出文章观点,开篇体现出作者宽广的理论视野和较强的思辨能力。

** 进入对庄周梦蝶悲剧性内涵阐释分析前,先树立一个靶子,即传统观点如何看待这则寓言,随后通过对它的反驳提出自己看法。这是一种**反驳式立论**,好处是能将一个论述对象放在不同观点之中进行辨析性阐释,使立论更稳固。

*** 这一段是对开篇提出的庄周梦蝶寓言的悲剧性的具体阐释,并指明这种悲剧性的内核在于个体对"渺小无知而不自由"之宿命的体认,将对文章主旨的论述向前**推进**了一步。

难以对存在做出本质的解释，这也就造成了人深感于自身无法以想象界来弥补象征界的缺憾，甚至对实在界庞大原质的不可名状生出恐惧，所以对世界产生出诸如"人生五十年，如梦亦似幻"的荒诞感受。于是，庄周就坠入了无法对现象世界做出解答和无法在自身哲学符号体系找寻自身位置的迷失困境，他进行了自我对生命意义的热忱追求和精神家园失落的忧愁的双重接纳。*

但庄周没有止步于对以人类的盲目仰视宇宙的沉默的慨叹，这里庄周表面上在棋谱上摆出了精神迷失的困局，似乎有人生如梦一场空的怅然，但事实上则是庄周从这场与自身的精神博弈中获得了对人生理解的超脱。庄周想要表达的是不必再执着于现实与梦境、善与恶等类似的差别，既然名实无法相合，不如消解掉基于特定立场的偏执与争论不休，以无我的超脱对大道进行追求，对人生苦难和形体欲念进行超越，用诗与哲学的审美情趣来拯救人生的困境。这在一定程度上也应和了尼采的审美意向。** 尼采赞颂古希腊悲剧，认为古希腊悲剧正是古希腊人面对宿命时充斥着尖锐矛盾的敏感情绪的体现，并从生命之痛中积极地吸收营养，因此他也赞颂酒神通过激发生命本能来创造艺术，拯救生命，不是以理性和逻辑来压制本能那样意图以人类的偶然性、有限性去驾驭自然的必然性、无限性的虚妄。在这一层面之上，也就不难理解庄周对打破儒家伦理尺度和道德理性局限的高扬情绪。***

（作者：杨奇杰）

综合点评：

这篇读书报告对西方哲学思想的掌握程度、思辨性语言的使用程度都令人印象深刻。它可称得上是一篇极具风格特点和成熟度的读书报告，却未必是一篇具有可模仿性的读书报告，因为这是须有足够广度和深度的阅读视野才能写出的文章。尽管如此，它仍为读书报告写作提示一条门径：足够的阅读量对读书报告写作的重要性，广博的视野对阐释问题深度的重要性。

从写作的操作性层面，这篇读书报告也能带来启发意义。如中西思想比较的意识：对相似的思想和认知处境，不同思想家如何看，通过比较，可帮助文章更深入阐释它的主题；再如推进性论述的意识：不是在单一平面里转圈，而是不断尝试打开不同的空间，将问题不断

边注：

* 本段带入海德格尔存在哲学的讨论，在**中西比较**视野中解读庄子思想，但批判性反思的空间尚待打开。因为这里庄子和海德格尔思想的比较具有较强类比修辞的行文质感，遮蔽了二者之间的差异，也遮蔽了庄子相关思想在其历史语境的特殊性，导致文章宏阔有余而具体不足、征引（其他思想资源）有余而细读（《庄子》文本本身）不足。

** 通过尼采的悲剧论述论证庄子哲学如何通过追求大道以超越人生苦难和困境的观点，再次体现出**中西比较**的论述意识。这种比较，一方面使文章的论述视野宏阔；另一方面，西方思想也是文章借以阐释《庄子》的一种论证方式。

*** 全文最后一句将庄子对儒家伦理和道德理想的批判点出，道理固然是对的，却颇为突兀，且文章结束在这里也给人戛然而止之感。读书报告是一篇完整的文章，不仅需在形式上体现出它的结构**完整性**，更需要在内容论述层面把话说完，尤其也需要有必要的铺垫论述，使一个观点被得出显得自然而然，而非突如其来。

升维。尽管这两点文章未必做到尽善尽美，但其思维自觉本身值得肯定。当然，也需警惕，这篇文章对《庄子》经典原文的结合是不够充分的，不少地方的阐释显得脱离文本，这是它的一个不足之处。

夏虫可语冰 *

庄子曰："夏虫不可语冰。"说的是如果虫子的生命只存在于夏天，那么和虫子谈论冬天的冰是没有意义的。但是，夏虫死于冰，为何不可语冰？ **

时间是哲学绕不开的话题。儒家似乎会关注时间的流逝性和不可逆性，提醒人们要珍视当下，如《论语》中记载子在川上曰："逝者如斯夫，不舍昼夜。"道家似乎会更关注时间这个概念本身，而不是某一个，尤其是激励人们珍惜时间的特性，比如《逍遥游》说"朝菌不知晦朔，蟪蛄不知春秋。" *** 就只是讲了时间有长有短，人类一日、一岁，对于朝兴而暮谢的菌子，春生而秋亡的蟪蛄，就是穷极一生也无法逾越的时间长度。所以相比于主观意志更强大的儒家经典，我们对时间的体认，以及如何在时间维度上突破自我之局限，应从道家经典中剖析更为合适。庄子的《逍遥游》和《秋水》都谈到了有关时间和人生的问题。

如同《逍遥游》中"朝菌不知晦朔，蟪蛄不知春秋"所讲的那样，时间是绝对的，可度量的——我们可以用"晦朔"来度量一日，用"春秋"来度量一年；但对于每个个体而言，时间是相对的。《逍遥游》的开头讲，在北冥之地，有一只大鱼叫鲲，想去往九万里外的南方，于是变成了大鸟——鹏。鲲、鹏是宏大的意象，是大而有力的象征。如果只是形容一个人的强大，想来只用鲲和鹏中的一种就行了；然而从千里之鲲到化而为鹏，从北冥到天空，来到一个截然不同的新环境里面，仍然可以立刻变成其中的王者，这才是鲲/鹏最为强大的地方。然而，北冥之鲲在天空无用武之地，千里之鹏也不能在水中称霸。

我们先将鲲鹏的问题搁置下来，看看鹏在天空中所见的。蜩与学鸠嘲笑鹏飞到南海的无谓之举，鹏的回应似乎是大对小的嘲讽，似乎读者们往往认为只有像大鹏鸟一样展翅翱翔，从北冥飞到南海，才是"逍遥"；其

*《庄子》言"夏虫不可语冰"，这篇读书报告却以"夏虫可语冰"为题，一种挑战性的读法便通过这个标题展示出来，惹人注目。

** 开篇第一段注解标题，言简意赅引入作者看法。且使用反问句切题，更显作者态度，颇给人一种语不惊人死不休之感，体现出一种**逆向性思维**，能快速抓住读者的注意力。

*** **比较论述**儒家和道家的时间观，为文章关于时间相对性问题的论述撑开更大的论辩空间，即一个中华文明历史的空间，因此不至于就《庄子》论《庄子》，陷于单纯的文本内部来阐释，显出宏阔的视野。

实也许从另外更高一级的生物来看，大鹏鸟飞到南海，就与大鹏鸟看蜩与学鸠"决起而飞，抢榆枋而止，时则不至，而控于地而已矣"并无二致。就是说，每个人在适合自己的环境里面才能真正做到"逍遥"，大鹏是这样，蜩与学鸠也是这样。《逍遥游》通篇都在说这样相对的事情。

这两个片段与时间有何关系呢？我们来看《秋水》中的这句，也就是我的文章开头提到的"夏虫不可以语于冰者，笃于时也"。正如我在开头提到的，夏虫不可语冰，因为它不曾了解过冰，但是夏虫之死又源于冰。夏虫从未曾见过的"冰"，硬生生闯进了它的世界，还被夺走了生命，这是它短暂的（但是在夏虫自己看来就是漫长的）一生中无比重要的事情。既然对夏虫而言，"冰期"这段其实并不存在的时间是重要的，那么"冰"就是重要的，更是真实存在的。

对于小小的夏虫是如此，对于人又何尝不是如此？《秋水》的宗旨本就是要探求人类正当的生活模式，然而它与《逍遥游》提出并解决问题的思维结构不同的是，它更多在细节处论证人类认知局限的问题。在广大的宇宙中，人的认识和观念都受到限制，因为宇宙是无限的，而人的认识是有限的。同样，时间是无限的，人的生命是有限的。虽然《秋水》把孔子当作批判对象，但是任何企图仅靠儒学或道学思想实现人生理想的想法都是不切实际的。儒家讲入世，道家讲出世，宏观上我们是道家随遇而安，微观上则是像儒家珍惜时间。面对客观存在的，流逝着却又不能回还的时间，如何朝着心中的方向坚持把想做的事完成，值得我们深思。

庄子和孔子都认识到了社会的真相，而他们的区别就在于选择的态度不同，孔子的态度是英雄主义，鼓励人们要不断提升自己，让自己能够在更高的层次的环境中立足；而庄子讲的是只要我"躺得足够平"，就没有人可以打倒我。这两种态度在每一个人身上是交替存在的。庄子在中华文明史上不可替代的原因就是，他给不甘平凡的人们提供了一个温暖的可供休息的角落。但道家意义上的"躺平"，并非什么都不做。正如《逍遥游》中"大树的故事"：对于惠子那棵奇形怪状的树，庄子并没有让惠子强行把这棵树砍掉、加工成合适的样子，而是让他把树留下，实际上这呼应了蜩与学鸠的状态，也就是随遇而安，无须羡慕他人，这才是庄子所要表达的真正意义。

（作者：宋浩轩）

*再次对儒家、道家进行**比较论述**，这是文章第二次论述儒家与道家在时间观认识上的差异，相比于前文此处论述层次有推进。读书报告写作，有时需要找到这种波浪连绵之感，即在论述的不同部分，对同一个问题做到有推进层次地"重复"论述，这样一个问题被从不同层级反复触及，就能得到更为全面和周到的阐发。

综合点评：

这篇读书报告立意新颖，提出打破常规的论点与经典原文对话，这是批判性思维和逆向性思维的体现。对儒家、道家时间观层面的比较论述，也是文章亮点之一，这个比较贯穿全文，且层层递进。通过比较，呈现比较项的各自特性和实质，进而更有效地阐明文章观点。儒家、道家的比较也能为文章拉开更大的论述空间，即一个中华文明史的论述空间，使文章能在更宏阔的参照系下展开。

当然，这篇文章也存在语言不够简洁、表意不够清晰、逻辑结构尚待加强等问题。文章没有写出一泻千里的贯通性，甚至不少地方读来磕磕绊绊，其中一个原因或在于，在有限篇幅中，写作者试图表达的内容太多了。对读书报告写作而言，紧密围绕一个中心问题，把它讲清楚，就已经足够。如果涉及多个问题，就需要有主次权重的分配，以便让其他问题服务于中心问题的论述，这样文章才能流畅自如。

井底之蛙的出路 *

《秋水》一篇里有这样一句："井蛙不可以语于海者，拘于虚也。"井底之蛙无法谈论大海，因为它受住处的限制。在我看来，时间即井，我们则是"井底之蛙"，因为生命有限，我们无法将无限的客观世界尽收眼底，也无法找到合适的办法解决深陷井中的困境。无论于认知、还是于实践，每一只"蛙"都深陷其中。**

我们儿时记诵的名人警句，大多劝诫我们惜时，因为时间永远向前、一去不复返，所以有所谓的"老大徒伤悲"和"寸金难买寸光阴"。如果我们站在个体的角度而言，时间一定是个有限量，但庄周思想的高妙之处，在于将时间长河里的不同个体相比较，得出时间有限或无限的相对性。《逍遥游》里经典的论断，蟪蛄不知春秋，而楚之南有冥灵者，以五百岁为春秋，如此看来，蟪蛄的光阴短暂，而冥灵者的光阴漫长；楚之南有冥灵者，以五百岁为春秋，而上古的大椿以八千岁为春秋，那么冥灵者的光阴短暂，大椿的光阴则更漫长。***

* 惯常"井底之蛙"用来形容见识短浅，但站在"蛙"的角度去思考其"出路"并不常见。这里以"井底之蛙的出路"为题目，颇为新颖，更重要的还在于，此喻又与全文主旨紧密关联。

** 以井底之蛙类比生命有限之人在无限的客观世界面前的局限，是一个生动形象的引入，同时又可谓开宗明义地抛出一个尖锐的问题，引发读者的共鸣性思考，也为后文论述做出铺垫。

*** 从个人经验出发，引出对庄子相对主义时间观问题的论述，并紧随以经典原文内容做出佐证，可谓有理有据，行文显得顺理成章。

如果仅仅以存活时间的长短来评判时间的有限性或无限性，是毫无意义的。我们需要注意的是，对个体而言，存在于世的时间是有限的，而需要认知的客观事物、亟待摆脱的具体困境是无限的。有限的生命历程，时常会限制我们的眼界，并使我们摆脱困境的方法变得有限。此时时间即是井，限制我们认知万物、摆脱困境，但作为井底之蛙的我们也并非无路可选，因为人生的长度并不能完全决定认识与实践的广度。*

时间维度上，自我的局限有二，即认知的局限和行为的局限。对于认知，蛙的解决之道不在于一口气跳出深井，放眼世界，因为深井所以深，是在于无蛙可跳出。井底之蛙的出路，在于把先蛙们的尸骸垒起来，站在先蛙的肩膀上往上一步，即是胜利。井相对于一只蛙的高度是有限的，但相对于一代一代的蛙来说，井的高度是有限的。在有限时间里，个体的主观认识难免有限，正如蟪蛄无以知春秋，麻雀不识鲲鹏之志。但蟪蛄与麻雀不知道的是，眼界的局限可以被历代的经验填补，对于我们，这些经验就叫作历史。通过学习经验，我们对大的东西不觉得大，对小的东西不觉得小，因为明晓万物相对而无穷尽；通过传授"道"，我们得到时不觉得欣喜，失去时也不感到忧伤，因为明白了事物盈亏的道理。"是故大知观于远近，故小而不寡，大而不多，知量无穷；证向今故，故遥而不闷，掇而不跂，知时无止。"唯有读史，我们方能避免做无效的跳跃动作，而是稳稳地站在前人的肩膀上。向上一步，这即"井底之蛙们"的出路。**

如果说"井底之蛙们"克服时间对认知局限的出路在于学习"前蛙"的经验，提高自己的认知；并站在"前蛙"的肩膀上向上一步，拓展群体的认知，那么，它们想要克服时间对行为的局限，立足于解决现实的困境，在庄子看来，关键在于领悟具有理想人格的神人、至人、圣人的超然之道，即"知之""安之"和"超之"。

"死生命也，其有夜旦之常，天也。"庄子在《大宗师》中点明，知道人同自然界中其他生物一样，都有着由生至死的过程，且生死如同昼夜交替，无可避免，是克服时间维度人行为局限的第一步，因此悦生恶死都是不必要的。"其形化，其心与之然，可不谓大哀乎！"庄子在《齐物论》里深入探讨，人生最大的悲哀，不在于形体的枯败，而在于心灵随形体一同衰败。

既然知道"死生命也"，那么面对生死最好的办法是"安之若命"。因为自然赋人以生命，就是要让人生时勤劳、老时安逸、死时休息，所以"善吾生"亦"善吾死"。如果生死的问题都得以看淡，那么人生长河中其他

* 抛出观点，针对如何应对生命有限之人在无限的客观世界面前的局限问题，指出一种"出路"方向，实则也便为后文主干论述部分规划好了**路线图**。

** 通过有限和无限、个人和历史诸辩证统一的矛盾，这里推出了结论，在这篇问题导向的文章中，此处抛出结论顺理成章。但也存在于一个致命问题，那就是这个结论游离于经典原著，更似作者头脑中"常识"系统的越俎代庖，导致结论缺乏**说服力**。

困境也可迎刃而解。

一方面要安于生死，一方面更要超然生死，不是采取"消极避世"态度，以无用论自我保全，就是采取"积极游世"的方式，无为而治。正因超乎于世俗道德与情感，《逍遥游》里才有"不食五谷，吸风饮露，乘云气，御飞龙，而游乎四海之外"的至人、神人与圣人。

时间即井，高耸的井壁仍局限着每一只身陷其中的蛙们。井底之蛙的出路，在于学习经验，在先蛙的肩膀上更上一步，一步步瓦解时间对认知的局限，在于保有"知之、安之、超之"的超然之道，立足于游世甚至避世的方法，打破时间对行为的局限。*

（作者：王逸伦）

* 结尾对全文做出**总结**。用言简意赅的语言综述了全文的问题意识和论证思路。

综合点评：

这篇读书报告选题不俗，既形象生动，又紧扣文章主旨。其"井底之蛙"之喻不仅是修辞性的，而且是线索性的，探索其"出路"的立意，使文章的推进以问题为导向，这相当于给文章内置了一台马力十足的"发动机"，赋予它不断向前的推进动力。

文章从《秋水》切入，阐述庄子的处世哲学，引用《逍遥游》《齐物论》等篇章中的例子，多数时候能紧密结合经典原文，并做出自己的阐释。但个别关键处有脱离文本的放飞时刻，这是应避免的。须知：读书报告不是一种可以单性繁殖的写作样式，它的"理"是写作者和文本交流碰撞的结果，而不能靠写作者单方面提供。

用一瞬间抓住永恒

本文所探讨的问题是，《庄子》中对于时间的体认以及如何在时间维度上突破自我之极限。在我看来，庄子的时间观中，时间有两个最大的特性，一是相对性，二是不会停止，而这两个特性又基于时间无穷的基础之上。与无穷无尽的时间相比，人的生命就像朝生暮死的蜉蝣一般短暂，注定转瞬即逝。然而，我却想用那首著名的诗歌《天真的预言》回答后面那个如何在时间维度上突破自我极限的问题："用一瞬间抓住永恒"。**

** **开篇**没有任何铺垫，直接抛出问题，随后再对它围绕经典文本要义进行简要阐释，并且回扣标题。

* 开篇已交代文章将从三个方面展开论述，随后用三段分而述之，且每段开头都是**主旨句**，交代接下来的论述要点，纲举目张，可见文章整体逻辑，也使其面貌流畅清晰。

** 从行文逻辑看，这里应是《庄子》如何回答"在时间维度上突破自我之极限"这一问题，而非"我给出的答案"云云。读书报告写作中，**"我"**是一个既重要又危险的人称代词。重要，指读书报告应体现作者的独立思考、能生发出基于作者既往的情感、阅历、阅读积累等与经典文本碰撞后所产生的新质，这必然要求读书报告背后要有一个"我"；但读书报告写作不是主观和随意的，如果过于凸显"我"，则可能造成自说自话的后果。更建议的写法不是"我觉得""我认为""我喜欢"，而是"庄子觉得""庄子认为""庄子喜欢"，"我"的看法应通过对经典原文的分析和解读自然流露出来。

时间的一个特性是相对性。* "小知不如大知，小年不如大年"（《逍遥游》），智慧小的不如智慧大的，寿命短的不如寿命长的。庄子的哲学中有相当强烈的相对论观点，而他对时间的认识也是如此。让我们来看看庄子的举例吧，"朝菌不知晦朔，蟪蛄不知春秋"，一个不知道昼夜的变化，一个不知道季节的交替，与这样的生命相比，人的寿命也算是漫长了吧。然而，传说中的冥灵、大椿却分别以五百年、八千年作为一个季节的变换，与之相比人类的最长寿者也显得微不足道。那么，冥灵、大椿算是长寿了吗？我们看到，庄子在《逍遥游》中极力刻画了一个形象鲲鹏，鲲鹏算是自由到了极点了吧，但他的本意却是借鲲鹏表面的无比自由来寓意真正的逍遥与自由。类似的，与无穷无尽的时间相比，冥灵、大椿也是短命种，与蜉蝣并没有什么本质区别。时间的相对性建立在时间的无穷之上，而庄子显然认为时间是无穷尽的，所谓"时无止"（《秋水》）。如果时间有一个终结，那么显然就会存在一个绝对的参考标准，时间也就因此变得绝对，就不可能谈得上相对了。在这个意义上庄子的时间观是逻辑自洽的。

时间的另一个特性是永不停止。子曰："逝者如斯夫，不舍昼夜。"当浮士德说出"你真美啊，请停一停"时，他的生命正如他所说的话那样终结了，可在现实中，时间不会因为任何人而暂停，而会像孔子比喻的河流那样奔流不息。庄子不仅说过"时无止"，他同样也说过一句类似的话"时不可止"（《秋水》），两者虽然极其相似，但后者所强调的正是时间不可停止的性质。在这个基础上，庄子进行了进一步的思考："证向今故，故遥而不闷，掇而不跂，知时无止"。庄子素有东方尼采之称，在这里他的思想与尼采不谋而合，即"对一切价值进行重估"（《权力意志》）。面对无穷无尽不会停止的时间，个体的价值似乎失去了意义，比如说庄子笔下的仙人"是其尘垢秕糠，将犹陶铸尧、舜者也，孰肯以物为事！"在这样的尺度下，人类宣扬的一切价值都变得如此苍白。

那我们该如何在时间的维度上突破自我之极限呢？我给出的答案是，用一瞬间抓住永恒。** 换一个角度，时间的无穷和相对也是有积极意义的，人们可以从自己短暂的人生中跳脱出来，像那望洋兴叹的河伯一样跳出"井底"，重新去思考我们生命的意义。时间，一方面与死亡相关。孔子说"未知生，焉知死"，他选择了积极入世，对死亡避而不谈。西方的哲学家，比如维特根斯坦如是说："死亡不是生命中的任何事件，人们并没有经历死亡。如果人们不将永恒理解为无穷的时间延续，而是将其理解为非时间性，那么生活于现在之中的人就永恒地活着。我们的生命是没有尽头的，正如我们的视野是没有界限的一样。"（《逻辑哲学论》）他用逻辑驳斥了死亡。而庄子却认为，生死乃是"气之聚散"，是一种无比正常的自然现象罢了，正是这样的想法让我们克服了对死亡的恐惧；另外，时间与我们的价值或者生命的意义相关。存在是有限的，无穷尽的时间带来的是虚无主义，维氏则直接认为这些形而上的东西都是无法言说的。 庄子却从自然大化、生生不息中克服了个体的有限性，安时而来，去时而顺，从精神主体出发思考时间的内在性。正是因为时间是无限的，生命的长短也就丧失意义，那么重要的就是深度。人的一生对于宇宙不过一瞬，我们却能够用这一瞬来抓住永恒。

（作者：蒋铭皓）

* 拿维特根斯坦的观点和庄子的观点做比较，但从作者的陈述来看，二者之间的**可比性**是值得商榷的。比较论述是读书报告写作中常见的行文方法，它的好处很多，如可建立参照系、抬升论述维度、通过类比或反差突出作者观点等；但需注意，比较论述应建立在比较项双方有可比性的前提下。

综合点评：

这篇读书报告逻辑线索清晰。文章主体分为三个部分，对应着三个自然段，第一段证明"时间的一个特性是相对性"，第二段证明"时间的另一个特性是永不停止"，第三段证明在时间的维度上，"用一瞬间抓住永恒"。这三个层次有清晰的逻辑关联，其中的评述也不动声色、分寸得当。

具体行文能做到紧密结合《庄子》经典原文展开论述，从原文中所选取的段落和案例也颇为得当，体现出写作者取舍材料的提炼功夫。另外，文章呈现出较为鲜明的中西比较的论述意识，虽个别处比较项之间的可比性有待商榷，但瑕不掩瑜，总体上能体现写作者的厚积薄发之力和积极主动思考的能动意识。

第三节 《史记》

司马迁心中的侠客江湖

"银鞍照白马，飒沓如流星。十步杀一人，千里不留行"这是李白眼中的侠客，"仗剑红尘已是癫，有酒平步上青天"这是后世对于侠客的理解。在我们的想象中，或许侠客就是仗剑天涯、放荡不羁。但是史海沉浮千年一眼，当我们把眼光看向千年前，司马迁笔下的侠客却有另一番风采。"集解荀悦曰：'立气齐，作威福，结私交，以立疆于世者，谓之游侠'。"史记是司马迁用自己的生命和血泪写就的一本书，在此书中有很多司马迁对历史、对人物的认识和见解。鲁迅先生在《汉文学史纲要》里说司马迁写《史记》是"发于情，肆于心而文"。可见《史记》的价值之高。而在其中有两个比较特别的列传——《刺客列传》和《游侠列传》，在那个法家广传、儒家盛行的年代，其似乎与历史有点格格不入。但回顾司马迁的一生，我们便能看出其中的端倪。*

司马迁一生都致力于历史研究和写作，但是晚年却遭遇不幸。他身上有大儒的浩然正气却没有官场的趋炎附势，有为完成自身理想信念宁可放弃尊严甚至生命的傲骨。在那个以儒乱法的年代，朝廷上儒生身居高位，指点众生。趋炎附势只为迎合皇帝，而却很少深究事情的真相。**李陵之祸就是很好的证明。李陵一事至今已无法被证实，但是我们看到的是汉武的问罪，以及群臣的煽风点火。作为一个史官，司马迁是中正的，而作为一个生活在历史中真真实实的人，他无疑是生活化和情绪化的。早年游历华夏大地的时候，他体察民间疾苦，看到了强大汉朝的阴暗面，更看到了成王败寇中那些失败者的真实一面，那些人性闪耀在司马迁的笔下，也浮现在我们眼前。失败者不一定是真正的失败者，正如他写的《项羽本纪》一般，项羽虽然不是王，但是西楚霸王的人性光辉闪耀在了我们眼前。作为汉朝的敌对一方，司马迁却让他完完整整地展现在了我们眼前。正如后

* **开篇**从读者耳熟能详的唐诗中的侠客形象，引出司马迁笔下的侠客形象；从《史记》中《刺客列传》《游侠列传》与当时"法家广传、儒家盛行"的时代背景"有点格格不入"，引出"司马迁的一生"与这两个篇章的关系。既以广博的知识面和信息量打开了文章的中心问题，又富有问题性和递进性地将读者一步一步地引入文章的阅读，堪称精彩。

** 读书报告写作是一种论说文写作，尤其应注意表述的准确性和**分寸感**，不能有意气之论，任何写下的文字也应言之有据，即便是要表明作者态度，也应留有余地，力避绝对化的表述。

世"不虚美不隐恶"的评价一样，当时在社会上并不是主流的侠客群体，在他的眼中却是另一番性情。*

　　司马迁在《报任安书》中曾说："假令仆伏法受诛，若九牛亡一毛，与蝼蚁何以异？"在我看来，司马迁之所以忍受宫刑，忍辱负重著《史记》，便是想用他短暂的一生创造属于自己的价值。这种精神同样映射在《刺客列传》的诸位刺客身上。豫让三次刺杀赵襄子，宁可"漆身为厉，吞炭为哑，使形状不可知，行乞于市，其妻不相识也。"为了自己的目标而放弃了一切，这种伟大的精神被司马迁写入书中，并对他大为赞扬。春秋战国以及秦汉的侠客与后世明清小说中的侠客有很大的区别，**明清的侠客多是爱好，一人一剑行侠仗义，充满了人们的美好想象和理想化，正如"仗剑红尘已是癫，有酒平步上青天"一样，明清的侠客主题亘古不变的是诗，是酒，是剑，是与女子执手天涯，是纷纷攘攘的江湖恩怨，是路边说书人嘴里的佳话。而春秋时期侠客最早是一个阶级，是君子座下门客。那个时期诸侯纷争，豪强养门客来提升实力。那些谋略出众，道德声望高尚的人被称为士，而在士这一阶层崛起，为世人出谋划策之时，帮他们干阴暗之事的人，则是刺客。秦汉大一统以后，士这一阶层成为统治阶层，正所谓"狡兔死，走狗烹，"刺客这一阶层也逐渐成了政治的牺牲品，被当时占主导地位的儒家唾骂，成为儒家礼义廉耻教育的牺牲品。但是他们同样具有反抗精神，有的自立，招揽门客、广交豪杰，完成了由刺客到游侠的身份转变。

　　他们用自己的方式反抗压迫自己的儒士，反抗压在人们头上的古板的价值观。司马迁也是这么一个人，或者说他身上有相似的经历，在看尽人间百态，纵观历史千年之后，司马迁很清楚，自己只是小小的史官，怎么也跳脱不出历史，逃不脱皇权，免不了儒家思想的压迫。从那时起他的心中便有一个江湖，以《刺客列传》《游侠列传》为武器，抒发着像他一样渺小的角色对社会、观念的呐喊和反抗。***正如聂政、专诸的故事一样，在那个思想禁锢严重的年代，专诸是帮助公子光谋反的武器，而聂政是为了严仲子一己私利而大杀四方。而在司马迁笔下，他们却变成了有血有肉，可歌可泣的人物。聂政侍奉母亲，自皮面决眼，为了不让对方认出自己，公子光礼待专诸而专诸给予回报，这都是他们性格光芒的体现。正如司马迁对游侠们在民不聊生的黑暗统治下惩恶扬善发扬自己的精神，同时也抗争着中国传统意义上的文化思想观念的赞同。

* 这一段从司马迁晚年横遭不幸写起，以司马迁对"失败者"的另类看法做结，二者之间的逻辑关系并不清晰，需要做一些理顺和**衔接**。读书报告写作应时刻注意行文逻辑，不仅段落之间，而且字句之间也应对此有自觉。

** 在这句之后三百多字篇幅中界定"春秋战国以及秦汉的侠客"与"明清小说中的侠客"之间的区别，体现出**对比论证**逻辑，从而较为清晰地描绘出司马迁笔下的"刺客"和"侠客"的社会阶层属性及其历史发展源流。

*** 前文交代了司马迁的生平际遇和侠客、刺客的"相似"后，此处做出阶段性小结。**小结意识**也应是读书报告写作中有所自觉的，小结即文章链条中的一个节点的界标，它既能让文章内部逻辑有一个阶段性收束，也便于读者在阅读过程中喘一口气，由此看，小结意识也是写作中读者意识的体现。

在《刺客列传》中，司马迁的笔墨分布很巧妙，在写荆轲时使用了大量的笔墨，而在前面很多事却一笔带过。这可以体现出作者的精神追求，前面几人或多或少都是为了一己私利，或是为了得到土地，或是为了谋权篡位，或者为了刺杀仇敌，这是刺客存在的价值。但是对比荆轲，荆轲在《史记》，甚至整个历史上都赫赫有名，其真正精神内核在于荆轲当时扮演的是一个为国而死，有着忠国忠君的气节的角色。司马迁何尝不是呢？他写自己有不怕牺牲的勇气，知恩图报的情感，一身浩然正气，但是读者在书中更多地感觉到了他隐晦表达的他的爱国忠君之情。这就是史官的情怀，是真正文人的气节。很多解读都有提到过司马迁写侠客列传是为了寻找自己放荡不羁的情怀和表现自身的价值，是对抗固化的思想，而我觉得，他真正想表达的却是侠之大者，为国为民。正如荆轲一样，他的心底有着一颗忠诚的心，所以不惜两次冒死进谏李陵一事，最终当场被打死。*

* 文章能时时**扣住**司马迁同"刺客""侠客"的"相似"这条线索，反复用鲜明的例子对此做出阐释，既保证了论述逻辑的有序推进，也让文章的论点更加具体化。

游侠大多数的结局是悲剧，他们散发自己的光芒后便从此逝去，变成《史记》中虚无缥缈的字句。司马迁的人生也是如此。但是他在自己的心中构建出了一个理想的江湖，以纸为山水，以笔墨为人，让我们看清了他内心的价值观，也看到了从那个时代黑暗中站出来反抗的人们。"事了拂衣去，深藏身与名。"这就是司马迁的江湖侠义。

（作者：郑苟蔚）

综合点评：

这篇读书报告以司马迁的人生际遇和其《刺客列传》《游侠列传》所记叙人物的"相似"为线索，论述推进过程就是二者相互阐释的过程。文章通篇基本能够紧密扣住这条中心线索，解读过程既能结合经典原文，做到有理有据，又能融入个人看法，尤其展示出对历史人物的同情之感，使文章颇具感染力。

文章对历史人物的评价能够做到知人论世，尤其能设身处地理解司马迁的人生际遇及其思想，尝试把握他心中的隐微一面，使一个鲜活的历史人物形象跃然纸上。另外值得一提的还有这篇文章呈现出的广博视野，如唐诗和明清小说中的侠客书写、鲁迅对司马迁和《史记》的评价等，它们在文章中起到对比或阐发的作用，为文章增色不少。

舞侠之剑

侠，是藏在中国人骨子里的一把剑。勇于舞其于史学文坛之中的，太史公是第一个。

"侠，俜也。"这是《说文解字》对侠的定义，"俜"即"听任"，似乎更接近太史公对"刺客"的定义。《史记》中的刺客，多为门客或下属，他们愿意为"知己"付出一切。多数时候，他们是"一次性"的，尤其对门客众多的士或武士济济的国来说。但《史记》中的"侠"不是如此，他们往往有一定的势力，且是纯粹由个人魅力积攒而来的"势"。往往，他们成在"势"，亡亦在"势"。"刺客"与"游侠"皆为人而战，但刺客是为赏己之人，游侠是为己之自赏。他们离经叛道的侠义行动，是完全基于自身对人道的理解的，这种理解是原始的，因此站在社会批判角度，他们的某些行为是"惨无人道"的，似乎是"一言不合就见血"，实则这是他们坚守的"人道"中最原始的部分。他们的行为准则绝不因上层建筑的意识形态而动摇，再加上其身上独有的坚毅特质，他们成了令统治者感到严重威胁的"无政府主义者"。与此同时，他们的"游"并非指自身生存形态游荡游离，而是指在乱世中，对游民的侠义；在儒法思想的精神束缚下及强大君主封建统治压迫下，与之对比形成的"游离"之感。郭解在知晓是外甥欺负他人的实情后，没有杀害杀死自己外甥的凶手，却不知在他们眼中非黑即白的他，实则处在社会的灰色地带。

史官于朝亦然，太史公更是如此。

史官是如"侠"一般独立于朝的，他们的信念应是"真"，面对统治者的尖锐目光，他们必须坚守自己的那一份典籍，记下不负内心的每一笔被我们后世称为"史"的宝贵财富。他们的笔就是侠客的剑，每一刀都爱憎分明，每一刀都刺得准，都是真相之"准"。司马迁在经历了"李陵之乱"后，不仅在作史上，更在人间冷暖上感受到了侠的可贵。他孤立无援，无人如侠客一般替他说话啊！此时的他会多么渴望朝中能有侠士替他申辩！"交游莫救，左右亲近不为一言。身非木石，独与法吏为伍，深幽囹圄之中，谁可告诉者！"于《报仁安书》中如此呼喊的他怎么可能不去试图为"侠"正名？因此，司马迁这位侠士，写下了中国侠者的第一部列传。这部列传中饱含他对自身高洁品质的忠贞，对朝中虚伪之人的不满与讽刺。他不仅要为笔下游侠正名，还要化解自身内心的悲愤，

*以比较方式揭示"刺客"与"游侠"同中之异，准确精当。此可谓文章**金句**，即高度凝练地传递出精妙观点的句子，这样的句子掷地有声，言短意长，往往是一篇文章中的醒目亮点。

****过渡句**独成一段衔接文章前后两部分内容。前文的主角是游侠，后文的主角是记录游侠的史官。这一过渡句同时也提示出本文对照论述的逻辑结构。

***在充足的情节铺垫和情感烘托后，抛出文章**结论**：司马迁《史记·游侠列传》具备高度的自传性质，行文至此处有一锤定音之感，使文章所蕴含的思想情感抵达高潮，颇能引起读者共鸣。

更要为遭受酷刑的自己正名。

《史记》中的游侠列传只是中国人骨子里侠义的初次亮剑，东方特有的"人情"社会其根何在？不敢说是唯一，但"侠"的血脉是断不了的。"人情世故"绝不只是法律道德的子集，二者有交集，但一定有阴影中的那部分。我们心中对"侠"的渴望，或许可通过"关系"来感受和抒发。"侠"是在中国人骨子里的，更是在太史公这样拥有颠沛流离生活、尝尽世间冷暖的人心间的。因为社会的需要，它应该在阳光下被制约、被隐藏，我们显然不可对其全盘接纳和包容，然而，也该有人看到，有人像太史公般认可我们骨子里的那份"侠"。

（作者：成思彤）

综合点评：

这篇读书报告基于《史记》经典原文提出不少有创见的解释，如"侠成在'势'，亡亦在'势'，'刺客'与'游侠'皆为人而战，但刺客是为赏己之人，游侠是为己之自赏""史官的笔就是侠客的剑"等，体现出写作者深入的阅读和主动的思考，使写作抵达既能"入乎其内"又能"出乎其外"的境界。

文章灵活运用多种写作技巧，尤其值得一提的是比较论证，如"刺客"与"侠客"的对比，"侠客"之"侠"与司马迁之"侠"的比照等。另外，文章对情感的处理方式也值得一提，它可谓以有理有据的论述方式讲述了一个高度情感化的"故事"，极富感染力，而这非但没有构成对文章论点及其论证的妨碍，反而促使问题被谈得更深入，身体力行地体现出情感也可以成为论说文的一种论证手段和写作技巧。

《史记》中的江西

经过一番寻找，我在《史记》中实在并未找到多少关于我的家乡江西的描述。除了在广泛记述了各地物产的《货殖列传》中有少量描述，通过关键词搜索功能，我以"豫章""九江"这两个汉朝对江西的常见称谓进行搜索，找到的片段大都只是提及了这个地名。想想也自然，在史记记载的到汉武帝为止的时间段内，南方无论在政治、经济还是文化等方面的影响力都不如北方；而且在南方地区之中，江西的存在感也比不上位于长江更下游的吴越核心地区与长江中上游的荆楚和巴蜀地区。*文字虽少，还是能找到不少信息。

首先看看自然地理方面的描述。《货殖列传》里对江西的直接描述只有一句"豫章出黄金"。起初看到这句我是有些意外的，在我的认识中，江西较丰富的矿产资源是煤矿、铜矿和稀土元素，金矿没有听说过。所以，结合以前听过的古代用作货币的金很多是黄铜，开始我的理解是这里指的是铜。但查了资料后发现这里确实指黄金，后文也说了"菫菫物之所有"，拥有量并不多。那么，"出黄金"，必会有黄金冶炼铸造业。我们知道，金属冶炼铸造在那时可不简单，冶炼时需要的温度越高难度便越大，用传统木材做燃料是难以达到所需温度的，历史上冶炼业的发展过程中掌握煤的应用技术是非常重要的一环。在查找资料时得知江西人民是有史料记载中最早懂得煤的燃料价值的这一说法，《史记》这里也算是一个印证。从"出黄金"可以看出，当时江西地区的冶炼、铸造方面的手工业是比较发达且技术先进的。想来这或许也是后世江西在陶瓷烧造上达到顶尖水平的重要技术积累。**

除了直接描述，还有间接描述。司马迁在地理区域划分中把九江、豫章归在南楚。对南楚的整体和部分地区的描述有"卑湿""多竹木""地广人稀，饭稻羹鱼"等，由此得出的是此地气候潮湿，河流湖泊丰富，竹子是丰富的植物资源之一，作物主要为稻米的地域特点，和现在一般的认识也是相符的。

再看与人文地理有关的描述。司马迁说南楚"俗大类西楚"，即与"剽轻，易发怒，地薄，寡于积聚"相像。人口聚居的规模很小，这还是比较好理解的，大规模聚居仅靠自然资源压力很大，需要有足够规模的耕作生产，江西地区多丘陵地形和茂盛的植被不太适合发展较大规模的耕作、红土地的土质对常见粮食作物来说养分也不够充足，自然很难形成大规模聚居。不过，对于"性格轻浮易怒、强悍好胜"这点，我并没有这种感觉。有可能是自己身在其中感觉不到，当局者迷；也有可能是与黄河流域更成熟的礼仪文化相比，我们带有一些南方部族文化的风俗确是显得轻浮？对于这方面我目前所了解的不多。***另外，还有"南楚好辞，巧说少信"的描述：喜好辞章，自然便联想到楚辞，不过产自江西的作品确实没有听过，****这特点不一定符合当时的江西；说得很好但可能不那么可信，这

---

* 作者以自己搜集资料过程做引入，并较为恰当地对这个过程的困难原因做出解释，这其实也为后文的论述做出了背景交代，即本文讨论的中心对象在其历史语境中所处的位置。总体看，第一段在引入讨论对象的同时，也起到了为后文的具体讨论做出铺垫的作用。

** 本段仅从"豫章出黄金"五字，结合经典原文展开一长段分析，清晰展示作者的思考过程，并得出颇具延展性的结论，体现出文本细读的功夫。呈现自己的思考过程，在读书报告中也并无不可之举，有时能带来生动之感，且能体现作者思维的活跃，并能让思维链条以一种可视化的方式呈现在读者面前，使文章观点有说服力。

*** 文章颇具个人化风格，其中一个特点就是直陈自己的思考过程。作者善于提问，并不满足于提问，一定跟随以尝试性的回答，这一点颇为可贵。无力回答时，也"知之为知之，不知为不知"，体现出写作的严谨性，而并不是胡诌应付或"话赶话"式地用修辞性的方式敷衍搪塞。

**** 作者对《史记》的记载进行了一些联想，但没有找出更多例证。实际上，文学史上江西籍的著名诗人陶渊明、王安石、黄庭坚、杨万里等不应被忽略。

点在乡村听人们用方言聊天时挺多人确实可以称得上"巧舌如簧"，至于原因，我尚不清楚。

还有一条能得到比较多信息的描述是"无冻饿之人，亦无千金之家"，这是说物产资源足够不太多的人口的基本温饱，但经济不发达，没有很富有的人。由此可以推测汉初江西地区经济开发程度还比较低，贸易不多，生产方式比较落后，仍大多采取书中所说"火耕水耨"的原始方式。我原本也认为江西经济在汉代都是十分落后的，直到三国两晋有所起色，在宋朝达到高峰。但查看了一些相关资料后发现，江西地区的经济发展并不是在汉代都处于这样的落后状态，根据一些考古的发掘：在农业方面，江西多地发现了西汉末期及东汉时的粮仓遗址，可见粮食产量的快速增长；在手工业方面，江西出土了许多各式精美器物，说明了后来手工业的繁荣；大量在江西铸造的钱币出土以及梅岭商道的遗迹可以看出后来商贸的发展。

总结来说，史记中对我的家乡江西的描述，在自然方面可以总结为气候潮湿，水资源丰富，有一定黄金资源，盛产竹子，鱼米之乡；在社会人文方面则是民间风俗较轻浮、能言善道，当时汉初仍经济比较落后、农业生产方式较原始、冶炼铸造业较先进，人口零散，资源丰富不忧饥荒但也不富足。不过，在汉中后期，凭借丰富的自然资源、不错的手工业基础以及与闽南地区交流的枢纽位置，江西地区的经济得到了很可观的进步和发展。*

（作者：卓晟汀）

* 结尾总结全文，体现出文章清晰的**谋篇布局**意识。这个总结清晰明了，条分缕析，用简洁语言传递出较为丰富的信息，可以说是句句干货。

综合点评：

这篇读书报告勇于探索、勤于查证、诚于表述，是一篇真诚、质朴的文章。能够紧密结合经典原文，从江西的自然地理、社会人文、物产资源等方面有序展开论述，每一部分的论证都把《史记》寥寥几句原文作为基础，没有脱离文本，也没有过度发挥，体现出写作者严谨的写作态度。

文章能将《史记》零乱无序的记载，按照自己的理解重新编排，并在每一部分及全文末尾都有意识地进行总结，使读者能够跟住行文思路，体现出写作者的谋篇布局能力。这一能力尤其体现在写作者贯穿全文的思考者姿态，基于经典文本，不断用问题推动写作，尤为可贵的是还会紧随其后给出尝试性的推理和回答。

往事忆天府，九天出成都

《太公史记》别出心裁，开"纪传体"之先河，以惊人之体量，成"史家之绝唱，无韵之离骚。"抛开漫天方絮，剔除那为我们所熟知的陈列人物，疾恶颂德的《本纪》《世家》与《列传》，我们发现：以寥寥数笔勾勒出世系、人物和史事将近千载的光阴与日月描绘得单薄得可怕的《表》以及记录表述星霜之下制度变迁，广函礼乐与制度、天文与兵律、社会与经济、华夏之地理的《书》静静地躺在那里。

《表》单薄得可怕，日月轮转，碾过的不过轻薄的数卷汗青，数方缃帙，精简到了极致，却又过分的"失真"，但失去了一川山河、一方沟壑，失去了一域风物、一乡民俗，失去了一隅水土，一家人文。[*]古来天堑隔蛮荒，秦汉渐成天府的巴蜀之地自然是入了太史公的法眼的，且不论史家之实事求是、不失偏颇的心底准则，巴蜀自都江堰落成后的富庶，杨雄、司马相如背后的文化辉煌、文翁教化的移风易俗就真引不起一位史学家眼底的一分一毫的异样色彩？^{**}

当然，太史公自然秉承史家的不失偏颇，较于唐朝某位在地理上"绕不开"的诗人自然是天上地下，该诗人开的"地图炮"诸如"黔驴技穷""蜀犬吠日""粤犬吠雪"，如今也是人尽皆知。说蜀地、自然是先从养一方人的地理水土说起，群山环绕，地势低洼，上至中原，却隔天堑，东通华南，又阻波澜。江河伊始，浩浩大方，河出伏流，自有波涛，板块交融、群山流云，风雨滂沱，如此地势，自是地震频发、内涝寻常，难以安居。

转变自秦吞并蜀汉起，李冰父子成都江堰，清水过千亩，洪涝绕山去。说又是那成都地底竟为古陆，地动难移，由是人民得以安居。说于此便不得不提那蜀地的往事，拨开缭绕的烟雾，过了杜宇，又禅让鳖灵，方成开明，又过九世，秦人并蜀，水堰始成。至于汉承秦制，天府之国美誉始盛。今之巴蜀，人皆是湖广来者，又夹以东北幅员，而古之巴蜀人民则是真真正正如歌谣所颂者："巴人出将，蜀人出相。"邑人怖悍善战，加以天险之地势，后人所言："天下未乱而蜀先乱，天下已治而蜀后治。"自有其道理，但也正因善战、乱世得以些许保全，邑人亦善经商，与周边郡属往来，于乱世积攒下了难得的财富，以至于往后汉武击夜郎言凭汉军之强亦要凭蜀地之富。^{***}

今之蜀人，若要夸伐，自然离不开，辛辣的美食、安逸的生活、丰厚

* 这几句话很见文学功力，却不是读书报告写作的适宜**文风**。读书报告写作，文风以质朴为上，无须过多铺陈式表达，更不鼓励华丽辞藻或大量修辞。读书报告写作亦应能简不繁，多呈"干货"，少注"水分"，在这个意义上，这一长段话仅用"《表》内容单薄"带过即可。

** **引入**正题的方式是从对《史记》的综论进展到具体的巴蜀记叙，不可谓不精彩，但相较于中心主题，稍显远隔冗赘，如能单刀直入，效果更佳。

*** 这篇文章**语言风格**特点鲜明：文白相间、颇为古雅，短句并起，节奏昂然，气势丰沛。读书报告写作有许多限制性要求，如它应是论说文、论证过程应逻辑清晰等，唯有语言风格，有较大个人发挥空间。尽管如此，仍需铭记，不管语言风格如何发挥，指的都是论述风格，而非文学风格，读书报告写作的语言可以风格化，但不应过度文学化导致以辞害意。

的底蕴。但若要细数，辣椒的传入不过百年，与那远古的时代毫不相干。至于生活，众所周知，成都对外和颜悦色、对内重拳出击，只能说养老，倒是不错，用于夸伐，还是免了，点检到头，终究只有文化底蕴能给成都人无上的自信。不谈过多，仅仅是太史公所身处的汉朝，人才早已辈出，诸如杨雄、司马相如者数不胜数，更不必谈文翁将教化之风晕染开来，石室讲经之佳话，历经千年，亦未作古，其间的人才自是辈出。

而其中，司马相如又最得太史公青睐，纵观《太公史记》为文人立传者唯二，其一是司马相如，其二便是屈平屈大夫与长沙贾谊，可见这位来自蜀地的文园令在太史公眼中是多么耀眼。不过时至今日，若是古人有眼，恐怕也只会轻叹："难免闲情雅事，供后人详载。"今人视相如，恐怕与那个沽酒而狂的少年、敢以琴挑文君的宾上客、称病作校尉的矫情文人联系在一起。不过，文君敢于与相如私奔一事至少说明了彼时的蜀地风俗，并未被董仲舒那个"老不羞"的一套卡得死死的，多少有一些太古时人们的自由烂漫。

诚然，或是受蜀地风物影响，司马相如辞赋上承商周、下启汉朝"大赋"之风，赞诸侯以《子虚》、扬天子以《上林》，夸赞之余又不忘劝谏，彰显出辞赋独有的文字美学。司马相如之琴曲，悠扬烂漫又如泣如诉，一挑一抹之中别具张力。司马相如之散文，虽有其消极政治作用，但又极词笔之所能，成为语言运用与表达形式的又一高峰。而政治上，司马相如在作为使者安抚南夷中自有不可或缺的作用。

成都的故事与变迁还有很多，非一卷《史记》所能囊括，我们也只能自太公笔下的只言片语中，窥得彼时的蜀地风物与断绝的巴蜀民风。

（作者：何思远）

综合点评：

这篇读书报告讨论《史记》中的巴蜀记叙，令人印象深刻的是它古雅的语言风格，短句铺排的节奏感和气势体现出写作者驾驭语言的才华。当然，与这种语言风格相伴的，是时常跳跃的情思，不能不说这对文章整体逻辑的清晰性有所妨害，从服务读书报告观点呈现及其论证的角度来说，它仍存在打磨和提炼的空间。"辞"不管如何风格化，最终还是要为文章之"意"服务，袁枚所言"不以辞害意"，终非虚言。

另外，文章对《史记》及其巴蜀记叙虽不乏精彩之论，但也显露出宏阔有余而细节不足的局限，结合经典原文论述的程度有待加强。读书报告写作，写作者当然有在其中展示才华的权利，但"老牛拉破车"般的阅读理解并将此过程所获致的证据细致明晰地呈现在读书报告中的笨功夫也不可不下；再就是读书报告作为一篇文章，需处处围绕其中心问题推进展开，这篇文章不少地方不能说没有触及文章中心问题，但处理方式却多点到为止，未做深入论述，这是颇为可惜的。

《史记·大宛列传》

——拉开与西域文明交流的帷幕

时光倒退千年，目光所及，在西北的荒凉戈壁滩上，在莽莽黄沙的大漠孤烟、飘摇终年不化的祁连白雪、遍历斗转星移的古老城市中，跨越7000多公里的风土人情，张骞拉开了与西域文明交流的帷幕。*

张骞在西域的所见所闻便是司马迁《史记·大宛列传》的主要史料来源。在司马迁《史记·大宛列传》之前，先秦典籍中虽已有了一些关于西域的记载，如《山海经》中提到了昆仑山和西王母；《竹书纪年》和《世本》中也记载了西王母；特别是《穆天子传》，六卷中共有五卷内容记载周穆王西巡之事。但上述材料所记载的有关西域的内容都不十分系统，多系神话，并不可信。**

史载："是时天子问匈奴降者，皆言匈奴破月氏王氏，以其头为饮器，月氏遁逃而常怨仇匈奴，无与共击之。汉方欲事灭胡，闻此言，因欲通使。"这便是张骞出使西域的主要原因。而后张骞在《大宛列传》中对西域之富饶的描述，引起了许多人对西域的向往，也为汉武帝征讨西域作了铺垫。

晓之地理，通以方位，此为文明交流之始。***《史记·大宛列传》首先以汉人所熟知的匈奴定位了大宛："大宛在匈奴西南，在汉正西，去汉可万里。"使汉朝人首先明确了大宛的地理位置。在此之后司马迁就以大宛为中心，开始介绍其他西域诸国："乌孙在大宛东北可二千里""康居在大宛西北可二千里""奄蔡在康居西北可二千里""大月氏在大宛西可

*语言具有修辞性和**可读性**，且没有影响文章观点的提出和论述。读书报告的论说文性质并非要求文章完全不修辞化，在观点清晰、结构明朗、论说合格、论证合理的情况下，好的修辞也会为文章增色。

引用先秦典籍中的西域记载，是通过文献综述来引入**主题的尝试，并借此说明《史记·大宛列传》在历史文献中的独特性和重要性，点出这篇文献的价值和意义。

***这一段开始接连三段，是文章的主干论述部分，而每段都以言简意赅的**中心句**开头，体现出明晰的**谋篇布局**意识，使文章整体逻辑秩序井然，条理明晰。

二三千里""安息在大月氏西可数千里""条支在安息西数千里""大夏在大宛西南二千余里妫水南"。司马迁以大宛为中心，描述了一幅非常直观的西域地理方位图，使汉人可以掌握汉代时西域各国的大体分布情况，为文明交流奠定了重要的基础。

晓之习俗，通以物产，此为文明交流之要。《史记·大宛列传》记载：大宛有"葡萄酒""马汗血"；安息有"葡萄酒"；条支有"大鸟"即鸵鸟；身毒有"象"。习俗方面，司马迁将诸国主要分为两大类：一类是"行国"即游牧民族，包括乌孙、康居、奄蔡、大月氏；一类是"土著"即农耕民族，包括大宛、安息、大夏。司马迁除了对西域诸国的习俗进行了总体概括，还对一些特殊的习俗进行了记载，如"故时，即冒顿立，攻破月氏，至匈奴老上单于，杀月氏王，以其头为饮器"。此记载即与希罗多德《历史》中所载的斯基泰人的习俗相类似。* 另外，《史记·大宛列传》还提到了条支"国善眩"、身毒"乘象"、大夏"善贾市"等，使汉人可以掌握汉代时西域各国的习俗特征，将文明交流向前推进一大步。

晓之富饶，诱之以利，汉武帝征讨大宛国。史记"天子已尝使涊野侯攻楼兰……期至贰师城取善马，故号'武师将军'。赵始成为军正，故浩侯王恢使导军，而李哆为校尉，制军事。"至于汉武帝为何要出兵大宛，其一，因为汉武帝寻"善马"被拒产生外交冲突，导致战争爆发；其二，好大喜功的他为挽回颜面而再次出兵；其三，构筑"天下秩序"与实现"四夷宾服"的恢宏梦想是最主要缘由。

战争时期，汉朝的主要战争对象是大月氏。战争固然会产生许多消极的后果，但也会促进文化交流。和平时期，文化交流就更加深入和频繁了。《史记》记载"乌孙以千匹马聘汉女，汉遣宗室女江都翁主往妻乌孙，乌孙王昆莫以为右夫人""宛左右以葡萄为酒，富人藏酒至万余石，久者数十岁不败。俗嗜酒，马嗜苜蓿。汉使取其实来，于是天子始种苜蓿、葡萄肥饶地。"可看出不仅汉朝影响着西域，西域也对汉朝产生了许多影响。另外，此时汉朝与西域各国也开始出现了经济交流，主要表现为贸易和赏赐两种形式。

综合以上方面，我们可以看出《大宛列传》拉开了文明交流的帷幕，是"丝绸之路"的开端，对后代影响极大。如今，新丝绸之路已经开通，旧丝绸之路已成历史，缅怀历史英雄，创造未来奇迹！**

（作者：马婉婷）

---

* 将司马迁《史记》所载内容同希罗多德《历史》所载内容做对照。这样的**比较论述**本身无可厚非，甚至可鼓励推荐。但采用这种论述方式时，写作者应在内心明确做此比较的目的何在。比较论述应是有目的的比较，而不是联想式地随意找共同点。这里就不太能看出将此二者做比较的目的何在，如果仅是为呈现一种相似性，并无必要荡开一笔，这样反而妨碍文章的流畅性；若是通过比较呈现一个"道理"，就一定要紧随以对此比较的目标或意义的阐述和分析。

** 以**总结**来结尾，再次体现谋篇布局的结构意识。最后一句，结合当下历史变化，这种写法无可厚非，但"缅怀历史英雄，开拓未来奇迹！"一句，虽颇具抒情意味，却显得空洞。读书报告写作，朴素为上，一般情况下，基本总结文章观点即可，能升华自然更好，但**升华**指具有推进性和提升性的论述，如在更高维度或更宽阔视野再次提炼文章要旨，指出问题之延展性，不能将其理解为抒情或表态。

综合点评：

这篇读书报告对《史记·大宛列传》有较为全面和深入的把握，呈现出张骞出使西域的原因、过程和结果，以及他对西域各国的描述和评价，从地理、习俗、物产等方面分析西域与汉朝的异同及文明交流的意义和影响，同时对《大宛列传》的文献价值和意义有一定关注，遗憾的是该读书报告没有对此展开充分论述。

篇章结构清晰是这篇读书报告的优点，每段段首点出主旨句，使文章呈现出井然有序之态，便于读者快速抓住文章逻辑架构和主线，这是写作中读者意识的体现；再就是文章善于紧密结合经典原文，使论证有理有据；还颇值一提的是这篇文章的语言风格：善用短句子，语法质朴，分寸得当、成熟老练。这是颇为可贵的。

第四节　《世说新语》

我与我周旋久，宁作我*

　　《世说新语》中的魏晋风度不能简单地用单一门类来体现，若是要简略地说明魏晋风度，我认为《品藻》中"我与我周旋久，宁作我"最能体现其内在精神。

　　"我与我周旋久，宁作我"** 是一种个人的觉醒，是直逼人的本心。魏晋士人，要追求的是一种自然的、体现自己本性的境界。"吾本乘兴而行，兴尽而返，何必见戴？"王徽之夜半喝酒，想起了好友戴逵，便乘舟而去，经过一夜浮舟，来到其门前，却又突然折返回去了。"乘兴而行，兴尽而返"我已经达成了我的兴致，又何必去真的拜访戴逵呢？我索性就此回去吧。王徽之不受外物的约束，实现了自我的超脱，具有一种超然的态度。另有人，被世俗蒙蔽了双眼，看不到自己的本心，随波逐流。如管宁和华歆一起锄菜，见到黄金，管宁不顾，华歆捉而掷去之；一起读书，门外有车马驶过，管宁不顾，华歆废书出看。于是管宁和他割席分坐，并说："子非吾友也。"华歆受到世间纷纷扰扰的影响，已经迷失了自我，而管宁不受其扰，明白自己内心想做的事，是一种对自己内心的清醒认识。王徽之与管宁，都是遵从自己内心，有强大的自我观，是一种个人的觉醒，我谓之魏晋风度。

　　"我与我周旋久，宁作我"是感情的真实流露，是情和礼之间的对抗。在中国古代，礼一直在约束着人们的情感。我将从葬礼这方面切入，指出魏晋士在人对待死亡时是如何体现魏晋风度的。***庄子曾写道：秦失在老子的葬礼上，哭了三声就走了，老子的弟子认为这不符合礼，觉得他不是老子的好友，秦失说，这是他的真情实感，哭这三声比这里为哭而哭的人好多了。合乎礼，但无真情，此有何益？魏晋风度则是真情流露，超乎礼。王粲生前喜欢听驴叫，魏文帝曹丕在其葬礼上，对大家说："王好驴

（左侧旁注）

* 选取《世说新语》中一则原文作为**标题**。这则原文乃是全文论述的中心，以此为题，也无不可。但缺点是略显突兀和含糊，或让读者费解。

** 这句话出自《世说新语·品藻·第十八》："王戎问何晏曰：'卿欲何为？'答曰：'我与我周旋久，宁作我。'"此言是何晏对王戎所提出的人生规划问题的回答。既然作为标题和文章论述的中心句，不妨论述一下它的出处与何晏其人，这样可化解直接进入对这句话的义理阐述所可能带给读者的**突兀感**。

*** 面对内容丰富的经典文本，找到一个特定角度论证本段中心观点，即通过《世说新语》中的葬礼叙述论证"'我与我周旋久，宁作我'是感情的真实流露，是情和礼之间的对抗"。可称之为**例举论证**，即选取经典原文中一个具有代表性的面向来论证针对经典全文的观点。这也提示我们，把一个问题说清楚，未必要面面俱到，这有时反而不具有可操作性，还容易让读者迷失其中；举代表性案例来论证，虽无法做到周全，反而有时容易把问题说透彻。

鸣，可各作一声以送之。"曹丕身为国君，礼法上，学驴叫大抵是不合适的，但其对王粲有极深的情感，情超过了礼，于是在其葬礼上学了一声驴叫。王戎对死去的人，感情最为真挚。"圣人忘情，最下不及情；情之所钟，正在我辈。"这是他的儿子死后他说的一句话，意思是，感情最专注的，还是他们这一类人。王戎路过黄公酒垆，想起当年嵇康阮籍在这里喝酒，而如今他们已经死去，不能回到当初的时光，"今日视此虽近，邈若山河。"王戎对死去的人，有一种悲凉的慷慨，令我久久不能忘怀。魏晋风度，应该是一种自我感情的真实流露，不受礼的约束。

"我与我周旋久，宁作我"是对真实自我的发现，这是自我的觉醒。*如，周处本为恶霸，后来杀虎斩蛟，贵朝闻夕死，立志改正，终为忠臣孝子；又如，胡贼攻郡，闻荀巨伯为友人独留空城，"宁以我身代友人命"，胡贼深受触动，"我辈无义之人，而入有义之国"，遂收军归去，不攻此郡。周处与胡贼，皆本为恶人，而后所行之事，触发了人的自我觉醒。

大多人可能不会把魏晋风度按在他们身上，认为魏晋风度则属于那些吃五石散的士族。我不这么认为，我心目中的魏晋风度，就是这种"我与我周旋久，宁作我"的自我觉醒。

（作者：黄天宇）

综合点评：

这篇读书报告中心观点明确、突出，篇章结构简明清楚、不枝不蔓。开篇有引入，结尾有总结，主干论述三个自然段都是"中心句—论证—总结句"的安排，这体现出写作者较好的谋篇布局意识和读者意识。具体论证过程，也能做到紧密结合《世说新语》经典文本，言之有据，言之有物。

遗憾之处在于文章气脉"中"断，主干论述部分前三分之二写得耐心细致，后三分之一却呈现出急于终篇的急躁情绪。读书报告写作如作为一门课程，自然有其字数的要求，但这只是外在标准，如果把此标准作为自己写作最经济的"上限"而不顾文章内部各部分间篇幅的平衡，便有自欺欺人之嫌。

* 文章以三个段落作为主干论述，篇幅上却**比例失调**。究其原因，在于主干论述的前两段例举和分析较为耐心细致，到第三段却颇显急躁，仅列举了几条原文，解说和阐释也未能展开。这使文章显得虎头蛇尾，气脉"中"断。

风神潇洒，百姓血泪

嵇康言"非汤武而薄周孔，越名教而任自然"，这正是乐旷多奇情的魏晋时代的写照。生前风雅高洁，临死奏一曲《广陵散》为绝，从容就戮的嵇康，也可作为魏晋名士之流挣脱儒学礼教、竞相追求心性高旷的缩影。阅读《世说新语》，我们不能不为魏晋之人不滞于物的风神潇洒所打动。他们那种率真旷达、超拔脱俗的情怀，对天地与内心自由的寻觅，正是我们这个精神浮躁、物质先行的时代所贫乏的东西。然而，在《世说新语》名士视角的叙事之外，是百姓的血泪在字里行间横流，染红书页。*

宗白华称赞汉末魏晋六朝是精神史上极自由、极解放、最富于智慧、最浓于热情的一个时代。然而，不管魏晋名士有何等虚灵的胸襟，或至表里澄澈，一片空明，终不能掩盖那是政治上最混乱，社会上最苦痛的一个时代，是史书上饱蘸众生血泪写下的沉痛一笔。** 当时，战乱连年不歇，目之所及，积尸草木腥，流血川原丹，何其惨痛！而政治形式黑暗，士族虽有何充、恒温等实干派，也有王承、王导等爱护百姓者，终不敌石崇与王恺之流肆意妄为、穷奢极欲，尽搜刮民膏民脂之极。于是魏晋大厦将倾之势不可追，而百姓啼血家国不宁。回头再看，魏晋便如一盏烁烁宫灯，蒙丝锦绸缎，绘一团和气，光彩灿然，然而内里火舌吞吐，已是欲燃之相。

读《政事》《雅量》，清谈名士风流傲岸，不羁于形。魏晋名士，向内发掘心性自由，向外探索山川自然，其势如清露晨流、新桐初引，不觉悠然神往；但再看《汰侈》，顿觉一盆冷水扑头而下，冷彻心扉。石崇与王恺之流暴虐无道，极尽铺陈浪费之能事："客饮酒不尽者，使黄门交斩美人。"只因客人饮酒不尽，便要家奴交替斩杀劝酒侍女。"人乳饮独狖"，用人奶喂养小猪，违人伦纲常仍不以为意。"紫丝布步障碧绫四十里，石崇作锦步障五十里以敌之。"极尽攀比之能事，不顾百姓易子而食的惨状。民不聊生，统治阶级却不以为意，调笑着"何不食肉糜"，何其讽刺！史书上的魏晋，字字饮血，句句含泪。其时，非门阀士族上流人士者何曾被视作人？百姓狭缝中艰难求生，石崇者却恬不知耻，甚至敢于正色云："士当令身名俱泰，何至以瓮牖语人！"要求读书人追求生活舒适、名位安稳，不能对他人说自己的贫困。当真是可厌可恶可耻至极！其人饮美酒便如饮百姓血泪，其人啖飨宴便如食众生血肉。这才是魏晋时的门阀士族真正的丑陋面目。

*文章开篇从嵇康的言论和际遇下笔，引入到魏晋风流的时代气象，随之笔锋一转，指明"魏晋风流"这一肯定性叙述本身的遮蔽性，由此提出文章核心观点："在《世说新语》名士视角的叙事之外，是百姓的血泪在字里行间横流，染红书页。"总体看，这一开篇先扬后抑、跌宕起伏，颇具冲击力，能够快速抓住读者的注意力。

**本段具体解释开篇提出的文章中心观点，两段之间的逻辑衔接紧密，且善于将"魏晋风流"和"百姓血泪"两种视域对比论述，并贯穿全文，呈现出历史的内在紧张，有助于让文章中心观点得到更有情感厚度的凸显。

当然，刨除腐朽的门阀士族之外，魏晋不乏真名士，譬如竹林七贤等。*然而，阮籍共嵇康者，不忍直视现实之惨淡，又感怀生死，悲念忧患，惶惑于人事无常，便全心寄于老庄逍遥游。阮籍潇洒语："聊以娱无为之心，而逍遥于一世"。从建安风骨到正始之音，在波谲云诡的政治中，他们追求的物我两相忘的恍惚境界，何尝不是对众生皆苦的一种无可奈何的逃避。竹林长啸，或许是痛恨党同伐异。服药清谈，或许是欲忘人世悲苦。生于长于魏晋之间，又不欲和奸诈穷凶极恶之辈同流合污，正是有良心的文人最大的一种不幸。上下求索，投石问路，无路可去，于是他们向凡俗背过身去，闭上眼来，权作风神潇洒，以忘百姓血泪。曲水流觞，竹林纵酒，衣袖翩飞，盖过惨淡现实，恍惚之间，他们似乎已至不以物喜不以己悲之境。实乃逃避现实的无奈之举。

千年已逝，我辈作为后来者，大可轻描淡写一笔带过百姓的苦难，转而为所谓魏晋名士的矫揉造作态势大唱赞歌。但若身处其时，在战火纷飞中艰难谋求一线生机，目睹士众相食的惨状，便同身陷无间地狱无异。在百姓的视角下，门阀士族所谓在乱世中坚守文明，超脱世外，是如此轻松缥缈，实在过于高高在上。况且，这"吃人"的乱世正是由腐朽不堪的门阀士族一手铸成，揭开风神潇洒，谁又曾真心体味百姓血泪？**

（作者：程婧曦）

综合点评：

正如标题"风神潇洒，百姓血泪"的对比性内涵所示，这篇读书报告主要采用一种贯穿全篇的对比叙述结构，将魏晋时代的"风神潇洒"和"百姓血泪"两副面孔比较呈现，一方面展示出传统叙述中前者对后者的遮蔽，另一方面则营造出二者在历史过程中的张力。上述立意和论述方式使文章呈现出线索整一、逻辑清晰的特点；在论述过程中写作者能结合经典原文和历史知识，对自己的观点做出相应论证，使其血肉丰满、有理有据。

文章将"风神潇洒"和"百姓血泪"对比分析论述，有其合理性，但二者之间的辩证关系也值得深入分析，尤其是要进行超越反衬修辞意义上的具体分析。另外值得一提的是，文章较合理地使用了情感因素，体现在语言风格上，除反问句外，短句频仍，配合着文章的论述"鼓点"，颇呈现出一种铿锵有力的论述质感。虽个别处造成了论述的绝对化，但它对文章整体论述"浪潮"般的推动作用也不应被忽视。

* 这段体现出**区分性论述**的视野：不将论述对象看作铁板一块，而是对其做具体分析，是一种**复杂性思维**的体现。尤其是这里的"区分"并非正邪对立式的二元区分，而是深入分析了作为"异类"的"真名士"阮籍和嵇康的处境和他们的应对方式，寄寓一定的同情，同时也呈现出对他们无视"百姓血泪"的隐微批评。

** 结尾再次扣题，体现出谋篇布局的自觉，将对比论述的意识从头到尾通篇贯彻。但对此对比论述本身，最好还能基于辩证思维进行一种更高维度的考察。**辩证思维**即思维的思维，也就是除了思维对象，还要对我们自己的思维本身进行反思和自诘。就这篇文章，可反思和自诘之处在于：文章运用的对比论述基于怎样的思维？如果仅是基于反衬式思维来比较"风神潇洒"和"百姓血泪"，它是否仍是修辞化的比较，而无法深入打开历史本身的复杂性？更进一步，二者是否还包含其他内在逻辑关系？某种意义上，这些其实是这篇文章不应回避的问题，也是将论述抬升到更高层级的契机。

民脂民膏里的魏晋风流*

谈及魏晋，大家能回想到什么？竹林七贤的风流天成吗？坦腹东床的书圣王羲之吗？还是坐观小儿辈大破贼的谢安？** 他们似乎告诉了我们什么是士子的气度，什么是门阀的品德，仿佛当时世上唯一值得说的便是这群敝衣玄谈的士人们。但是当历史的记载被这同一群门阀子弟把控时，我们真的能拨开历史的假面吗？不，那时的大地上还有占据了绝大部分的普通人，然而这一大群人手里的不是笔；他们不识字，他们手里的是锄头，他们挣扎在连年的剥削与战乱里，在异族的铁蹄下，在豪阀的压榨中。江北的父老渴望着南渡的衣冠解救他们于屠杀中，江北的草民们则近乎麻木地失去土地，沦为士族的奴仆。今天我将按自己的理解，去探究这样的一个特权阶级在中华文明的传承中扮演的角色。

要了解门阀，便要知道它是如何流变为一个特权阶级的。姓氏，是一切的根源。同姓的血亲以利益联结形成族群，族群在臃肿后被拆解为不同的氏族，这便是姓氏的真谛。秦朝以前贵族占据着姓的政治权利，然而贵族的统治随着生产力的发展土崩瓦解，取而代之的是豪右们的统治；随着西汉东汉的交接，强大的族群们掌握着经典的传授权力，他们以名教做包装，以学问做政治垄断的筹码，为自己添上了近似贵族的法理性。《三国演义》中大家都瞧不起的袁术能变成势力强大的军阀，更多的是因为他出身于四世三公的袁家，这便是门阀的力量。***

门阀们在晋朝统治力达到了顶峰。王朝的统治力不得不下放，贵族与门阀们共治天下。百姓不是人民，百姓是人民的门阀，人民在那时候更多地被叫作黔首或野人。这些士人本身是个错误吗？不见得，我们不能以今天对文明的认知去评价那时的政治选择，相比之下同一时期的西方世界似乎更血腥野蛮。我要说的是，士人们本身什么都没做错，事实上，他们中的许多人甚至做出了在他们价值观里最极致的成就。****

如果我们读过《世说新语》便知道，这一特权阶级的大部分人都拥有着超越一般人的情操与道德水平。我们从他们最明显的特征谈玄说起，名教不再重要了，大家开始从心地讨论玄妙大道。事实上，这些玄言充斥着天马行空的哲学思辨，没有一定学识水平的人并不能参与讨论。那他们为何谈玄？三国的乱战彻底抽干了华夏大地的底蕴，这些士人常常在亲朋的死讯中度日，生死使他们看淡了儒教。高平陵的政变让新王朝

* "魏晋风流"一般指一种颇令人神往的历史气象，本文立意在于颠倒我们一贯的认知，将它放在历史语境中揭露其政治经济基础，发掘其剥削性和残酷性的一面。
"民脂民膏里的魏晋风流"这个**题目**将此立意展示得淋漓尽致。

** 开篇连用三个问句，能吸引读者的注意力。提问之后即否定了预设观点，指出上述问句的内容可能只是"历史的假面"，进而揭示"魏晋风流"一般论述的遮蔽性。这一开篇先扬后抑、一波三折，能实现成功的**引入**效果。

*** 本段阐述"门阀"概念，一段历史化描述后追加读者可能更熟悉的《三国演义》中袁术的例子，对"门阀"概念做形象化的补充性阐述，既便于读者理解，又为后文对这个概念的充分展开做出铺垫。

**** 有将自己的价值观与魏晋士人的价值观区别开来的自觉，认识到不能单纯以今人立场评价古人是非。论说文写作应保持客观公正立场，尽量从文献材料中进行事实判断，而不是仅凭个人好恶做价值判断。区分事实判断与价值判断是进行独立思考的重要一步，也是读书报告写作中应坚持的论述原则。

在政治的高压里压抑危险的实言。士人们无可奈何地选择了玄谈，玄谈成了正确的政治导向，风骨是扬名的手段，每个士子都被裹挟在这一新的政治风气里，最后演变成自然而然的日常。《世说新语》中《德行》《言语》《政事》等大抵都在阐述这些。

我们能看到名士们"泰山崩于眼前而色不变"的气场，谨守忠诚的气节，不为恶事的气度，胸中万顷的气量。这些例子太多太多。他们在士人这个身份上值得被世人称赞，我们都看到了羊固的真诚，褚季野的坦然，虞亮的高雅，王导的大方……他们在评价体系里经营着名气与官声。所以，王夷甫的事迹在《雅量》中所占篇幅巨大，哪怕南渡的衣冠们都从未否认过他的地位。然而正是这样一个前半生取得巨大成功的士人，却卑躬屈膝地求石勒称帝，他没有阻止贾南风，他与八王之乱的所有人都觥筹交错，他一早就为琅琊王氏找好了后路。他是一个没有能力的人吗？从这些看出，他并不是。他做到了士人应该做的吗？他保全了家族，保全了自己，保全了自己的势力。从士人的角度看，他做得都对。但是，他拒绝了联盟盟主的重任，手握着可堪一战的军队却只用来保全自己，在逃亡中被石勒捉到，他便露出了遮盖大半辈子的假面。他作为一面汉家旗帜，却跪降得那么快。石勒的一句话撕开了士族的所有遮蔽："君名盖四海，身居重任，少壮登朝，至于白首，何得言不豫世事邪！破坏天下，正是君罪。"这也是对士族的盖棺定论。

士族们享受着超量的权力，却不愿意承担相应的责任。*丧乱天下的难道是做牛做马的黔首吗？他们是规则的评价者、批判者，却偏偏没有对其的制约者。《汰侈》中便可观门阀们的暴虐了：歌姬美人是说杀就杀的宠物，被当作了饮酒的筹码；人民的辛苦劳作是门阀们炫耀的资本。所有士子的风雅背后，都是饿死的婴儿、离散的妻女和艰苦的老汉。每一滴寻欢作乐的酒、朱门臭肉的食物、珊瑚做树的宝物，都是千千万万辛苦供奉的人民所得。而门阀士子们回报的是更加猖獗的兼并和更加无耻的搜刮。士子的道德只对士子，并不对在史书上毫无踪迹的农人。**

那么，中华的文明要依靠这样的一群人传承吗？我看未必。唐宋以来，门阀势力逐渐衰弱，逐渐走出了历史舞台，而中国的历史并没有因为他们的消失而中断。对于庞大的黔首们来说，门阀不见得是他们的代表，是文化的代表。文明从来不是酒肉笙歌里的潇洒，而是苦难遗留下的疤痕。中华文明从不是自怨自艾的悲春伤秋，而是生死轮回里黄土飘洒的凝重与厚

*从众多事例中推出这个结论，符合文章思路，却未必符合《世说新语》原貌。文章将《世说新语》中魏晋士人都蒙上了较为单一的阶级色彩，容易忽略历史本身的**复杂性**。虽作者有不以今之标准评判古人的自觉意识，但实际操作中还是难免走入误区。读书报告写作中与其争论"好不好"，不如先看清"是什么"，然后追问"怎么样"以及"为什么"。如此便可开阔思路，而不至于走向一端而忽略事物自身的复杂性，尤其在谈论历史事物时，这种复杂性尤其应该被承认而非忽略甚至否定。

在古代社会，无论道德还是法律，所针对的对象本来就是有区分的，用今天人人平等的观念而忽略其语境**地评判历史，并不公平，也难以得出有生产性的结论。

德。我们必须知道，中国文明从来不是故纸堆里的传承与魏晋门阀们拼命垄断的经典，人民会不断创造文化，再塑文明。魏晋能留给我们的最大启示是，只要还有希望，人民就可以用无尽的创造力建立新的"盛唐"！

（作者：潘博）

综合点评：

这篇读书报告的优点与缺点都很显著。优点是论点清晰，且能将立场一以贯之于全文；缺点是观念先行，不少表述比较绝对，尤其对自己还没有深入理解的一些历史内容，如士人的道德观、门阀制度的发展等，做出略显武断的价值判断，让文章显得不够公正客观。出现此类问题，原因一方面在于写作者知识积累不足，另一方面则在于写作者的辩证性思维和复杂性思维未得到充分发挥。从今人角度理解历史文本，要处处小心，不可轻下判断，应尽可能有语境化和历史化意识，否则容易得出简单化乃至错误的结论。

这篇文章为读书报告写作带来的另一个启示是，要区分事实判断与价值判断。写作者应坚持循序渐进的思考路径，先搞清楚"是什么"，在此基础上弄明白"为什么"，然后才能尝试下判断、做评价。读书报告写作应主要先做好前两个阶段的工作，尽量保持客观公正立场，把文献材料作为事实判断的依据，不凭借个人的好恶对不甚了解的对象进行价值判断。事实判断是价值判断的前提。相对而言，事实判断可以通过一个又一个的知识碎片来拼接完成，然而价值判断却往往具有一种整体性特点，需要更多的人生阅历和知识积累，因此写作者做此类判断尤应慎之又慎。

论阮籍和嵇康反抗黑暗的不同方式

*开门见山，直陈观点，说明文章的中心主旨，这是一种直截了当的引入，为读者建立清晰的导览图。

阮籍和嵇康都对司马氏统治时代的黑暗持有反对态度，不同在于：阮籍选择了痛苦地活在世界上，选择接受黑暗；而嵇康选择坚持自我，拒不合作，最后牺牲了自己的生命。在这个过程中，可以看到二人虽为好友，但在思想、秉性等方面都有较大的不同之处。*

首先，可以先从两人的思想差异，主要是生死方面的思想差异来进行分析。两人均为老庄学说的信奉者，但阮籍却依旧保留着部分儒家的思想，正如书中讲到，阮籍曾到达楚汉古战场，并留下一句："时无英雄，使竖子成名。"可见，阮籍依旧有一定的政治理想，依旧想在世上建立些功业；而反观嵇康，他对权贵其实大多抱着抵触的态度，完全信奉道家的自然学说，还会行修炼道术、服用内丹之事。而思想的不同，决定了两者生死观的不同，这同时也是儒家与道家生死观上的不同<u>　</u>*。儒家虽然提倡慷慨赴义，但却不提倡因为时代黑暗就赴死，而是要为仁为义而死，要死得有价值。就像孔子一般，生活在那个礼乐崩坏的时代，那个"诸侯之间无义战"的时代不可谓不黑暗，但孔子却未轻生。孔子不会以牺牲自己为代价去得罪权贵，相反，他致力于改变这个时代。他可以为仁义献身，为世间正义献身，但他不会为了逃避时代黑暗去损害自己的生命。所以春秋时期，孔子郁郁不得志，四处碰壁，却还是没有想过轻生，这要归结于儒家自身的时代使命感，这种使命感认为，自己的生命不单单是自己的。例如，"身体发肤，受之父母。"在儒家人伦观念中，我们对父母、君王、兄弟姊妹、亲友等负有责任，因为这层责任关系，我们的生命就不单单是我们自己的，所以儒家虽然疾恶如仇，但却珍重自身，往往主张人力干预生命；而道家不同，并不是说道家不重视生命，而是道家的生死观较为通达，其将死生视作一种自然的安排。道家本身对个人生死的状态并没有那么看重，乐于接受自然的安排。就像庄子的夫人去世，他却依旧鼓盆而歌，这就充分体现了道家与儒家在生死观上的不同。只要合乎自然常理，也就是按照原来的规律发展下去，一个人会死，该死，那么道家的思想是不支持这个人为了自己的生存而做出改变的。就像嵇康，他如果依照道家的思想，追求自然，不愿改变他对权贵的傲慢，对罪恶的厌恶，对黑暗的不屈，那么他在司马家眼里就成了旧时代的残党，成了统治的障碍，被处死是自然的。而对嵇康来讲，他原来的样子才是合乎自然的，既然按照自然发展自己应该被处死，那么他不会惜身，不会苟全，便慷慨赴死。

其次，<u>从两人性格上的不同进行分析</u>。**我们通过两人的生平可以看到两者性格上的差异。阮籍在面对钟会和司马昭两人的政治试探时，始终不对他人予以评价，始终保持着谨言慎行的做事风格，虽然他也有书生意气、慷慨激昂的时候，但当他面对生活中实实在在的危险时，面对真实的黑暗时，他会注重自我保护，可见其性格是以理性谨慎为主；而嵇康则不同，他将狂放不羁实实在在地带入到了生活当中，他明知司马家对自己心怀嫉

* 阮籍和嵇康折射出儒、道两家的不同生死观，以小见大，并且补充以孔子、庄子二人的做法，进行一定程度上的**溯源**，使论据更充实，阮籍和嵇康人物形象更丰满，儒家和道家在魏晋时期的面貌也得到了一定程度的呈现。但这段论述篇幅过大，有些喧宾夺主。毕竟，关于儒家和道家生死观差异的论述，是服务于打开和解释《世说新语》文本的。这涉及读书报告写作谋篇布局中的**详略**问题，应详略得当，主次分明，不能喧宾夺主、本末倒置。

** 这一段和上一段是文章的主干论述，优点在于每一段都以**中心句**开头，既让本段的主要内容得到精练呈现，也使文章的逻辑结构得到清晰提示。

* 短短一句话，既清晰总结了上述两个主干论述段落的主要内容，又**承上启下**地引出后文对阮籍和嵇康面对黑暗反抗方式的差异的分析。

** 这里作者明确说"我"更推崇什么、"我"不喜欢什么。事实上，读书报告写作中，"我"推崇什么或喜欢什么方式是通过对经典原文的分析自然流露出来，而不是以表态的方式直露地说出来，即它应是"我"与经典"碰撞"后的"化合"结果，而非"我"的单方面言说。原因在于，读书报告写作的目标在于服务经典阅读、提升思维质量，在性质上它是一种论说文，而非杂文或散文，更非文学创作，在训练机制上更依赖于"我"与经典的"碰撞"，而非"我"出于既有世界观、人生观、价值观去单方面评说经典。如果不是基于与经典的"**双向奔赴**"，"我"的评说很可能只是"我"既有观念的单向度表达，而经典则变成"我"表达自己既有观念的由头，这样的互动方式不能达到锻炼思维、校正我们的既有偏见的目的，只能起到巩固我们既有观念和思维方式的作用。

恨，却依旧对钟会保持怠慢的态度。最后面对钟会的诬陷、司马昭的处罚，他没有辩解，没有挣扎，只是潇洒地弹完一曲《广陵散》，便慷慨赴死。从中可见他的性格以狂放不羁、洒脱孤傲为主。阮籍谨言慎行与偏向理性，使他选择了在黑暗的现实中继续存活下去，依旧为官，不断醉酒、卖傻，通过改变自己的行为和心态，来适应黑暗的社会。即使他信奉老庄之学，但也不愿意将自己的生命真正地交给自然，他依旧有强烈的求生欲，会观察时势，将当年那个慷慨激昂的自己变成了如今谨小慎微、装疯卖傻的人，他不愿意成为旧时代的残党。他甚至认为时代的发展才是自然的最终判标，适应时代，生存下去才合乎自然。在阮籍的判断体系中，这种自然主要是以环境为主体而言的。而嵇康性格中的狂放不羁、孤傲自我使得他在生活中更加注重自己生命的价值，在他心中，自然的最终判标与阮籍不同，他认为让事物拥有原有的本性与状况才合乎自然。就像在这个黑暗的社会中，嵇康认为让自己保持原先的孤傲，不因时代改变所带来的生存需求去改变自己才合乎自己心中的自然，这种自然主要是以个体为主体而言的。

综上，认知与性格上的偏差是阮籍和嵇康反抗黑暗方式差异的缘由。*阮籍代表的是大多数人的一种做法，即改变自己，适应社会。在阮籍的后续生活中，与其说是反抗，不如说是逃避。不是说阮籍用装醉卖傻糊弄了几次就可以称得上反抗了，他只是出于自我的求生本能，选了一条大众都会选的，也应该被理解的道路。他的继续生存表明他已经接受了时代的黑暗，他的醉酒等一系列行为充其量更像在表达个人反感，而不是强烈的反抗。至于他是否痛苦，我们不得而知。他依旧在朝为官，依旧在为司马家服务，他有所妥协，接受了合作，对和亲的拒绝是为了保持自己的底线。我认为这其实是一种更为大众所接受，也是我个人更加推崇的做法。我们生在这个时代，时代光明与否我们无法决定，我们只要尽好自己的一份力，让自己尽量成为光明的一部分即可，不必把我们个人所不能及的时代整体的黑暗归结到自身。另外，我不喜欢嵇康的自然观——原有的就是自然的，我觉得合乎客观规律的才是自然的。生物适应环境以得生存是自然的，从今天的时代出发，我们在进入社会后，也会面对社会的潜规则，面对不那么光明的部分，那么在这个时候，我们要做的不是主动去抵抗，甚至去冒犯它。相反，我们要学着适应它，纵观人类的发展历史，找不出一个没有黑暗的时代。**个人毕竟只是一个个体，个体的力量有限，但若是有千千万万个个体联合起来，共同对抗黑暗，这时的献身便叫牺牲，因为它使社会走在了变革改良的道路上，它是有巨大价值的。而像嵇康式的赴死，只能说这是个人的选择，他接受不了黑暗，也没有试着像汉室的忠臣怒斥曹操一样守卫正道，而是先躲避这个世界，前去出世，未果后赴死。这种死亡偏向于守护自己心底的原则，却并不致力于改变时代，估计算不上献身，只能算从容赴死，我并不推崇，因为人没必要那么孤傲，我们没必要非要做那出淤泥而不染的"莲花"，我们只是芸芸众生的一员。人有光明和黑暗的两面是很正常的，我们要学着去接受人也不过是活在世俗里的一种生物这一事实，生活中有太多我们厌恶的、黑暗的事，能改变就积极改变，不能改变也不要过于愤懑不满，做好自己，问心无愧即可。

（作者：李凌翔）

综合点评：

这篇读书报告的主题是阮籍和嵇康对司马氏统治的黑暗时代的不同态度和选择，以及他们在思想、性格、生死观等方面的差异。行文结构体现出较好的逻辑意识，从开篇到主干论证，再到总结阐发，可谓层次分明、秩序井然。文章能基本立足于对经典原文的分析，有理有据。最后结合当下情境，阐发个人观点。这一阐发就其自身而言能做到立场一致，表述清晰，但就读书报告写作而言，可对它提出更高要求：

写作者明确提出"更推崇"嵇康，而"不喜欢"阮籍，这接近于一种非此即彼的思维方式，不够辩证，容易简化问题。在文章总结部分，写作面临着一个关卡，那就是如何从现象分析上升到理论分析，即经历一个提炼和升华的过程，在更高维度思考文章的中心问题。如果前文现象分析中是两个比较项的呈现，到结论部分却只是肯定其一而否定其二，那么文章其实没有得到真正推进，还是停留在最初的现象层面，只不过加入了一个高度主观性的"我"的个人理解和偏好的表达。

就这篇文章而言，总结中可考虑提出下述问题以达到让文章"升维"的效果：嵇康和阮籍反抗黑暗的方式不同，那么有没有"同"的地方，这"同"的地方又是基于什么样的角度和视野被发现的，又能打开什么样的理解空间；再进一步，还可追问，"同"和"异"是什么关系，发现"同"和"异"的视角又有何差异；甚至还可以追问，阮籍和嵇康虽都"反抗黑暗"，他们自己是否也有"黑暗"的一面，除面对外部世界的"黑暗"，他们又是如何应对自身或内心的"黑暗"的。上述追问，都可突破比较论述中的二元对立或非此即彼视野，将问题复杂化和升维化，以加深对历史人物和现象的认知，甚至可能由此深入到更具普遍性的"大"问题的思考。

黑暗之中的光

《世说新语》由宋武帝刘裕的侄子刘义庆所编，其内容主要是东汉后期到魏晋间一些名士的风流言行与轶事，充分展示了魏晋时期士族们的"潇洒飘逸"，也暴露了士族们身上所展现出来的腐败、黑暗、奢靡。历朝历代的文人们根据这本书的内容，对魏晋时期的社会风气进行了褒贬不一的评价，当然，批评的声音更多。笔者在细读书中《政事》《雅量》《汰侈》《简傲》四篇后，认为士族们虽然有着诸多不好的品质，但从历史的大局来看，士族们在坚守中华文明上的功劳是大于其奢侈娇靡的行事风格上的过错的。部分士族身上所展现出来的栖逸、任诞此类的品质，可谓当时黑暗的社会中的一道曙光。*

魏晋朝时期的士族主要指以十大氏族为主的士人阶级，他们之中既有石崇与王凯这样毫无人性的贵族阶级，也有放诞旷达的竹林七贤。所以我们无法用绝对的正确或错误来评价这个阶级，只能用辩证的眼光进行正当评价。后世许多对魏晋朝代的评价，都是基于《世说新语》这本书的，这本书中的内容与写法与作者是有着很大联系的。刘义庆本就是贵族阶级，所以这本书所关注的内容，固然与刘宋家族对魏晋风流的喜好和社会各层人士对魏晋风流的追慕有关，这就导致了魏晋时期士族阶级"奢靡"的现象在后人眼里尤为突出。书中"汰侈"中记载："石崇因客人不饮酒杀美人；王武子家以人乳喂猪，连皇帝都深为不满；石崇和王恺斗富，用蜡烛作炊，用绿绸做步障，大肆挥霍民脂民膏。"这些奢侈到毫无底线，残暴到毫无人性的士族形象在刘义庆的笔下栩栩如生。但事实上，后人所痛恨的"占据高位、搜刮民脂、没有作为"是中国封建王朝历朝历代统治阶级的一个通病，这是由封建制度这个根本原因所导致的。只是在魏晋时期，这种特点十分显著。并且这种不正的社会风气与当时的社会背景有着很大的关系：战乱频繁，导致人口锐减、民不聊生；政权更迭，司马氏夺权；社会风气不良，贵族骄奢淫逸。毫无疑问，魏晋朝的社会风气是黑暗奢靡的，但并不能因此就给士族们打上否定的印记。**

虽说部分掌权士族身上所展现出来的残暴和奢靡令人厌恶，但与此同时，那些追随本心的士族们，他们所坚持的修行，以及表现出来的文人品性与傲骨，无不是对中华文明的一种坚守。***《政事》让我们看到

* 开篇铺陈《世说新语》的两种面向做引入，随之在限定本文的视野——"从历史的大局来看"后，**开门见山**地陈述文章的基本观点。但从严谨性的角度说，这里有必要对"批评的声音是更加多的"这个说法做出论证，即提交证据证明这个说法的可靠性。因为这是作者立论的重要前提，它立得住脚，文章观点才能有**说服力**。

** 本段论述颇能体现文章"辩证的眼光"，这是本段开头就交代了的"方法论"：拒绝用"绝对的正确或错误"来评价魏晋的士人阶级。本段末尾这段论述则体现文章将魏晋时代与"中国封建王朝"联系在一起论述的努力，在特殊与一般、部分与整体的辩证法中，强调魏晋时期的特殊性及其原因。这样作者就既把相关问题描述得非常清楚明白、不偏不倚，又将在《世说新语》中读出的"时代"放进了更大的文明史视野之中。

*** 此句为本文最为关键的**过渡句**，它不仅将前后两个自然段衔接起来，也在此将全文分成两个部分，一部分谈"黑暗"，一部分谈"光"。这篇文章的结构逻辑可以做到清晰明了，这个过渡句功莫大焉。

士族对国家兴亡的担当：魏晋时代，清谈盛行，甚至因之废弃政务。在这样的情况下，很多人对政事的处理持否定态度，而此时的士族们主张看重事功，勤于政事。其中元方所说的"强者绥之以德，弱者抚之以仁，恣其所安"则是对士族阶级主张"仁德治国"的最好反映。如果说《政事》是反映士族们在国家层面上树立的标杆，那么《雅量》与《简傲》则是教会了后世如何用优秀中华文化来约束自己的品性。《雅量》中是指士族们强调七情六欲都不能在神情态度上流露出来的品性，一如所文中记载的郗超与袁虎书云："子思求良朋，托好足下，勿以开美求之。"这种豁达、宽以待人的优良品性为后世树立了榜样，很好地诠释了中华文明中的包容性。《简傲》中是指士族在处理人际关系上表现出傲慢的品性，这种品性可谓"亦正亦邪"。它既是王子猷兄弟到别人的私家花园去观赏，仍傲视主人，不理会人家的傲慢，也是嵇康拒绝跟司马氏合作，对司马氏的心腹钟会不以礼相待，且冷语讥讽的傲慢。可以说这种"傲慢"实际上是士族们忠于内心的一种表现。他们不会为了世俗的目的去迎合他人，他们要迎合的只有自己的内心。可以说，在那个社会动荡、随时可能礼崩乐坏的时代，正是这样一群敢于做自己，敢于捍卫中华文明的人站了出来，才使得优秀的中华传统品性与道德修养得到了保留。*

世上没有绝对的正确，也没有绝对的错误。大多数世人只看到魏晋士族糜烂的生活，却不曾比之于清朝统治者的"国难来临，歌舞升平"与那马嵬坡下的亡魂。魏晋士族们犯了历朝统治阶级都可能犯下的错误，但是他们却在一个混乱的年代恪守了中华文明的优秀传统，中华文明也因此而未断流。人人尽说魏晋腐，岂不知黑暗之中亦有光啊！

（作者：禹凌众）

综合点评：

这篇读书报告最大亮点是它对"辩证的眼光"的自觉，沿着"黑暗"和"光"这两个关键词绵密论述，清晰周到、不偏不倚，且较好地结合了《世说新语》的经典原文，可以说做到了有理有据。

文章提出一些宏观观点，也做出相应举例论证，但对于一个颇关键的问题——魏晋士人究竟是如何坚守并延续中华文明的——还有值得进一步分析和论述的空间。这个问题文章已做出若干回答，如"对国家兴

* 这一段通过例举《世说新语》中的相关案例，呼应文章中心观点，结构上做到了**首尾呼应**。但相对来说，文章"结"在这里略显仓促。一方面，对"黑暗"和"光"做了比较简单化的二元理解，使文章内在张力不足，也未能从表象层面深入到本质层面。为达到深入，或可尝试追问："黑暗"和"光"更深层的逻辑关系是什么，二者是否存在相互交叠等；另一方面，将"光"理解为对"中华文明"的捍卫，也显得有些言不符实，帽子扣得过大。从魏晋士人的言行到"中华文明"之间，还有很多中介环节，如从"勤政"到"中华文明"之间，可以讨论儒家文化等中介环节，这样才能让论述更加**环环相扣**，不至于证据和结论之间距离过远，甚至体量上也相距太大，导致论述大而无当。

亡的担当""约束自己的品性""敢于做自己"等，但仍显皮相，可进一步提炼升华，从现象层面深入到理论层面，追问"中华文明"的深层内涵，其内核究竟有怎样的构成，儒道等思想资源在其中占据怎样的位置、得到怎样的阐发和实践，魏晋士人在什么意义上坚守和延续它，等等。这些问题都是将文章的思考引向深入的可能契机。

第五节　《唐律疏议》

"孝道"何以为"道"也？[*]

古有董永"卖身葬父"，黄香"扇枕温衾"，今有感动中国十大人物的诗人朱晓辉住在车库守护病重的父亲十三年不离不弃，刘秀祥"千里背母上大学"照顾孤苦的母亲。古往今来这些故事被口口相传、赞美传颂，是因为主人公的身上都闪耀着"孝"的光芒。[**]

毋庸置疑，孝顺是中华民族独特的传统美德，是我们宝贵的精神瑰宝和民族印记。然而我认为，"孝道"和"孝"并不相同，任何文化加之以"道"都会变得更系统、复杂和专业，譬如茶道，又譬如剑道。[***]古代君王所推崇的"孝道"其实更接近一种统治文化，它与法律甚至宗教等其他因素共同组成了一个完整的体系，服务于统治阶级，用以安定社会、匡正朝纲。

下面我将结合《唐律疏议·十恶·不孝》篇和《论语·为政》中的相关段落，简单谈谈我对于"孝道"的理解和它之所以能从一种道德发展成一种社会规则之"道"的原因的看法。[****]

一、什么是"孝"？"孝道"是如何从"孝"发展而来的？

首先，孝道的根基当然是"孝"。那么究竟什么是孝？《唐律疏议》说"善事父母曰孝"：好好地侍奉父母就是孝，反之即为不孝。它作为一部法典性质的工具书，给"孝"仅仅做出了非常简单的定义，而《论语》则具体很多。当孟懿子问孔子什么是孝时，孔子说"无违"，也即"生，事之以礼；死，葬之以礼，祭之以礼"。孔子认为孝的核心是礼，而孝的体现就是在父母活着的时候按照礼法对待他们，在他们死去之后按照礼法安葬、祭祀他们。这里已经可以看见"孝"作为一种家族品德，需要依靠外在的祭祀、

[*] 以问题为**题目**，是题目拟定的可行方式，恰当的问题，可起到引领全文、吸引读者的作用。

[**] 以古代和当下"孝"的故事案例**引入**，生动具体，既能自然而然地引出文章的核心议题，也能以熟悉的事例引发读者的阅读兴趣。

[***] 区分"孝道"和"孝"，并对此做出解释，展现出敏锐的**辩证思维**及做**概念界定**的自觉，为下段论题的正式提出做好铺垫。

[****] 清楚交代所依据的经典原文对象及所要讨论的核心问题——"孝"是如何变成"孝道"的。这一问题是对谱系学方法的应用，让文章有很高的**立意**起点。整体看来，**开篇**这三段，由现象引入，再用概念的区分界定做铺垫，最后提出问题，层层递进，步步深入，堪称精彩。

宗教等形式体现，反映出宗教的道德目的和孝与礼义规范的联系，是"孝"可以发展成为"孝道"的第一步延伸。*

而后文中不同的人向孔子请教"孝"的含义时，孔子说"父母唯其疾之忧"，说"今之孝者，是谓能养。至于犬马，皆能有养；不敬，何以别乎"，又说"色难。有事，弟子服其劳；有酒食，先生馔，曾是以为孝乎"。这些话更是将"孝"的要求从物质的供养拔高到精神层面。孔子认为"敬"是"孝"的精神本质，子女应该尊敬父母、为他们的疾病而担忧、对他们保持和颜悦色的神态。至于吃喝供给，那只是最基本的事，算不上一种品格。因此"孝"比起义务更像是社会对人们的鼓励和引导的方向，而"最基本"的物质供养则是律法中体现出来的那一部分，是"孝道"的根基，是为了维护社会秩序每个人都必须遵守的铁律和承担的责任。于是《唐律疏议》将"有堪供而阙者"列入十恶的不孝罪，让他们受到律法的惩罚。这就是"孝"得以成为一种"道"的核心原因：国家律法的支撑和保障。**

而统治者之所以选择将这种民间美德纳入法律，《论语·为政篇》也早已给出了解释："临之以庄，则敬；孝慈，则忠。"儒家崇尚以德治国、以礼治国。这与践行"孝"的内核相统一，因此大力弘扬孝道实际上是对君臣伦理的强调和对道德的社会组织力的利用。"忠"被视作家庭伦理观念的孝的组成部分，孝的对象由子女对父母的尊敬扩大为社会中的人对君主的忠诚。

综上，孝作为一种家庭道德，自西周发展至春秋战国时期，经过儒学的放大、宣传和政治化之后，从一种对父母的伦理意识，扩大为个人修养的体现和具有普遍意义的准则。发展到唐朝，孝已经与法律、宗教等紧密结合，俨然成了封建法律体系中强调君权父权的一种政治符号，也就是"孝道"。***

二、"不孝"入罪的意义与局限

前文已经提到，孝道的产生离不开法律的支持。而"不孝"首次进入法律可以追溯到西周时期。然而彼时中国的法律体系还处于习惯法时代，而唐朝作为中国封建法时期的集大成者，它的法律的规范性和权威性都达到了中国古代历史上的巅峰。****"不孝"作为十恶之七被列入刑罚，侧面反映出孝道的核心与国家统治极其类似。在具体法律条文中："就养无

* 清晰说明《唐律疏议》和《论语》中对"孝"的定义后，推演出"孝"演化为"孝道"的"第一步延伸"。论述紧密围绕论题展开，体现出清晰的内在**逻辑自觉**，且在论述过程中不做空论，紧密结合经典原文，并能做出恰当引用。

** 按作者表述，《论语》固然已体现"孝"向"孝道"演化的倾向，但这一倾向却更根本地体现在《唐律疏议》中，其标志就在于"国家律法的支撑和保障"。这段论述紧紧**扣住**文章中心线索，确立了以《唐律疏议》为主而以《论语》为辅的论述秩序，论证逻辑清晰，也展示出文章**主次分明**和层层深入的论述意识。

*** 对前文三段做出简练**小结**，兼及时间线索和义理内涵，论述语言也具有客观性和分寸感。

**** 文章第一小节论述"孝"演进到"孝道"的历史和逻辑过程，本小节则重点关照"孝道"作为一种法律依据的意义和局限。两个小节之间**逻辑关系**清晰。

方""求爱媚而厌、祝""告祖父母父母""堪供而阙""居父母丧,身自嫁娶、作乐、释服从吉""匿不举哀,或拣择时日",这些都是被明确规定并入这条"不孝"罪的行为。而且《唐律疏议》中对不同情况作了较为详细的讨论,例如"先死而诈称始死者"不纳入此条罪名;在父母丧期嫁娶分为他人主婚、男女、妻妾的不同,其定罪都不相同,这些不仅体现了当时的律法已经发展到了较为成熟的阶段,也可以明确反映出统治者对家族伦理、社会治安和"孝道"的重视。

"不孝"罪从该做和不该做的两个方面进行裁决,一定程度上确实影响了当时的社会风气,然而郭巨"埋儿奉母"的"孝"未免太过残忍,也体现出当时这种形式上的道德在另一种方向上的扭曲。因此"不孝"罪大部分并未在今天得到延续,是因为它巨大的历史局限性。《唐律疏议》中关于"厌、祝"相关内容与宗教相关的条文自不必赘述,其他诸如"不孝有三,无后为大"等传统观念中的"不孝"行为在今天已经不被广泛承认了。"孝"在当今社会更多作为一种美德和价值观被认可和弘扬,而"孝道"却不可避免地式微、濒临瓦解。*

孝道得以发展,首先在于维护家庭组织稳定的文化要求,其次在于统治者维护社会安定和其统治权威性的政治要求。彼时的家庭几乎承担了绝大部分的社会功能,是人们活动的主要场所。也就是说,孝道是家庭与社会的各个功能相互平衡、彼此影响的产物。然而在当下,家庭小型化已是大势所趋。随着多种社会组织以及社会福利、养老等制度的建立,传统的家庭养老、救济、教育功能逐渐被削弱。因此除了法律上规定的子女对父母的赡养义务,"不孝"罪逐渐淡出人们的视野。

从"孝"发展到"孝道"再到如今的"孝"。在当今社会,"孝"越来越返璞归真,被赋予儒家中最原始的意义,"推己及人",以"仁"为本,逐渐脱离政治外壳,作为中华民族独特的文化符号表现出历久弥新的强大生命力。

(作者:李亚)

综合点评:

这篇读书报告立意颇高——"孝"是如何演化为"孝道"的,其原因和过程何在,意义和局限又何在——且通过标题和开篇,清楚阐释这个立意。随后主干论述部分,也紧紧围绕这个中心问题,循序展开,不

* 将视野延伸至当下,指明"孝道"在其"弊"开始压倒"利"之后逐渐式微,如今作为一种"美德和价值观"的"孝"更被认可和弘扬,让论述更进一步,完成了"孝"的历史演进故事的最后一个句点。通常说,读书报告是论说文,以讲理为目的,但讲理可以动用逻辑力量,也可以借重叙事力量。这篇文章就采用**"讲故事"**的方式来**"讲理"**,把"孝"的自我演进过程讲得引人入胜。

断推进。在清晰的逻辑结构中，结合经典原文，把一个"孝"的演化故事讲得生动具体，结论也令人信服。

尤其还值得一提的是这篇文章的论述语言，它并非遣词造句的修辞功夫，而是思维能力的体现：长句短句结合，该长则长，该短则短，清晰简洁，一切以服务于清楚论述为鹄。词与词、句与句之间，紧凑黏合，使文章推进流畅自如。整体上，它还呈现出思想性和论辩性的质感，成为文章观点呈现的得力助手。

孝与礼法

在源远流长的五千年中华文化中，孝文化在其中占了极其重要的位置，在我国历史上发挥着举足轻重的作用，对历朝各代的影响都不可小觑。二十四孝的故事从上古时期一直延续到宋朝，可见孝道是贯穿我们整个文化体系的重要存在。在古代，人们长期以家庭为单位进行生产生活，中国传统社会血缘关系成了人与人最重要的联结。在这样的背景之下，孝道逐渐形成并不断完善，受到社会各阶级的推崇，孝也逐渐被认为是子女必尽的义务，是本能的道德体现，"不孝"则被视作中国古代十种为常赦所不原的重大犯罪之一。*

《唐律疏议》在对"十恶"的论述中多处涉及孝道问题，除了"不孝"罪，"恶逆"和"不睦"中都涉及相关的罪罚。**《唐律疏议》中说"善事父母曰孝。既有违犯，是名'不孝'"，即孝子能善于侍奉父母，而一旦有了违背、冒犯的行径，就叫作"不孝"了。法典中对此类行径做了比较完备的列述，使得关于不孝的规定条款占了法典很大的比例，相应的责罚也清晰明了。例如《盗贼律》就规定，作为子孙若是为了求得父母宠爱怜惜就进行厌魅或诅咒的，处流刑二千里。而如果诅咒是想要使人死亡以及遭受疾病、痛苦的，都依照谋杀论罪。《唐律疏议》中不仅细化了很多诸如此类的不孝的行径，还将其处罚量刑置于一个偏重的位置。"詈祖父母父母者绞"，骂父母一句就会被判死刑，可见此"不孝"的罪罚之重，已经达极点。由此可见，孝道在唐朝律法中是处于一个独一无二的地位的。***

---

*以文化背景介绍开篇，呈现"孝"在中国文化中的重要性，随后将论域从家庭引入到国家和社会，即"法"的领域，这其实也是给读者抛出一个问题，即何以"不孝"会成为一种"重罪"。这是一种间接的切题方式，也是一种可供参考的读书报告开篇引入方式。

**第二段进入对《唐律疏议》文本要义的讨论，也就是从第一段的背景陈述和问题提出进入到具体讨论，并从经典的记叙进入历史和文化的分析。使文章快速由"虚"入"实"。

***围绕文本展开相关论述，段尾对这些论述做出提炼，体现出清晰的小结意识。如果说标点符号切分句子，使其错落有致、章法明晰，那么此类小结句，在文章中便是切分段落与段落的"标点"，它是一块可让读者喘息也让文章不断获得攀升可能的场地。

孝并不是作为独立的一个方面来规范人们的生活，而是贯穿整个唐朝的律法体系，可以说《唐律疏议》的内在价值就体现在其对"不孝"罪的规定上。唐律实行"一准乎礼"的方针，所以"不孝"罪表面上看似是罪，其实归根结底是违反传统礼教、轻视儒家道德的行为。我们如今的法律经常被认为是道德的最低标准，被作为底线来衡量一个人的品质，但若是以现在的眼光来审视"不孝"罪，无疑是大大提高了对道德的要求。《唐律·户婚》记载："诸祖父母、父母在而子孙别籍异财者，徒三年。"而如今子女成家自立门户已是无可厚非的事情。"不孝"罪的罪就体现在其完全与儒家的礼教纲常背道而驰，破坏了传统礼教，进而破坏了统治者的管理体系。由此可见，唐朝将礼法合一，将法律与道德密切地结合在一起。*

虽说在唐律中大量的法条规定都体现了儒家思想的影响，但是对于孝道的理解，唐律和儒家思想似乎又有着细微的差别。**唐律作为法典，只能从外部举止来对人进行规范和管理，所以我们仅仅做到"善事父母"就可以被称作孝子。而在孔子的思想中，更多的是将"孝道"作为一种人的本能来理解，强调一种表里如一的恭敬。孔子认为，孝不是形式，而是一种发自内心的真挚情感，除了物质上赡养父母，精神上的孝敬则更为重要。《为政》中说："父母唯其疾之忧。"在孔子看来，真正的孝道，是无论身处何地，都自觉地为父母着想，为了让父母减少担忧，必须要时时刻刻自尊自重。能体会到父母的心情，并用这种心情反过来对待父母的子女，才能被称作孝子。显然，儒家思想中的孝道对人的要求更为严格。唐律将行孝与守礼结合在一起，更加突出孝的外部表现。

从理性层面来看，孝作为一种好的品质，是有利于社会进步、人类发展的文化，孝道的存在使社会井然有序，在古代中国有效地帮助君王处理好人伦关系。作为一种道德要求，孝道在潜移默化地维护着封建社会的秩序。在古代，孝道更多地被作为一种维护封建统治的工具为帝王所拥护。在人民精神生活不断丰富的过程中，孝道逐渐成为一种刻在国人骨血里的修养。从感性层面来看，我们在父母的关怀下成长，从父母身上感受到了毫无保留的爱意，作为一个向善的人，我们会从这份爱的情感体验中，体会到一种无私的奉献，当我们完全体会到父母的心情时，用同样的心情对待父母，使这样的孝顺成为一种自然而然的行为，我们不会对此自我感动或是觉得受到道德绑架，这才是真实的孝道。***

（作者：姚可）

* 本段写法和上一段相同，开头即本段**中心句**，结尾是本段的**总结句**，从中心句到总结句，后者对前者有所提炼和升华，使论述走向深入，文章给人以逻辑清晰的推进之感，读来流畅自如。

** 本段体现出作者的**辩证性思维**，不拘泥于事物共性，还看到其间差别，尤其将事物放在不同维度上审视——内在精神的层面和外部要求的层面——能更深入地把握《唐律疏议》的特点。

*** 结尾总结全文，再次体现作者的**辩证性思维**，即从理性和感性两个不同层面对"孝"做出总结，较为全面地回扣文章主题，做到首尾呼应。与此同时，还能通过客观平实的论述，传递隐微的价值倾向，可见其对历史富有一种同情式的理解态度。

综合点评：

　　这篇读书报告的中心话题是"孝"与"礼法"的关系，从《唐律疏议》中提炼"孝"的规范性表现的同时，也意识到孝有着精神性的内涵。把"孝"的精神性内涵和强制性规范都予以揭示，这样的认识丰满而全面。整体论述推进过程也能够紧密结合经典文本展开论述，做到言之有物、论之有据。

　　文章的另一个优点在于问题集中，论述有条理，逻辑关系清晰。将《唐律疏议》和《论语》中的相关思想并置论述，还体现出写作者阅读经典的比较意识。文章在突出《唐律疏议》的孝道论述和传统儒家思想中的孝道论述的差异时，进行不同维度的深入比较分析，体现出写作者较好的辩证性思维。

从"礼"与"法"看中华文化之"孝"

　　作为儒家思想中最为重要的主流价值观之一，"孝"文化或"孝道"一直为古中国历朝历代所重视和推崇。由于儒家文化在中国历史上民俗与教化兼具的特殊性，"孝"文化具有"礼"和"法"的双重性质。*

　　孔子早在先秦时期就高度重视"孝"的观念。作为周礼的传承人和坚守者，孔子认为"孝道"是基于"礼"的道德要求。《论语·为政》记载了孟懿子、孟武伯和子夏等人向孔子请教"孝道"的情景。孟懿子问"孝"，孔子答孝即"无违"。"无违"，即不违背"礼"。在孔子心目中，"孝"是那个礼崩乐坏的时代里保护与延续周王朝正统的手段之一。然而，人服礼，在《乡土中国》中被费孝通认为是一种主动行为。孔子提出的"孝"作为对礼的精神的延续，便更加依赖于人的自觉性而非国家机器的强制要求。总结来说，这里的"孝"，也即"孝道"，是以孔子为代表的儒家学派对人的道德层面的要求，并期望通过包含"孝"的要求的整套儒家政治思想体系对公民形成自觉的约束力，从而达到治理国家的目的。**

　　随着"法"的思想与体系在中国的发展和完善，"孝"的要求也随之在"法"的框架中被明晰和强化。***到了对前朝法律"集大成"、形

*　**开门见山**，直奔主题，提出文章观点，即"'孝'文化具有'礼'和'法'的双重性质"，向读者预示了文章主干论述部分的结构和线索。

**　此处体现作者的**小结意识**，对孔子开启的儒家"孝"观念的论述做出总结，它被组织在一种张力论述结构中，即指出孔子讲的"孝"主要是道德要求，并非借此去"达到治理国家的目的"。此一论述也为后文做出铺垫。

***　开首即本段**中心句**，既起到承前启后的过渡作用，又达到了概括本段中心意思的效果。这种论述方式也贯穿全文，使文章逻辑结构清晰。

成完备法律体系的唐代，关于"孝"的法律规定也趋于完善。《唐律疏议》是唐代刑法典，其中对"不孝之罪"做出了清晰的界定，还制定了惩治条例，并将其作为"五刑之中，十恶尤切"的"十恶"之一。《十恶·不孝》所载的"不孝"行为包含了辱骂、告发父母、祖父母和长辈尚健在别籍异财等。这从言论到行为对"不孝"的界定作了严格的规范。根据情节的轻重，对"不孝之罪"的刑罚下达鞭笞，上至流死，且这种刑法适用于整个社会、各个阶层。玄宗年间，禁军校尉刘栩就因为殴打其母被告发处死。该时期后，"孝道"从一种礼法精神逐渐升格为一种法律精神，由"孝"阐发的法律规定真正开始对国民产生强制要求，而不仅仅限于对个人道德的期望。*唐以后的各代基本都将"不孝之罪"的相关条文近乎原封不动地照搬沿用，更加说明这类法条深得统治者的认可，并委实对稳固国家统治产生了正面影响。从宏观来看，这一现象可作为儒家文化被历代尊崇为统治思想的典例。

　　"孝"文化"礼"的属性和"法"的属性，并非割裂独立，而是相互交融，彼此影响。**首先，早期的"礼"包含了一定"法"的性质。《周礼》将"不孝之刑"作为重刑，显示了"礼"所包含的法治性，并体现出早期统治阶级利用"孝"治理国家的趋向。但该时期法律体系尚未完善，对各类罪情和刑罚未能做出严格的界定与规范。其次，"法"的制定贯彻了"礼"的精神。法律作为国家进行阶级统治的工具，体现的是统治阶级的意识。在儒家文化占据主流的中国传统社会，"礼"的精神在很大程度上代表了统治者对百姓行为的要求。而"不孝之罪"的法律界定就是在"孝道"的指导下完成的。再次，"孝道"在法律中的应用使传统的"礼"治具有更高的约束力，客观上巩固了"礼"在封建社会的效用和地位。当关于"孝"的要求从社会舆论和个人情感的约束上升到法律的强制力，这类法律指向的对象就会为了规避严重的刑罚而规范自身的行为。当他们习惯了这种在法律框架上的自我规范，其行为也就随之趋向了"礼"的要求。从另一个角度看，由于可能发生的"不孝之罪"的第一知情人大多为家庭中的长辈，即"孝"的对象，长辈们在一定程度上享有是否向官府告发自己子女的自决权。这种情况加强了封建大家长和传统礼法对百姓的威慑力，进而巩固了"礼治"的地位。总之，"礼"与"法"对"孝"的体现是彼此联系，密不可分的。***

* 与前一段末尾的小结相**呼应**，展示出从《论语》到《唐律疏议》"孝"从"礼"到"法"的发展过程的第二个节点之特征。至此，也便完成了文章两个讨论中华文化之"孝"的核心概念——"礼"与"法"——的分头论述，并清晰呈现其各自的时代语境与精神内涵。

** 仍以**中心句**开启本段，它不仅是本段中心句，也是全文中心句，提示本段将对"孝"文化的两种属性——"礼"与"法"——做总结性讨论。

*** 本段**小结句**，与段首中心句呼应。再次体现本文清晰的结构意识，这同时也是一种读者意识，使其阅读此文能快速抓住中心和线索。

* 此处前半部分总结全文，言简意赅，分寸得当；后半部分尝试结合现实，却略显生硬，有为写而写之嫌：它们并不是从前文的论述自然而然生发出来的，而是从文章之外生硬地搬进来的。文章**结尾**，无论总结、升华还是结合现实，皆应考虑其与前文的衔接性。

"孝道"文化经过数千年的传承与积淀，已经深深根植在中华文化之中，对中国人的民族品格和价值观念产生了不可估量的影响。随着社会制度的迭代和人民思想的进步，传统"孝"文化的一些观念现在看来已经不合时宜甚至有损社会公德。对此，我们应清楚地认识"孝"的"礼""法"两种属性，让传统美德成为现代社会精神文明建设的有益补充。*

（作者：樊枭睿）

综合点评：

这篇读书报告立意清晰，目标明确，且紧密结合《论语》和《唐律疏议》两个经典文本，从"孝"这个小切入点，进入对"中华文化"这个大问题的探讨，可谓以小见大，既讨论了宏阔问题，又不至于陷入空疏。

文章的推进思路紧密围绕中心线索展开，体现在文章的结构：先基于《论语》谈"礼"，后基于《唐律疏议》谈"法"，继而辨析二者关系，逻辑清楚明白。在具体表述上，每段开首第一句都是中心句，且段落和段落之间也能做到相互呼应，使文章整体结实黏合的同时，也便于读者快速把握到其主要论述思路。

** 标题体现出**"以小见大"**的选题立意，即通过《唐律疏议》中的一句注疏来解读唐律整体的特点。这样做的好处是可操作性强，不至于走向大而无当。

*** 开篇对"君亲无将，将则必诛"进行出处、内涵的解释，但与后文的关联不够紧密，缺乏足够的**衔接**。另开篇并未体现文章的**问题意识**，读者无法得知文章的主题和目标。段尾如能对"君亲无将，将则必诛"稍加阐释，说明何以它能作为谈唐律特点的切入口，或可弥补前述不足。

从"君亲无将"谈唐律特点 **

"君亲无将，将则必诛"是《唐律疏议·十恶篇》中的一句注疏，用于解释十恶之首的"谋反"。其字面意义为，"即使是君主的亲人有谋反的念头，也必须要将其处死"。原文出自儒家名篇《春秋公羊传》，其典故可追溯至周公辅政时期，周公平三监之乱，处死管叔、蔡叔。二人贵为天子血亲，但在作乱后仍然难逃一死，因其已经触及了天子安危，即使为亲，也难逃一死。***

一、维护皇权目的明显，强调皇权地位

在我国两千余年的封建王朝时期，司法往往隶属于行政，所有法律都要符合当时政策方向，政策的颁行者则恰恰是作为最高统治者的皇帝，于是法律毫不意外地成了皇帝维护自身统治的工具。从《秦律》至《大清律》，多部封建制法中，无一不体现出皇权的至高无上性，明确认可了"朕即国家"这一说法。因此为维护皇权、维系统治，所有侵犯到皇权利益的不法行为，无不以严苛刑罚来进行处罚，在古代法不平等的情况下，中国君主所享有的特权是无人可比的。

故在此基础上来看待"君亲无将"，其对臣下的要求与限制，被延伸到了思想上，一旦臣子有任何忤逆想法或言论，只要皇帝得知，皆可以此判其有罪。就今日刑法观念看来，存有犯罪思想但并未付诸实践的只可称其做出犯意表示，而并未着手进行犯罪预备，是不可追究其责任的。参考《唐律疏议》自身条例，其除有关皇权外的绝大多数条例，其实也是强调付诸实践的犯罪行为方能被判罪，而非只要有犯意表示便可判罪。唯独有关皇权部分，是规定只要有犯意表示即可定罪的，其要求人们从思想精神上而不单单只是行为上拥护皇权，对于同样处于统治阶层的官僚、士族、皇亲国戚却无相应规定，只突出规定了皇帝一人。

"君亲无将，其将必诛"，点明即使是皇帝之亲，一旦有谋逆之心，也必诛杀无疑，从这一层面上看待，其实际上是说明我国封建制法对皇权的高度维护，以及昭示天子威严至高无上，另一方面也可窥见法律对统治稳定的不惜代价的维护。

二、外法内儒，以儒家思想为法律内核

儒家思想自汉武帝兴立儒学以后，越来越融入我国古代上层建筑的各个方面，而法律在儒学的长期改造下，也成了以法家之名，行儒家之实的工具，法律逐渐维护儒家思想观念下的社会伦理秩序，许多儒家经典中的言论甚至可以作为官员判案的依据，而在整本《唐律疏议》中，其疏议部分大量引用儒家经典原文进行注疏阐述，便是所谓的官方性的法律解释。而官方选择以儒家思想来对法律进行阐述，无疑是展示其法律的实质内核为儒家思想，实质上在引导与宣传儒家思想，更重要的是

依靠法律来维护儒家观念中的社会伦理，从三纲五常到长幼尊卑，《唐律疏议》中都有相关规定条例，其遍布社会伦理的各个方面，实质上是将道德法律化，作为法律条文强制要求执行，这一定程度上改善了社会风气，但却维护了封建统治下皇权、父权、夫权的强势地位，对于臣民、子女、妇女则是变相以法律承认了他们地位的不平等。

"君亲无将，将则必诛"，其中涉及儒家所要维护的君臣关系，根据三纲五常而言，"君为臣纲"，臣子犯上是大逆行为，严重违背儒家所倡导的社会伦理，因此必然诛之以儆效尤，由此可见儒家思想在《唐律疏议》中的重要地位。*

* 这部分论述展开不够充分，还存在**逻辑颠倒**问题。第一段讲《唐律疏议》法律儒家化的特点，第二段将"君亲无将，将则必诛"这条律令联系到儒家思想进行解释。两段篇幅比例失调，第二段没有充分展开，论述不足。这倒还在其次，这部分写作的主要问题是逻辑颠倒。如标题所示，文章意图从"君亲无将"谈唐律特点，而这一段的论述顺序却是先泛谈唐律特点，再解释"君亲无将"与儒家思想的关联，逻辑顺序显然颠倒了。

三、以刑为主、重刑重罚

中华法系在长期发展过程中，呈现出以刑为主的特点，这主要是服务于中央集权专制，以及商业发展受限而导致民法长期发展缓慢的缘故。而在《唐律疏议》中调节民事关系时，沿用的准则是儒家思想（儒家思想作为人道德的集成，其实质要求是高于我们现今法律对人的要求的），但却使用统一的刑法手段来进行调节。这种调节民事关系的方法，如果以今天的眼光看待，便显得滥用刑罚，违背了罪刑相适应的原则。因此，《唐律疏议》对民众不当言论、思想的调节，依然使用刑法手段，虽自汉文帝以来各个封建王朝统治者不同程度上减刑了轻罚，但实际上《唐律疏议》承继前隋《开皇律》中的五刑，以此为基本法来定刑，在如今看来仍然相当严苛。对于涉及统治阶层利益的处罚更为骇人听闻，皆是以徒、流、死三刑为主，包括家族连坐等。而对于十恶之中的各罪，更是从重处罚。

缺失合理调节方法下的中华法系，形成重刑传统，而对于意图谋逆之罪，虽未采取具体行动，进行犯罪预备，但由于刑罚被滥用，加上前面提及的两方面的缘故，原本的"不罪之罪"便成了特殊时期下的"必诛之罪"。

小结

"君亲无将"虽只是《唐律·十恶》中的一句简单注疏，但其后蕴含着唐律制定的社会时代背景及深层次的政治思想原因，甚至中华法系的影子。无论是《唐律疏议》中的一句注疏，还是整本《唐律疏议》，其中的立法思想及动机，十分值得当下的我们深入研究分析，进而学习中华法系中的优秀思想精华，以达到发展和完善中国特色社会主义法律体系的目的。

（作者：潘智轩）

综合点评：

对于一两千字的读书报告写作而言，内容面面俱到，不是野心的体现，而是选择的盲目。实际上，即便对于一篇万字以上的学术论文而言，也无须面面俱到。更好的写作选择是以小见大。这篇读书报告选题立意便典型地采用以小见大的方法，紧紧围绕"君亲无将，将则必诛"一句，从这个小切口进入对《唐律疏议》主要思想特征的分析，可谓精彩。另外，文章具体论述分点展开，层次清晰，体现出较好的逻辑结构意识。但文章在行文过程的论述逻辑与主标题所设定的问题讨论路径的一致性方面，以及论述展开的充分性和篇幅分布的合理性方面，仍有提升空间。

唯敬唯诚唯自爱

——《唐律疏议·十恶》读书笔记*

议曰：善事父母曰孝。既有违犯，是名"不孝"。吾观之，唐律给出的定义无疑是狭隘的，并不严谨考究。** 善于侍奉父母的人，也不乏为争夺财产蓄意谄媚者。擅长一条仅仅停留在"技"一层。一旦有违逆父母之意志者则被视为不孝，此乃愚孝，这并不符合孔子最初口中"见志不从，又敬不违"的和颜指出父母错误的主张。孝道需要由内而外，是内化于心外化于行的自然流露。但精通儒经的执政者是不清楚其概念才做出如此界定吗？

对于孝与不孝的界定我不由联想到《世说新语·政事第三》中陈仲弓对不孝之行的铁腕政策。他仅仅因为官吏谎称其母病，想请假偷懒就判其为死刑。"欺君不忠，病母不孝。"当时看到这句话，我深表不解，还发出了对其严刑峻法暴政的批判，如今看来，这一行为恰好符合了"诅欲令

*用"读书笔记"作读书报告**题目**，属重复表述。正如无须在脸上贴字幕"脸"，挤占其他器官的"空间"，也无须在标题中再重复表述文章本身的属性。标题是一篇文章的头面，"空间"宝贵，值得好好利用，应尽量避免放入重复或空洞的内容。

** 开篇简明扼要，先引述《唐律疏议》原文，随后抛出全文核心论点《唐律》对"孝"的定义是狭隘的。可谓**开门见山**，直切主题。

* 引入《世说新语》的记载，并将其与《唐律疏议》建立关联，以较小的切入点建立起理解《唐律疏议》的一条历史脉络，并指明其所代表的一种历史趋势，这是**发散性思维**的体现。

死及疾苦者，皆以谋杀论"。<u>在魏晋时期被传为所谓佳话的处死诈称病母者，到了唐代已经成为法律明文规定，由此可见儒学地位的提升和封建集权的加深。</u>*

细读"十恶"篇章，令人深刻地感受到为政者以法律为唯一准绳治国的无力感。唐律判定犯人为不孝之罪的唯一衡量标准是外化表现，也就是书中所谓供养有阙、辱骂、在为父母守丧期间身自嫁娶等一系列亵渎父母权威的行为。的确，这是法律能做的全部了，即将行为规范的底线标红，让人们目睹此线便敬而远之，从而一方面维护社会秩序，另一方面提醒人们形成类似道德以引导社会风气。如此思量，《唐律疏议》仅仅是通过是否履行义务和有无冒犯长辈的表象界定孝与不孝。唐朝推行儒学，当时拟定此条法律的重臣必然通晓儒家关于孝道的内化的要求，做出此等界定便是法律与道德的区别所在。

** 善用提问，以一个问句**承上启下**，从对古代文献的追溯过渡到对现代社会的思索。值得肯定之处在于，文章并未对此做机械式的对比论述，而是采用追本溯源之法，以对《论语》的分析来过渡。

<u>究竟何种孝道是具有现世指导意义的相对正确的价值观呢？</u>** 对于这一问题，首先需要回到儒学数千年演化的本源之处——《论语》。数千年的解读反而曲解了孔子的本意，依孔子所言：唯敬唯诚。

"至于犬马，皆能有养"，孔子认为，没有对父母的尊敬，就没有办法区别赡养和供养。这种尊敬是和真诚紧密结合的。从浅层角度讲，其符合"礼"的形式上的最低标准和基本要求。子曰："生，事之以礼；死，葬之以礼，祭之以礼。"无论处于哪个阶段，对待父母的举止态度都需要符合礼的要求。简单来说，子女不可以在父母面前不修边幅，要注重行为举止和言语态度，这些都是最基本的要求。然而，所有形式上的规定都指向内化的期许，除了形式上的敬，内在的诚笃更是构成孝的重要因素。

*** 澄清"孝"与"愚孝"之间的区别，提示我们：读书报告写作中不仅要考虑自己的行文逻辑，还要兼顾读者可能出现的疑惑，尤其是在文章中心论点周边可能出现的疑惑，写作者非但不能避而不谈，反而要迎难而上，这样才能让观点更具有**说服力**。

子曰："色难。"仅仅服侍父母，供养父母酒食，并不足以称为孝。唯有在双方价值发生冲突之时，在父母的观念与时代脱节还振振有词地教导子女之时，在父母出于对子女之爱而严加责备之时，子女仍保持和颜悦色，从始至终不改尊敬的态度的行为才是孝。这种尊敬，是发自内心的对父母的敬重，是无论何种情况都能为父母留下的温存。<u>同时值得注意的是，这样的要求也非反人性的愚孝，而是一种温柔和虔敬。之所以虔敬，是因为那是一种从始至终不曾改变的近乎宗教信仰的执着，是发自真心的真诚。</u>*** 是孝哉闵子骞，"母在一子寒，母去三子单"的温存。在被后母用芦花填充单衣受冻委屈之后，他的内心也许有对后母的不满，但是能在父亲想休了后母之时为两个弟弟考虑，为了家庭和睦考虑，这是超乎年龄的冷静和肚量，是真正为家庭为父母考虑的理性。

除此两点，吾辈还需做到自爱。在当下内卷化愈演愈烈的社会大背景下，对父母尽孝成了越来越难办到的事。当下年轻人，越来越难以自保，在事业感情家庭多重压力下，孝道成了越来越难兼顾的方面。但是，必须承认，孝是身处于社会关系网络中的人必不可少的品性和必须履行的义务。除了态度上的敬和内心的诚笃，为了能够在当下达到物质上的自给自足，时间上的自由分配，从而达到尽孝的基本物质条件，自强自爱也是必不可少的。这一点不仅是物质保障，同时也是父母内心的期许。子女的独立自强是父母真正想看到的，在有能力的前提下孝顺父母才能将真正的孝落实到地。

（作者：马毅晨）

综合点评：

这篇读书报告问题意识明确，开篇就质疑《唐律疏议》对"孝"的定义是狭隘的，随后把"孝与不孝的分界"作为全文的主线展开论述。文章结构严谨，紧扣主题，主干论述部分的三段正好对应文章标题，分别讨论"唯敬""唯诚"和"唯自爱"，而这三个分论点的切分，又遵循着两层逻辑：一是难度上由浅入深，二是时间顺序上由古代至现代，体现出写作者清晰的逻辑意识。

第六节 《传习录》

致良知而后行道德

要探讨"知行合一"对道德实践中"知而不行"能否解决的问题，首先要明确何为"知行合一"以及道德实践中出现"知而不行"的原因。[*]

众所周知，"知行合一"是明朝著名心学家王阳明提出的思想。他认为"知"是"行"的开始，而"行"是"知"的结果，二者缺一不可。如果有人"知而不行"，那么他和"未知"者没有什么不同。而作为一名儒学家，王阳明所提出的"知"一般被认为是儒家思想中的核心——"仁"。"仁"的思想教导人们对他人要友善、宽容；而王阳明进一步从它引申出更深层的思想——"致良知"。他认为，人们要有为善的想法，前提是要懂得明辨是非善恶，而且必须是从自我本心提炼出的善恶，这与社会层次的善恶并非完全一致。因此，在王阳明看来，"知行合一"就是"知善知恶"并进一步"为善除恶"。他还认为，人人心存良知，人人都可以成为圣人。圣人之所以成为圣人，就是因为他们能发现内心的良知并付诸实践。良知是人与生俱来的东西，但世间大众难以发现本心，难以认识并遵循自己的良知。

了解了"知行合一"的具体内涵，再看道德实践。[**]道德实践，既有个人层面的诚信、孝顺等，也有社会层面的爱国、敬业等，这些道德品质每一个人都知道，但并非每一个人都能按其要求做到，所以说他们是"知而不行"的。同时，这些人又如王阳明所说，是生而有良知的人，但为何他们"知而不行"？我认为，他们并非"知而不行"，而是尚未发现自我本心。没有良知的人与知而不行的人虽然看起来是不同的，但实际情况中他们都没有落实道德实践，在这个条件下，他们就是相同的。所以说，这些人看似"知"而实为"不知"，他们对社会主义核心价值观等道德教育只有浅层次的了解，而非深入内心的理解。在王阳明看来，

[*] 文章开篇**开门见山**地抛出问题及解答步骤；但毕竟所论问题较为艰涩抽象，如能稍做些铺垫性阐述，会让两句话之间的逻辑关系得到更清晰的交代和衔接，对读者也更为友好。

[**] 从第二段到第三段其实有较清晰的内在逻辑，那就是先讲清楚王阳明所讲的"知行合一"是什么意思，进而指明它所针对的"知而不行"的原因。遗憾之处在于，两段的**衔接**处并没有将二者的逻辑关联清楚挑明，如在第二段开头明确阐明这个逻辑关联，将使文章读来更顺畅，也更便于读者快速跟住文章推进思路。

不自知与知而不行是一样的。

这样一来，问题就从"知行合一"能否解决道德实践中的"知而不行"，变成了"知行合一"能否解决"不知不行"。沿着这个问题深入思考：人如何发现本心，真正致良知？[*] 我认为这不是外界通过灌输道德观念强加于人的，而是需要人们从内心生发，外界可以提供一个"环境"：一个让人们有意识地去发现本心的"环境"，也就是说潜移默化地营造出一个氛围，在不知不觉中改变人。当代社会中，法律正在做这一点。法律与道德不相关，甚至比道德约束更加严格，其实正是因为人们有这样的看法，法律才可以潜移默化地改变人们。法律是最低限度的道德，通过法律，社会自然而然地营造出这个层次的道德氛围。在这个氛围中，人们就可以尝试发现本心，达到致良知的效果，之后再进一步推行道德实践教育，让人们去实践良知，去"行"便容易多了。^{**}

总之，现代社会一直在向"知行合一"发展，而人们在道德实践中"知而不行"也就是"不知不行"的行为也在慢慢改变，所以说"知行合一"可以真正解决道德实践中"知而不行"的问题。而事实上，它也正在解决这个问题。

（作者：华国炜）

综合点评：

这篇读书报告以问题为导向，开篇即提出要探究"知而不行"的困境及其解决对策。王阳明的"知行合一"论述构成写作者的思想资源，写作者也能对经典文本的这一核心要义做出较为准确的把握。但论述过程中，文章有时过于陷入"问题—解决"思维范式中，执着于把一个理论问题过度地转化为一个实践问题，而偏偏讨论其解决的路径又只能局限于理论场域内，这种内在的矛盾便造成文章陷入要强行"解决"问题的狭路上，导致得出不太经得起推敲的结论。

读书报告写作核心效用是一种思维训练，而不是去解决什么具体现实问题，更不要说那些历史上难以彻底解决的某些道德或哲学难题，这不是读书报告写作能承担的重任，也无须由它来承担。因此，在读书报告写作中，应注意区分问题意识和解决意识，二者不能画等号。问题意识意味着发现问题的能力，并不径直导向问题的解决，但提问本身也有重要意义，这也是爱因斯坦说"提出一个问题有时比解决一个问题更重

* 第三段到第四段的**衔接**，比第二段到第三段的衔接做得更好，关键在于开首这句话起到了提示逻辑的过渡作用，清楚展示了文章逻辑的推进思路。

** 尝试回答"人如何发现本心，真正致良知"时，指出外界环境作为一种"氛围"的重要性，进而以"法律"为例进行论证。但对于"通过法律，社会自然而然地营造出这个层次的道德氛围"这个论断的阐述不够充分，导致其论证效果不能完全实现。

要"的缘由。从提问到解决、从理论到实践之间，包含众多而复杂的中介环节，指望通过理论层面的思辨直接解决实践层面的问题，只是一种美好幻想，读书报告写作不必心存这个幻想。

以知促行，以行求知

《传习录》二十六："知者行之始，行者知之成。圣学只一个功夫，知行不可分作两事。"这背后含义的起源要从《大学》谈起，它所提出的八条目——格物、致知、诚意、正心、修身、齐家、治国、平天下，是儒家学说中修心养身的重要内涵，并长久地影响着后世儒学思想的发展与繁荣，宋明理学更是将此发扬到了极致。王阳明的《传习录》所讨论的便是正心修身以平天下的方法，"知"与"行"的结合便是其中重要的一环。*

王阳明反对将孔孟儒家思想看作千年不变的戒律，更强调调动人的本心与主观能动性来更好地发展自我，在陆九渊"致知在先，力行在后"的观点基础之上，提出其知行合一方法论。与我们印象里的知与行不同，知行合一并非认知与实践结合而相辅相成的含义。"知"指人的道德意识和思想意念，"行"指人的道德践履和实际行动。此知行合一应是心理合一，为人处世须要发从本心以"致良知"，心有良知者必有所动以践行本心来昭显天理。**"知必然要表现为行，不行则不能算真知。"之于道德便是道德思想离不开道德行为，否则思想便仅是一副空壳；道德行为也离不开道德思想，否则行为便无从理解阐释。两者互为相补，不可分离。更深层上讲，其知行合一便是去恶为善而从天理的信念，如同孟子所讲"人之初，性本善"，儒家学说认为人性之善的思想传承不断，王阳明所立知行合一便是要根彻内心，"不使那一念不善潜伏在胸中，此是我立言宗旨。"

纵使百年已过，知行合一仍在当今社会发光发热。王阳明的"知行合一"方法论对当前反腐倡廉、诚信施政有着重要的警示作用。***在全党大力整风的今天，提倡致良知与知行合一有助于提高政府官员的人文素养与道德修养，打压贪污腐败之风，倡导廉政实干之风，执政为民，取信于民，加强党内素质建设。刘少奇同志曾在《论共产党员的修养》中，将"慎独"作为党

*从《传习录》与《大学》的关系来引入，将王阳明"知行合一"思想放在儒家思想传统的演变脉络之中，这既是对文章要着力探讨的问题的引出，同时也是对该问题的重要性的强调。

**通过与一般认知中对"知"和"行"的理解对照，引出王阳明"知行合一"思想中"知"和"行"各自意涵的介绍，为后文对"知行合一"的阐发和论述做好的概念上的准备和铺垫。

***在读书报告中联系社会现实，应该注意两个方面：一是应辨析清楚所联系现实是否与经典要义有紧密关联，二是应对经典要义和所联系现实做出互动阐发。本段将王阳明心学联系到反腐倡廉的社会现实问题，二者的关联性较为薄弱，强行联系在一起，容易使论述走向空泛，且让行文逻辑显得跳跃；另外也几乎没有与经典原文做互动阐发，而是直接进入到另一套现成话语的表述之中，这样会使整个段落脱离文章整体，造成文章的碎片化。

性修养的有效形式和最高境界加以提倡，这便是知行合一于今最好的解释与体现，"即使在个人独立工作、无人监督、有做各种坏事的可能的时候也能够'慎独'，不做任何坏事"。习近平总书记也曾多次强调党员干部要慎独慎微慎初，懂得是非明于学习、境界升于自省、名节源于修养、腐败止于正气的道理，始终保持共产党员的本色，这是中国共产党的"心学"。

　　作为新时代青年的我们更要以知行合一为标准严格要求自己，言为心声，行为意动，"诚意正心"才能"修齐治平"。"真实的善是每个人的心灵所追求的，是每一个人作为他一切行为的目的的。"* 摒弃心中所恶之事，发扬心中所善之念，从而带动社会形成良好的价值风尚，在新的时代背景下推动中华优秀传统文化的传承与发展，这是我们的责任，也是我们应尽的义务。一念起，已经是行，知若错了，则行必错，知若对，而行有始有终，所以能为圣贤，一念起处，是非成败已然分晓。吾辈当树立真知正见，砥砺前行，奋发有为，不忘初心，方得始终。

（作者：任嘉琦）

综合点评：

　　这篇读书报告略显虎头蛇尾，前一半有板有眼，将《传习录》放在儒家思想传统中，并清晰界定"知""行"概念及其相互关系，思路流畅、有理有据、逻辑严谨。后一半将王阳明"知行合一"思想结合到社会现实和个人体会时，陷入脱离文本、空泛论述的误区。

　　将这篇读书报告作为案例，可再次申明读书报告写作的根本目的，它归根到底是思维训练。在这个意义上，写读书报告应是让头脑和思维紧张的运动，而不是温情脉脉的抒怀或雄心勃勃的表态。无论写作过程还是人生过程，抒怀也好，表态也罢，都不及脚踏实地更符合"知行合一"精神。

我心难为天心

　　《传习录》穿插着一些清晰精妙的关于心学的解读，但在我看来，因为时代的局限性，心学中的追求天理之路只能是镜花水月。**

* 这一段阐述王阳明"知行合一"思想给作者个人的为人处世带来的启发。总体看来，颇具**表态**的性质。任何表态式的陈述都有一个共同特点，那就是充满正确的废话。读书报告写作无须表态，它更根本的目的在于理解经典要义，并对此做出适度且言之有物的阐发。至于给个人带来了什么人生启示，主要还是私会于心的内容，要么将之融入对经典著作的文本分析，要么无须写入读书报告。

** **开宗明义**，提出观点。这一观点是对王阳明心学思想的批评之论，能引起读者的阅读兴趣；但此颇具颠覆意味的见解，同时意味着自圆其说的挑战性。如能充分把握原著精要而攻其纰漏，能让见地落到实处，如不能，则容易流于哗众取宠。

* **结合经典文本**阐释阅读对象的核心要义，可有说服力地用具体案例说清楚一个经典原文的义理，既为后文论述做出简练铺垫，也便于读者快速理解王阳明心学思想的主旨。

** 基于**比较论述**的方法，通过区分"心学对于外物的考量"和"理学的'格物'"，阐释王阳明心学思想中如何处理心物关系问题。但论述较为浮泛，倘能引述相关经典原文，会取得更好的论述效果；再就是，本段内部存在**逻辑混乱**的问题，段首立论和段尾小结"前言"不搭"后语"，还给人一种"倒行逆施"之感，因为段首立论是把前一段的问题推进了，段尾小结却把文章又重新拽回了前一段论述所停止的位置。

*** 本段引入弗洛伊德精神分析学说中的"本我"和"超我"概念，用以说明王阳明心学思想中对生物本能欲望的看法。这是**比较论述**话题的建立，由此思考论述对象的"局限"；但文章仅停留在概念借用，没有通过对两种不同思想的深入比较，将问题提到新的"高度"，纵深空间没被开辟出来。

"心外无理，心外无事，心外无物"是王阳明心学思想的重要表述，对此的理解其实文中有一个很形象的例子，那就是 101 小节的先生和薛侃的花草之问答 *：人若想赏花，那么花是善，草是恶，人如果想用草，却又要反过来觉得花妨碍了草的生长，天生万物并无所谓善恶之分，那些不过是人心对外物的映射罢了。基于这个理由，我所见之世，即为我心，而我心自含我所知一切，那心外岂不是一无所有？但值得注意的是，此处的"无"并非不存在，比如对 117 小节的梁日孚最后的疑问，王阳明并不否认万事万物皆存天理，在他看来人本性即含天理，何必舍近求远地去考察外物呢？

那心学就直愣愣地格自己的心就可以了吗？由此就可以到达天理了吗？这明显是错误的道路。实际上，心学对于外物的考量与理学的"格物"有一些微妙的差别 **：心学的理想达到天理的过程（即"成圣"）是先纯正自己后天被外世污浊的心，复归人先天就有的天理之心的状态，实际的操作是先将自己的内心修正到一个较为接近天心的地步，然后在外含万物的过程中去细微地修正自己的心从而达到天心的地步。这是一个向外的过程，是由一及万的外延；而理学的"格物"是从万事万物中找到他们共有的天心，是由外向内的逼近。这也带我们深入认识了心学：心学不否认外物也存在天理，如果自己达到了天心的境界，那么外延实在是太过自然的过程，是不需要功夫的，所以修心以外的事不重要。

针对上述对心学的初步理解，接下来我来谈谈对心学的疑问。首先是"我心即天心"的说法。我认为这种认知将人的本我抛弃了。***从心学本身来说，它一方面认为人有生物的欲望是正常的，过度的欲望是受了外世的污浊而来的。万事万物都存在生物的本能，而天理并存于其中，既然这是不可否认的，那怎样把生物本性收于天理之中呢？将它止于礼，收发于自然。我认为这是一种诡辩。礼制于人手，即使是由圣人手修，也完全能归于外界的污染，而收发于自然。行事同天理就更好挑刺了，薛侃的花草之问一节中，王阳明让薛侃体会他除草护花和周茂叔不除窗边草的区别，以此说明以天理之心行事和以后天私心行事的区别，这里存在一个悖论，周茂叔不除窗边草真的比除草护花更接近天理吗？因为草的无挂碍就不去除它和我需要更好地赏花去除草在天理的视角下有区别吗？事实上，对世界本身来说，事物流转如何并无高下，一物一事皆是天理，如果说周茂叔的行为更接近天理，那么心学追求的只是治世下的完美之心，但心学的最终追求又是面向整个世界的，所以它的天理必定是世界之天理，但在"天地不仁"的视角下，所有的一切都是天理，而这种视角又不能帮助心学家达到成圣的目的，于是理想人格的超我在心学中将生物欲望的本我取代，以证明对于追求人在理想的超我在世界视角上的合理性。

其次是心纳万物的过程，也是为了契合儒学的入世理论强行提出的。如果道真的被证到了，又何必去反推到万事万物呢？即使是有，也应如同一滴水融入一杯水一样了无生息，而非根据自己的天理之心再一次去发现万事万物中符合自己认知的"天理"；再然后的纠正就更走偏了，就好比得出了一个可以算出世间所有结果的公式，一个人在掌握它的瞬间整个世界就对他无意义了，所以重要的是掌握这个公式的过程。*一方面，心学在给出走向真理道路的方法上就走错了，它的"本性论"令人难以信服；另一方面，它对于走向真理后又强加了一个走向真理的理由来使自己的理论完备，也令人难以认同。

总而言之，因为儒学成于孔子的根本目的在于治世，所以后世将它发展为认识世界的哲学时，如果跳不出这个框架就容易出现为了印证先贤所说导致理论不完备的情况。所以，将心学看作治世哲学是可取的，而将它放大到认识世界的哲学在我看来是不完备的。

（作者：朱康建）

综合点评：

优秀的读书报告，能让尚未读该原著的读者也能看懂，并引起想要去读它的兴趣。这篇读书报告，立意体现出写作者的批判性眼光，提出不少新颖见解，能引起读者阅读兴趣，却也在很多表述中，因缺乏逻辑结构和表述的周到严谨，让读者陷入五里云雾，某些极端的地方，还会令读者不知所云，这是读书报告写作中的大忌。它带来的启示在于，读书报告贵在提出新颖见解，但也需用清晰晓畅的逻辑和语言，扎扎实实地通过对经典文本的释读，把它表述清楚，二者缺一不可。

* 此处代表性地反映出这篇文章的一个不良倾向：**随意性**，它在不少地方任由思路流淌，缺乏深思熟虑，是笔在追着思绪记，却并非头脑仔细安排着笔下的想法。如在此处，未及说清楚"纠正"的是什么，便以举例方式批评其"走偏了"，缺乏对基本情况的交代，会让读者陷入五里云雾。

以修心致万物

《传习录》中反映了儒学家王阳明的许多思想，其中"心外无理""心外无物""心外无事"传播广泛、影响深远，它们反映了王阳明心学中"心即理"这一思想内核及王阳明的治世理念与做人方法。以下是我对"心外无理""心外无物""心外无事"的理解。*

首先是"心外无理"，即心是理的主宰，是理的起源。** 在《传习录》的开头几段对话中，王阳明便提到了这一点——"心即理也。天下又有心外之事、心外之理乎？"他举出侍奉父母、君王等例子告诉我们孝、忠、信、仁等道理都本在人们的心中，我们要做的就是在心中发现它们，而不是大费周章，通过一些外在行为来找到它们。"心即理"，没有被私欲迷惑的心，就是天理，不用到心外去寻找。"心即理"这一思想强调所有的理都在人的心中，世间万物的道理都可以从我们心中找到答案。如果没有心，那么世间就不会有这些理，故而也就是心外无理了，因为万物的理都是由心而生的。在王阳明眼中，心是身体的主宰，是万物的主宰。洞彻了心之理，我们便可由心及外洞彻世间万物的至理了。心外无理，但这并不意味着我们一味在心中寻找理就可以了，同样也需要践行心中之理。比如，知道孝顺父母的理而不去践行，这个理的存在就很可疑。就像王阳明举的例子，演员在舞台上表演得如此知礼节，满口孝道，但能依此就说他们明白什么是孝吗？是不能的。唯有将心中之理实践于现实才能真正地称为理。

再便是"心外无物"。*** 王阳明在这里想说的是，一个具体事物，如果脱离心来定义，它的性质是无法确定的。比如王阳明在和弟子的对话中谈到的："见好色属知，好好色属行。""闻恶臭属知，恶恶臭属行。"为什么人们会喜欢漂亮的东西，讨厌臭的东西呢？因为"人之五官对外界之事物有好、恶之辨，乃人之属性，是知的载体"。我们对事物的认知是建立在心的基础上的。譬如对我们而言的一个美女、帅哥，对非人类生物来说它们同样会喜爱吗？显然是很难确定的。就算是不同的人，审美不同，价值理念不同，对一些事物的看法也会有很大的差别。对令人讨厌的东西也是同样的道理，也许只是我们讨厌它，但是总会有东西可能和我们的看法不同。这种不同来自我们的心的不同。因此脱离了心中之理的约束，一个事物是没有具体的定义的。之所以我们说心外无物，是因为物其实是我们心的延展，天地万物的"存在"是与我们的心相关的，

** 朴素开篇，直陈文章主题，即谈对"心外无理""心外无物""心外无事"的理解。但文章非以问题导向的方式展开，也就没有**立意**可言，创造性和思想个性所能表达的空间就很有限。

** 段首即本段**中心句**，提示下文内容，既体现文章逻辑结构，又便于读者快速抓住本段内容的重心。

*** 仍以**中心句**开头，并以"再"字接续前一段"首先"的逻辑顺序，使文章层次分明，读者在阅读时便仿佛随时有一个导航在做方向指引。

是因为我们的心而被赋予了意义。

最后是"心外无事"。* 这一思想强调的是，我们的所作所为其实是由我们的心的影响而产生的。王阳明说："知是行的主意，行是知的功夫。知者行之始，行者知之成。"这里的"知"来源于心，正是因为心中之理的影响，让我们决定去做一些事。就像我们看到父母就知道去孝顺他们，看到兄长就知道尊敬他们。这些都是因为我们心中的理在驱使我们去做这些事。所以人的行为是受心所影响的，没有心的影响，就没有去做这件事的原因、动力，故而我们说心外无事。正因为我们的行为受到心的影响与驱动，所以我们要去修炼心性，致良知，去除心中的恶，保留心中的善。这也是作为儒家代表的王阳明所追求的大同社会所需要的思想基础。我们需要听从心中良知的指引，知道什么事情是我们应该去做，而什么事情是不应该去做的。所以我们需要去心中找到至善、天理、良知来引导我们去做该做之事。

在《传习录》中王阳明说到我们可以从心中去寻找世间万物的至理与本质，这就意味着我们要放弃学习科学知识吗？显然不是。王阳明虽然支持我们到内心去探求事物的本质道理，但也绝不是让我们静坐，他说过这样一句话——"须在事上磨，方能立得住，方能静亦定，动亦定。"我们仍然需要到事情上去磨砺，只有这样才能找到真正的至理，因此学习当然就是需要的，多历事也是需要的，而不是安于探索内心就可一劳永逸。

（作者：杨洪波）

*到此可清晰看到，文章主干论述部分三段的开头都用**标识词+中心句**的方式，使文章的逻辑结构得到清晰呈现。

综合点评：

这篇读书报告体现出较好的细读功夫，朴实无华，脚踏实地，对《传习录》有较准确的把握。但文章限于对文本内容的陈述，缺少问题意识和创造性阐释，更近于读书笔记写法。读书笔记和读书报告的区别在于：前者偏重理解和描述，梳理经典文本内容；后者偏重阐发其中的问题，是在理解和描述基础上的发挥和争辩。

文章的优点在于朴素平顺地贴合经典原文的义理展开，相应的缺点在于问题意识阙如，"述"有余而"论"不足，整体论述缺乏内在动力。读书报告毕竟本质上是论说文，因此论辩感是它的重要特点。要使文章具有论辩感，问题意识是关键，因为问题意味着争议，有争议才会有论辩。缺失问题意识，文章就成为对经典理解的某种笔记式记录。

浅析"心外无理""心外无物""心外无事"

王阳明曾顿悟出"圣人之道，吾性自足"。这里的"吾性"是"心"的意思，他认为"圣人之道"应该求诸"心"，因为"心即理"，故而提出了"心外无理""心外无物""心外无事"的观点。《传习录》就通过记录师生之间的问答，阐述了王阳明的"心学"思想。如今看来，王阳明的思想是主观唯心主义。然而，在当时，<u>"心学"却是突破了宋朝建立却已然腐朽的"理学"，对改善社会的道德风气，尤其是对改善士大夫阶层的道德风气，起到了积极作用，王阳明继承和发展了陆九渊的"心学"思想，对后世影响深远。</u>*

何为王阳明所说的"理""物""事"？** "理"就是天理，是世间万物运行的规则，但显然在《传习录》中，更倾向于道德的原则；"物"是"意之所在"，即人的意识感知到的就是物；而"事"，则是遵照心的行为，包括"视、听、言、动"，如"事君""事父"中遵照心而产生的"侍奉"这一行为。"心即理"，而"理"支配世间万事万物，于是"物"和"事"皆须求于且发于"理"，即"心"。在《传习录》中，有"吾心发一念孝亲，即孝亲便是物"，又如"虚灵不昧，众理具而万事出。心外无理，心外无事"，就说明了"理"统辖着"事"与"物"。

王阳明的"心外无理"侧重道德伦理，把修心作为研究"理"的必由之路。明朝时，程朱理学逐渐僵化。作为统治阶级，士大夫们对"理学"的仁义道德只谈不做，价值观堕落。王阳明早年也曾信奉理学，但之后却转向了心学。在程朱理学中，"理"是通过"格物"得到的，不在人的"心"中；而王阳明不仅否定了"理"在心外，还认为"心外无理"。<u>王阳明曾说过"向之求理于事物者误也"，尽管"心即理"，但是"心"为人欲所蒙蔽，需要通过修心来获得"理"。这一观点和佛教中的"心如明镜台，时时勤拂拭"颇为相似。</u>*** 通过修心来求理，人的道德水准在求理的过程中就得到了提升。

虽然"心外无物"，但也能够"格物致知"，因为两者是并行不悖的。在王阳明看来，"心之所发便是意，意之所在便是物"，"物"被"心"包含，格物便是格心，在格物时，心与物就发生了交互，自然就是"心外无物"。所以，在这种理解下，王阳明并不否定探索外界的事物，物的探索需要人意念的观照。

* 对"心学"历史地位有把握，并看到其在时代局限下的突破所在，能**客观辩证**对待古人学说，而非粗暴简单地对其"主观唯心主义"进行批判。但开篇对问题的引入尚不够明晰透彻。

** 通过**概念界定**的方式进入文本分析，既显示出论述立场，也让读者明了所论述内容的具体定义。值得肯定的还在于，文章并不是孤立地界定不同概念，而是能在王阳明"心学"思想系统中给其定位。

*** 通过调动既有知识储备，用**类比**方式辅助理解和阐释经典文本要义，体现出作者在阅读和写作中主动思考的意愿和能力，同时也能够促进对相关观点阐发的明晰性，便于读者理解。

理于心中，行为举止自然符合理的要求，也就是"心外无事"。王阳明认为，"众理具而万事出"。虽然伦理道德的规则极其繁杂，但理都在心中，"事"不成，皆因"私欲蔽理"，而想要事事合乎"理"，则只要"去人欲，存天理"。明朝中后期的那些腐朽的士大夫，虽熟读圣人言，却行苟且之事，"人欲蔽之"可谓切中要害。王阳明切合实际，认为明理可以通过传习，并非事事都要于心中求，而仅学问思辨是要求于心的，正如《传习录》中，王阳明回答朝朔说："若只是温清之节，奉养之宜，可一日二讲之而尽。""惟于温清时也只要此心纯乎天理之极。"

在同时期的西方，"我思故我在"与"心即理"颇有相似之处。在以"普遍怀疑"审视真实时，笛卡尔提出了"我思故我在"。在他看来，由"思"知"在"，故"精神世界"是客观的。而王阳明所说的"心即理"也包含了这层意思，* 在儒家看来，"理"就是真实的、至高的法则，而"心"就是天理，就是说"心"是真实的。只不过，王阳明更进一步地指出了"人欲蔽心"，解释了为何人不是圣贤，并据此提供了认识世界的方法。修心使"心存乎天理之极"，使得"心学"的体系更加完整。

不同于西方的唯心主义，** 仅就"理""物""事"与"心"的关系而言，王阳明的"心学"侧重于对伦理道德的思考，以及人该如何思辨地探寻"理"。王阳明的"心学"与"格物致知"并不冲突，且其关注的是道德而非科学技术，因而，探索科学技术在王阳明的理论中，只是"去人欲"的手段，并不与"心即礼"冲突。即使在科学技术已然成为推动社会发展最大引擎的今天，伦理道德仍是社会发展的重要难题，辩证地吸收王阳明的"心学"观点，对个人修身养性，改善社会风气，解决道德问题都有着一定的现实意义。

（作者：李宽宇）

综合点评：

这篇读书报告内容丰富，涵盖了王阳明心学的核心思想，如"心外无理""心外无物""心外无事""致良知""知行合一"等，并结合时代背景、思想传统、西方哲学等多方面知识和视野，为理解"心学"搭建起具有内部张力的空间。另外，文章也体现出不错的谋篇布局意识，开篇两段谈王阳明心学之历史地位及本文所着重讨论的三个关键对象的概念界定，中间三段对此分而述之，结尾两段做总结和升华。

* 将王阳明"心即理"同笛卡尔"我思故我在"**比较论述**，体现出视野的宏阔，也利于阐发作者对王阳明"心学"思想的理解。但任何比较论述，都需充分考虑比较项各自的历史条件和思想史语境，而非只是抽象地平行比较。就这一段论述而言，如能对比较项双方稍作延伸展开，说明笛卡尔和王阳明二者在问题意识上的差异，将取得更扎实的论述效果，甚至还可能将问题引入更高维度，即不仅讨论中西方论"思"和"心"的共性，更看到其差异性，这将触及更大的中西方历史文化语境及思维方式的比较问题，如此就能为理解王阳明"心学"思想建立更大的讨论场域，发现理解它的别样视野。

** "唯心主义"概念在文章中多次出现，但更多是对其做本质主义理解，仿佛它天然就是一个人所共知的负面概念，而不再去对它做界定。实际上，与任何重要的思维方式或体系性观点一样，"唯心主义"也有其产生的**历史条件**和思想史语境，一棒子打死或本质主义理解，都非科学态度。

文章存在的问题则能提供如下两方面启发：一是比较论述不应是抽象地平行比较，而应考虑到比较项各自的历史条件和思想史语境，尤其注意到不同国家、不同时代的思想家在问题意识上的差异性；二是本质主义思维方式，即想当然地对某个概念做机械、固化的理解，不顾其自身的丰富性、复杂性和历史性。如就这篇文章写作者本质主义使用的"唯心主义"概念来说，列宁曾有一个著名说法："聪明的唯心论比愚蠢的唯物论更接近于聪明的唯物论。聪明的唯心论是辩证的，愚蠢的唯物论即绝对的、不发展的。"且不说列宁这个观点内容层面的见地，仅从其论述背后的辩证性思维看，就已经高人一筹，值得我们学习和借鉴。

第二部分　文明经典（二）

第一节　《伊利亚特》

自由与责任

开篇废话，不占字数*，这个东西读起来有点不合习惯，同一个人的别称复杂到令人发指。我从小只读中国史书，白文居多，这种国外长诗第一次读，理解不是很深刻，正文见下。

首先，我谈谈对命运的看法。**命运，被总结为人一生的福祸悲欢，命即宿命，天生不可改变的事物，定数也，如你的出身，生于何地，是什么人种，等等；运即运气，人生中的基本变数。命与运组合起来就是不变与变的运作方式，单纯狭隘地将命运解释为不可改变的命是有些偏颇的。大道五十，天衍四九，人遁其一（《周易》），不要忽视个人的力量对人生的作用。

在《伊利亚特》中，我想最主要的、最经典的便是阿基琉斯和赫克托尔之战，一人是半神，一人只是普通妇人养大的孩子。背后博弈的诸神，象征着不可抵挡的外部压力。阿基琉斯有众神的帮助，成功将赫克托尔杀死；赫克托尔虽然神气，在特洛亚人中勇猛盖世，受宙斯宠爱，但终究还是失败了。表面上看，有神帮助的阿基琉斯最后的胜利是理所应当的，但应当注意，从阿伽门农和阿基琉斯的争吵，再到女奴案的爆发，不难看出作为半神的阿基琉斯过分骄傲和刚愎自用，在战争失利的情况下仍然不肯接受礼品，而选择出战，最终自食恶果，以致挚友不幸离世。赫克托尔因为害怕阿基琉斯的神盔而逃跑，最终被神用计害死，这都是人的性格影响了事态走向。我不认为人定能胜天，但我们可以凭个人实力在有限的框架内寻找问题的最优解。***

* 既知是"废话"，何必写来？写出来，大体是**个人感慨**，这些感慨，除非对全文核心观点的引入、阐述或论证有不可或缺的促进作用，否则一般无需呈现在读书报告正文。

** 通过将"命"和"运"综合起来批评单从"命"来理解"命运"内涵的看法，提出自己对"命运的看法"，接下来便以此来评说阿基琉斯和赫克托尔之悲剧性命运。体现出**从一般到特殊**的写作思路。

*** "理科生"认同或身份呈现，是作者在论述中的个人性内容，但需区分，**个人性**不等于**主观性**。读书报告写作应力避主观性，而这里作者的"理科生"身份认同，并不是主观表达，而是表明论述主体的身份状况，并且同其所要论说的观点内容紧密结合在一起。这是将分析者和分析对象放在一起具有**自反性**自觉的一种论述方式。

鲁迅说过："悲剧就是把美好的东西撕碎给你看。"在《伊利亚特》中，赫克托尔被阿基琉斯杀死，而阿基琉斯又因被帕里斯射中脚踵而毙命，两人都是双方阵营中最强大的英雄，最终都以悲剧收场，不免让人唏嘘。这一结局与他们的责任和选择是分不开的。我们生活在一个道德社会，因能力和地位的不同，需要承担的责任也不同。出于个人好恶，阿基琉斯可以拒绝为阿伽门农出战，这是他的选择自由，但与之相对，他没有履行自己的道德责任，以至于战争失利，挚友死亡。放弃责任谁都可以换来自由，谁都可以活得更潇洒，但放弃责任带来的自由是无根之萍，这样的自由无法控制，有何意义？只能带来悲剧罢了。

阿基琉斯和赫克托尔之战没有赢家，这不过是一个彻头彻尾的悲剧故事，两人的选择和做法令人领悟些许：人是客观主体 *，在道德社会中我们要承担责任，我们有选择自由，但是集体主义同时要求我们在必要时做出牺牲。拿破仑曾说过："不想当将军的士兵不是好士兵。"但在中国这片土地上，无数英烈为了国家崛起而牺牲，他们舍生忘死，在烈火中不动摇，在大雪中不退缩，他们难道是为了当将军这样可笑的理由而这样做？承担了责任，做出了选择，也许会造成个人的悲剧，但为了大家的幸福，这样的悲剧，就成了另一种高尚的结局。

（作者：伍荣毅）

* 什么是"客观主体"？它在这里虽含糊表达了主体的社会性和集体性意涵，但因概念本身的生造性，仍会造成读者理解上的歧义和困难。读书报告写作中的每一句话、每一个概念，都要尽力**准确**清晰，避免生造。

综合点评：

天下文章，贵在真挚、见性情。论说文虽重在说理、论证，以简明、清晰、素朴为上，但也并不排斥真挚和性情。这篇读书报告的一大特点是个人性情充沛地表现在论述过程之中，成为观点论证的有力帮手：一方面，写作者总将自己的论说位置和论说对象并列看待，但"我"在这里不是作为一个主观情绪，而是作为一个位置、一种身份，"位置"和"身份"不是主观的东西，而是具备社会和集体属性；另一方面，文章呈现出相当成熟的人生观，由此引导，它并非讲述一个宏大道理或观念，而是通过对《伊利亚特》相关问题的阐述，进一步揭示个体自由和道德责任的辩证，而这同时又是文章凭以分析《伊利亚特》中阿基琉斯和赫克托尔悲剧形象的基本框架。

宿命论与自由意志

　　我发现，很明显在探讨的问题中——阿基琉斯或者赫克托尔的悲剧主要由哪些因素构成呢？——似乎默认了阿基琉斯及赫克托尔都是以悲剧收尾的，也就是说，二人都没能脱逃自己战死的命运，在诸神的"玩弄"之中丧失性命。对此我持怀疑态度，并想结合本文说明理由。但本文最为重要的目的是要探讨宿命论和自由意志的关系。*

　　阿基琉斯的愤怒汇聚成了整部《伊利亚特》，他每一次的愤怒悲伤，都决定了阿开奥斯人与特洛伊人在战场上的生死。由于阿伽门农的傲慢冒犯，他便要战友阿开奥斯人付出生命代价，这样才能让他们明白自己的重要性；因为朋友帕特罗克洛斯不听劝告丢失性命，他便要战友挨饿作战，要特洛伊人尤其是赫克托尔血债血偿；最后因为阿波罗屡次救助帕里斯，他便大声咒骂神明，最后被其用箭射中脚踵而死去。在特洛伊的战争中，仿佛阿基琉斯才是主宰这场战争的神，他的喜怒哀乐，直接决定了战争的走向。**

　　无疑，阿基琉斯是一个有血性的汉子。他重义气，在朋友出征时他细心劝导；他重名节，在阿伽门农献礼时不肯罢休。但他极致的悲喜，使他更像是一个孩子而非英雄，在阿伽门农夺取他的女俘后他这样向母亲诉说："母亲啊，你既然生下我这个短命的儿子，奥林波斯的大神，在天空鸣雷的宙斯就该赐我荣誉，却没有给我一点。"随后他便请求母亲去求宙斯给阿开奥斯人降下灾祸；在朋友丢失性命后他悲痛至极，全然不顾母亲的劝导，说："那就让我立即死吧！"之后又是母亲替他求跛脚神造好盔甲。阿基琉斯的每次愤怒都伴随着各种悲苦，前者是因未得到该有的荣誉的悲苦，后者是在朋友危难时却未能及时救助的懊悔。这种愤怒可以让他忽视大局，也可以让他完全忘却上一次愤怒，这样的性情或许才是最为致命的"阿基琉斯之踵"。***

　　那么，阿基琉斯的"悲剧"是他的命运（由诸神决定的），还是他自由地决定并承担了自己的命运呢？****

　　首先就阿基疏斯而言，他对自己的命运是否自知？我想他是知道的。有这么两个细节可以作为佐证：先是在他得知友人战死时，胸中的怒火吞噬了他。他一心想让赫克托尔偿命，他的母亲警告他："杀了他你的死期

* 开宗明义，提出观点，并指出文章主要目标："探讨宿命论和自由意志的关系"。这是比现象分析更具深度的概念层面的思考，体现出文章从"就事论事"进入"就事论理"的自觉。

** 这一段举《伊利亚特》不同位置的几段情节还原出一个鲜活的阿基琉斯形象，并说明他在史诗叙述中的核心地位，体现出作者文本细读和归纳总结的能力。经典阅读和读书报告写作往往需要这样一种联系前后文并将其分散的情节、意象、线索等围绕一个形象或观念归纳总结的论述自觉。阅读和写作即这样一种再组织和再建构的过程。

*** 这是对阿基琉斯在《伊利亚特》中两次愤怒的深入小结，在"愤怒"之外提供出"悲苦"这一新参数，既准确贴切，又达到推进论述的目的。

**** 这一段之前的两段论述，一段谈阿基琉斯在《伊利亚特》叙述中的核心地位，一段谈阿基琉斯的"性情"特点，到这一段径直追问阿基琉斯悲剧的实质，与前文缺乏必要衔接，是一种逻辑跳跃的表现。读书报告写作应有缜密的论述逻辑，就像一团紧绷的肌肉，而非凌乱的房间，前后文应环环相扣。

将至"，他随即回答："那就让我立刻死去吧！"后来埋葬友人时，他只是建了一座小小的坟茔，因为预言说他也会死在特洛亚，到时再将二人合葬：这些行为表明他知道自己终会死于特洛伊战争。这个枷锁影响了我们判断他的行为是否出于自由意志。就正如卢梭在《社会契约论》中所言："人生而自由，却无时无刻不在枷锁之中。"

阿基琉斯的父亲佩琉斯是个凡人，母亲忒提斯是众神之一，这才生下了短命的他，他也明白这一点，所以他自由地选择了不出战，因为阿伽门农侮辱了他"高贵的灵魂"，即使阿伽门农给予丰厚物品，他也绝不妥协；在朋友牺牲后，他全然将乘船回到故乡的念头抛弃，认为自己未能在朋友将死之际伸出援手，没有颜面回去，这与项羽在乌江前不肯过河的心理相似。* 但回顾一下便会发现，他请求宙斯给阿开奥斯人降下神罚，而如今要实现个人报复时，其母亲却说："孩儿你的想法很高尚，要去帮助陷入困境的同伴，使他们免遭死亡"。给他们带来死亡又要使他们免遭死亡的剧情极为讽刺。读此便知忒提斯作为母亲的失职，阿基琉斯的孩子思维同其母亲的宠溺脱不了关系。而无论是肉体上的还是心灵上的"踵"，都是阿基琉斯的出身所带来的致命缺点。

而当时的战争环境，包括因为金苹果事件产生的众神纠纷，或多或少都影响了阿基琉斯的行为，但都不是决定性的。在当时的背景下，一方为了荣誉而战，另一方为了爱情而战。不过，阿基琉斯追求的荣誉之心被阿伽门农摧毁后化为悲愤之心。胜败乃兵家常事，战场上人的性命并不由自己掌握，这些我们都明白，可神一样的阿基琉斯不会明白。

再看看诸神，很明显，诸神作为战争的挑起者，虽然他们也偶尔参与战争，但作壁上观成了他们的常态。雅典娜带领阿基琉斯吼出的三声以及阿波罗射穿阿基琉斯之踵都没能结束战争。

战争就如同搅拌水泥的机器，处于战争中的每个人都如同石子被卷入其中，不得脱身。再来看阿基琉斯是否自由地决定并承担了自己的命运？在很大程度上是的。但不可否认的是，出身、环境、诸神对其结果又有一定影响，其中"出身"的影响尤为突出。就其性格而言，他的"悲剧"不可避免，就同阿基琉斯和阿伽门农就算没有女俘事件也一定会产生能力者与权力者的必然冲突一样，阿基琉斯在这场特洛伊战争中也一定会因其"脚踵"走向毁灭。

总而言之，我不认同"两个人的悲剧"的说法。第一，战死不能算是

* 将阿基琉斯放弃归乡同项羽不肯过江东做**类比阐释**，有利于使文章观点形象化，便于读者理解。但这个类比本身成立与否值得商榷，毕竟，相比于项羽的走投无路，阿基琉斯有足够的选择空间。

他们悲剧的内容，尤其还是在战场上；第二，<u>我并不觉得他们身上有价值的事物被毁灭了。</u>*

（作者：钟豪）

综合点评：

　　这篇读书报告体现出较好的批判性思维和发散性思维，结构形式层面也有所自觉，总—分—总论述框架清晰，具体论述过程紧密结合经典，善于将原文中不同部分的情节归纳总结起来展开论述。主要的问题在于试图表达的内容过于丰富，导致论述不够聚焦，如文章除了宿命论和自由意志的关系的线索，还包含着另外两条线索，一条是性格即命运，另一条是质疑阿基琉斯形象的悲剧性。文章三条线索并未得到有效整合，如同散珠并未串联成一条环环相扣的项链。

阿基琉斯的"悲剧"及其成因

　　亚里士多德在《诗学》中为悲剧范畴奠定了主要基点：悲剧性质，写严肃的行动；悲剧效果，人物的毁灭让人产生恐惧和怜悯，使人得到净化。"悲剧是对一个严肃、完整、有一定长度的行动的模仿。"他还认为，悲剧的主人公应当是一些并非十全十美，亦非十恶不赦之辈，他们应当是好人，但又有一些缺陷和过失，由此给自己招致了灾祸。"这样的悲剧才能激起我们的怜悯与恐惧之情，才能使我们的情感得以净化。"**

　　《伊利亚特》的主人公正是这样一个形象。阿基琉斯，一个勇猛无比、战技出众、血气方刚又忠诚的半神硬汉，同时也是一个暴躁易怒、残暴鲁莽、傲慢任性又固执的叛逆分子，缺少以上任何一项品质，故事便无法继续，无法走向最终的"悲剧"结局。当然这并不是代表我们看到的悲剧全由阿基琉斯自身的性格导致，只是有一定关系，这里还有我深思的一点，后面再聊。

　　首先看看他的悲剧。作为一个自尊心很强的人，被人当众羞辱，夺走荣誉，这对阿基琉斯来说是一个巨大打击，他怀着万分的悲痛和愤懑，开始休战，不顾前辈劝阻，不顾同胞死伤，直到伙伴帕特罗克洛斯被杀害，

* 虽然结尾是标准的总结式陈述，但与全文的扣合并不紧密，尤其是最后这个总结句颇显**突兀**，因为它并不呼应前文相关论述。

** 开篇引述《诗学》对悲剧的相关论述，但只是单纯介绍了亚里士多德对"悲剧"的定义，既无自己的阐释，它本身也没有构成后文分析阿基琉斯形象的资源或框架，脱节于文章有机整体。对读书报告写作而言，应有**整体性意识**，无论是引文、转述还是论述，小则应与前后文有紧密关联，大则应与全文中心论点有紧密关联。

* 本段意在呈现阿基琉斯的悲剧在《伊利亚特》中的体现，陈述阿基琉斯两次愤怒的情节后，便径直提出"命运不可抗拒"是"阿基琉斯悲剧的主要部分"。二者之间的逻辑关系是跳跃的。为了达到有效**衔接**，需首先在情节叙述中将阿基琉斯的"死亡"建构为"命运"的必然性所致，继而才能去指认其悲剧性的根源在于"命运不可抗拒"。

** 用"忠诚"形容阿基琉斯并不准确。这里体现出文章的**随意性**，对自己写出的内容缺乏足够缜密、深入的思考和自诘。

*** 这里用阿基琉斯"宁做人间的奴隶，不做地府的鬼王"说法，论证他珍视生命。但"宁做人间的奴隶，不做地府的鬼王"这个说法并非出自《伊利亚特》，而是出自《奥德赛》。尽管《伊利亚特》和《奥德赛》都出自荷马之手，但二者各有自己的完整性，不能用后者中的内容论证前者中的问题，正如不能用《金瓶梅》中的潘金莲形象去说明《水浒传》中潘金莲形象的任何问题，后者对于围绕前者而撰写的读书报告属**无效证据**，导致文章观点丧失说服力。

愤怒才唤醒这昔日战神，他踏上战场一往无前，毫不犹豫冲向命运的归宿——死亡。当命运的审判烙印在一个人的额头，再强壮的双手都不能与命运之神较量，强如阿基琉斯，也被命运拉下冥河。书中多处内容都反映了"命运不可抗拒"这一观点，这也是我们眼中阿基琉斯悲剧的主要部分。*

再看悲剧的成因。首先，命运是一个重要因素。强大如宙斯也不敢随便改变命运。阿基琉斯在出生以前就被宣判了死亡，忒提斯费尽心力也无法避免；其次，与性格有关系。渴望荣誉，不甘平庸就决定了他会毅然决然走向战场，就决定了他不会躲避战阵带来的死亡威胁，因为那也是荣誉的源泉；最后，是不是外界环境也有影响？如果奥林匹斯山的众神意见统一，喜好一致，如果希腊军队军力可以完全碾压特洛伊城守军，如果战争中的双方有一方是懦夫，如果诱发战争的因素没有发生，如果……

我们把整篇故事称为悲剧的原因，是不是也可以将其作为"悲剧"的成因呢？正因为一切外界因素无法预知，我们勇猛忠诚**的主人公踏上了他的征途。他有实力，有血性，讲义气，重感情，但并不是十全十美，他傲慢、任性、易怒，虽然这并不妨碍读者被他的人格魅力所吸引。最后，在他勇往直前迎接死亡的时候，我们被他的勇气和信念深深震撼，但意识到这是他的终结，他的闪耀将在这一点过后归于虚无寂静，一种怜悯感油然而生，我们认为这是属于他的悲剧，这是人的自然情感，也符合亚里士多德的观点，于是这就真的成了阿基琉斯的悲剧，代表绝大部分人的观点，唯独不包括阿基琉斯本人。

为了至高无上的荣誉，他踏上战场，不惧死亡，有人可能会说，他不够珍惜生命，可他也曾说过"宁做人间的奴隶，不做地府的鬼王"，足以看出他对生命的珍视。***战争过后，他的肉体已消散，而他的名字，响彻世界。阿基琉斯仅仅活跃在特洛伊战争期间，却有着不输普罗米修斯的知名度，他的英勇事迹被口口相传，他的勇猛被万人崇拜，他的愿望达到了，这是在他看清自己的命运后，仍怀揣的愿望。在他杀死赫克托尔后，他知道攻下特洛伊已无太多艰难，他的每一次冲锋都可能是名垂青史的一锤定音。最终，他死在冲锋的路上。我觉得，如果死亡没有痛苦，那他一定还沉浸在获得荣誉的成就感当中，就算仍有知觉，他已做好了面对的准备，在估量了自己的功绩后，也能安心离去。他把他自己的悲剧，消化掉了。

"命运不可抗拒"，那我们是应该躺平等待它的到来，还是应该奋起迎接？从阿基琉斯的所谓"悲剧"中应该可以找到答案。

（作者：魏欣阳）

综合点评：

　　这篇读书报告体现出写作者不错的文本细读和分析能力，论述也基本能做到中心线索明确。但也体现出逻辑连贯性不足的问题：如开篇对亚里士多德《诗学》的引述，与主干论述部分关联性不足；又如第三段在分析阿基琉斯形象的悲剧性与命运之关系时，也存在逻辑跳跃问题；再如文章倒数第二段用《奥德赛》中阿基琉斯的话佐证《伊利亚特》里阿基琉斯对生命的态度，其本质也是逻辑混乱导致的证据失效。

　　包括逻辑跳跃、混乱等在内的逻辑连贯性不足的问题，在读书报告写作中颇为常见。因为头脑思考的本性就在于其发散性，它虽能带来无限灵感，但也很可能因其随意性而伤害逻辑。在写作中这种伤害体现得尤为明显。想要解决这个问题，根本上是要在思维训练上下功夫，即增强自己辩证性思维的能力，即思维自己检查自己的能力，它尤其体现在文章反复修改的过程中，帮助我们克服写作的随意性，进而修复逻辑漏洞。

我们谓之我命由我，更近乎歧路择一

——由《伊利亚特》浅谈个人主宰自己命运的可能 *

　　《伊利亚特》在赫克托尔的尸体被父亲赎回皇宫便迎来了终焉，即使伊利昂城完全被攻破的特洛伊木马远在数年之后。** 我们看到阿基琉斯报杀友之仇，阿开奥斯人最终破城而入，表面而言，特洛伊人大败而阿开奥斯人大胜——更准确而言，阿基琉斯大胜。然而无论是阿基琉斯还是赫克托尔，其命运——或者是其命运的结局，都是悲剧。它不只是停留在死亡或是人与人生死离别的层面，而更基于个人与命运的关系。***

　　阿基琉斯是女神忒提斯与凡人珀琉斯之子，出身不凡，但依然不能摆脱短命的不幸。书中多次提及忒提斯对自己儿子不幸命运的悲叹，而

* **标题**虽主副题逻辑明确，表意清晰，但略显冗长，不够简练。

** 读书报告写作应尽量文风**简洁**，避免语言过于文学化或句法过于缠绕，以文章开篇这句话来说，要表现的无非是如下意思：《伊利亚特》并非终于特洛伊城破，而是结于赫克托尔尸体被赎回。

*** 对悲剧**概念界定**清晰，它也构成文章的论述框架，后文即从"个人与命运的关系"出发论述阿基琉斯的悲剧形象，并由此回答标题中提出的"个人主宰自己命运的可能"这一问题。

在明知这一情况下却身陷特洛伊战争中的阿基琉斯，其体现出的英勇便让人更觉可悲。关于命运的幸或不幸，书中有过其来源的解释，即在宙斯的地板上放着的两个土瓶——一瓶放福，一瓶放祸，至于凡人所收到的是什么，全由神明决定。在这里，神明对于凡人的个人是有着绝对的主宰权的，比如阿伽门农的富裕与显贵，赫克托尔尸体的不烂都遵循着神明的意志。但这绝对并非意味着"一条路走到黑"，例如，在母亲忒提斯向命运女神探询过后，阿基琉斯曾有一次选择的机会，即回到故土，享乐而不必担心英年早逝，或者留在伊利昂城外，继续英勇战斗而迎接死亡。* 后来，阿基琉斯也受挚友战死的影响而重回战场，扭转战局，也扭转了自己的命运。

那么这就能说他控制了自己的命运吗？显然不能。阿基琉斯若真的可以控制自己的命运，便应有足够的能力和勇气迎接死亡的挑战，而不会因此有任何的悲伤。他在做的，其实是"上战场"与"不上战场"之间的二元选择，好比你走到岔路口，为了前进必须选择一条，非此即彼，有舍有得。我认为，真正自己控制自己的命运应该是人走在广场上的自由，而不是在神明设定好的岔路口做艰难的抉择。人能控制自己的命运吗？能，但有很大的局限性，做选择题罢了。**

纵使是书中的神明，也无法摆脱所谓"命运的安排"。两部荷马史诗都强烈体现出了神明与凡人在某种程度上的一致性。神明虽然主宰凡人，但是神明也拥有同凡人一样的喜怒哀乐——我想这也是现实里古人尊崇、敬畏神明并且大办祭祀的原因之一，因为人们基于自己的情感需要去类推了神明的情感需要，从而去迎合——所谓神明的"永乐"不是"永远快乐"，在神明内部严密的权力结构、等级秩序下，神明的命运也受制于外在的因素而不能自己主宰，女神忒提斯的婚嫁便是一例。*** 命运似乎是一个超脱神力控制的事物，也是串联神与人、构造权力与主宰关系的基石。在这之间，神与人在个体责任面前是平等的，有责任但身不由己，除非个人得以将责任与自由统一，但从阿基琉斯的悲剧来看，这种统一显得极为困难。

类推到现实，现实里不存在书中描绘的神明，那么我们可以超脱外在因素的控制，真正主宰自己的命运吗？很多人会给出肯定的回答，毕竟俗话说"我命由我不由天"，现实里也能举出许多诸如寒门子弟努力学习最

* 这个段落体现出对**举例论证法**的运用。为论证神对人有绝对主导权，文章举出两个例子说明；而这种主导权也并非没有被决定者的能动空间，文章则举阿基琉斯命运的可选择性为例说明。如此论述，有观点，有论证，观点之间，又有内部层次性。

** 以"岔路"和"广场"来描述"自由"的两种形态，实属精彩譬喻，由此抽象概念得到**形象化**呈现，便于读者理解。

*** 再次使用**举例论证法**，这既是对观点的论证，也是向读者的解释，起到了双重作用。

终考入顶级学府、创业人白手起家奋斗拼搏最终构建商业帝国这样的事例。但其实，且不说这些事例是极少部分人所有的，单论"歧路"或是"广场"，我想说，在"时势造人"和"人造时势"之间，现代社会会更偏向于"时势造人"，即所谓主宰自己命运的人其实是在时代洪流之下做出了正确的选择，通过努力改变命运，是时代早已写好的剧本，即"努力有回报"这一"定理"，它在一定程度上可以弥补出身、运气等外在因素的不足，但它绝不是人可以自由决定自己命运的基础。* 更何况，"绝对的自由意味着绝对的责任与义务"，责任不一定使人走向悲剧，但将对个体命运产生重要影响。

我们应该为此而悲伤吗？将古希腊神明类推到时代的大命题，我想，我们不应该沉迷于一次又一次地做选择题。正所谓神明也受制，社会与生活同样会有其力所不能及之处——可喜的是，它恰恰是我们能自己去书写的。万行史诗似乎隐隐昭告着我们，遇到岔路择一，不如挥舞手中的利斧，自己开辟一条路出来，虽然这条路并非完全由我们自己所控制，它依然要遵循个人被社会被家庭赋予责任的规则，但至少，我们得以努力去接近那永远也无法到达的"广场"。

（作者：徐奕喆）

综合点评：

作为论说文的读书报告写作并不神秘，它有一个程式：提出中心论点，然后想方设法搜寻论据论证它，使之具有说服力。这篇读书报告较好地体现了这一程式：中心论点清晰，并贯穿全文始终；采用多种论证方法，如举例式论证、对话式论证等，颇具层次性地让文章中的每一个观点性看法都跟着论证，从而打消读者的生疑可能；再就是整体层次清晰，逻辑流畅，尤其是对节奏感的把握，递进或转折轮番使用，给人一种跌宕起伏之感，让文章有气势，这并非字句之功，而主要凭文章的结构和论辩力量。

> * 本段体现出**对话性论证**的方法，即作者将文章的中心论点对话于"我命由我不由天"这句俗话，通过对这句话的批判性阐释，让看起来和文章中心观点相反的俗话转变成支持它的"台阶"。

命定的悲剧

——赫克托尔人物解析*

*《荷马史诗》中有这样一位令人印象深刻的人物，他重情重义，对妻子儿女百般呵护；他心思缜密，于家国危难之际临危不乱，妥善安排战事；他忠勇无双，明知是求死之路，仍一往无前。他就是赫克托尔，特洛伊城中最受众人景仰的英雄。**

赫克托尔的故事，毫无疑问是一个典型的悲剧。孤高的英雄面对着无可战胜的敌手，狠心离开自己的娇妻幼子，去打一场不可能赢的战斗。他最终毫无悬念地败亡，未能挽救国家破灭的命运。单从结果上看，他的死亡似乎毫无意义。那究竟是什么驱使这位睿智勇武的豪杰，决然放弃生还的希望，出城迎战，走向死亡呢？***

主观来讲，出城参战，乃性格使然。

英雄之所以成为英雄，不在于人们颂赞的语言，而在于其宝贵的精神。赫克托尔的性格，无疑是驱使他出城参战的重要因素。《荷马史诗》描摹的赫克托尔，对自己的妻子矢志不渝，对自己的亲人倍加爱护，同时对自己的国家有深厚的感情。于私，他是一个孝顺的儿子、体贴的丈夫、伟大的父亲；于公，他是一位满怀爱国志向的卫国志士，深爱自己的国土，愿意为之牺牲生命。所谓"侠之大者，为国为民"，这位来自西方的英雄，在性格上却神似东方的侠客。"人生自古谁无死，留取丹心照汗青"应该很符合他当时的心绪，保家卫国，蹈死不顾。****正是这样的性格，促使他一往无前。

客观来讲，出城参战，实为形势所逼。

荷马史诗中对赫克托尔的心绪曾有这样的描写："天啊，如果我退进城里躲进城墙，波吕达马斯会首先前来把我责备……"话语描绘了赫克托尔假设自己不出城应战的可能后果，他将因自己的决策失误受到人们的指责。在风雨飘摇的特洛伊城中，赫克托尔是唯一有可能挽狂澜于既倒的人物，他没有退缩的余地。倘若他选择退守城中，当一个瞻前顾后的懦夫，本就异常危急的局势必然当场崩溃，再无回转余地。他所珍视的一切，必然在战争的火焰中化作飘飞的烟烬。而他本人，可能也会因为这唯一一次退缩，被钉在历史的耻辱柱上遭唾骂，连最后的体面都无法保留。在此等形势的

（侧批）

* **题目**为主标题和副标题相结合，副标题言其论述目标，主标题言其论述结论，清晰透彻地将文章中心意旨和盘托出。

** 开篇用极其流畅的语言，先描述其事迹，再报出赫克托尔大名，自然而然地**引入**论述对象，同时奠定了理解它的一种悲情基调。

*** 第一段描绘出赫克托尔几乎"完人"的形象，第二段呈现其悲剧情境，二者形成强烈反差，调动起读者的兴趣和情感。在此基础上，抛出理解赫克托尔形象之悲剧性的切入性问题：他为何要赴一场毫无意义的死亡之战约？这一个提问具有内在**张力**，"毫无意义"和"死亡"在其中构成反差，远比"赫克托尔为何出城迎战"这样的简单化提问更具备深入打开文本的能力。这体现出作者**复杂化思维**的能力，即把事物放在一个多元网络、张力关系乃至悖反结构中去思考和处理的能力。它比简化化思维看问题更深入，不是就现象而现象，而是把现象与其他现象、与其自身背后的本质等复杂关系放在同一个思考平面里，并理顺其内在逻辑关系，进而发现和提出问题。

**** 以中国文化中的侠客精神和英雄情怀影显赫克托尔的心境，用**比较论证**解释其"出城参战"的主观原因，贴切且有说服力。

压迫下，即便他心中仍有顾虑，也不得不出城参战。

　　主客结合，再看赫克托尔参战的过程。*他一边温柔地安慰、嘱托妻子，亲吻着孩子，一边缜密地思考得失，最终决然前往战场。他安静地聆听年迈父亲的担忧和规劝，最终却还是昂首挺胸地走向了宿命的敌手。难以想象在这样的过程中，这位刚强汉子的内心经历了多少挣扎与苦痛。在面对亲人时，他必然有无穷的犹豫与迷惘，但人民殷切的期许、国家未来的前途，对家人不可推脱的责任，以及内心不灭的正义，最终驱使他向死而行。

　　赫克托尔的悲剧，令人扼腕叹息，不禁感慨命运无常。然而细细思之，我们会发现赫克托尔的悲剧命运并非简单地来自个人选择的谬误，而是时代背景下的定命。**哪怕这位英雄在出城之际选择了退缩，他恐怕依旧无法摆脱死亡的厄运。

　　荷马史诗的背景是神人共存的时代，而神明群体与凡人群体之间存在着无法逾越的巨大实力鸿沟。人类社会的财富、权力乃至武力，在神明群体强悍的暴力面前毫无作用。神明表面上担当人类纠纷的调停者，充当人类的领航员，实则从未正视人类的存在；他们维持着全能全知的人设，似乎代表着人类所有的智慧，但却比任何正常的人类更加荒淫和病态。他们始终将人类视作棋子与玩具，按照自己的想法随意摆弄，将人类用于权力斗争和赏玩娱乐。人类血流成河的战争，在他们看来只是蝼蚁的嬉戏，而所谓英雄，也不过是个头较大的蝼蚁。

　　特洛伊战争表面是希腊联盟与特洛伊人之间的纷争，其实是神明纷争的延续。***一切的根源是厄里斯放在宴会上的一颗金苹果，它给特洛伊带来了世界上最美的女子，同时也带来了两位女神的仇恨。她们把希腊联军带进了特洛伊，地中海之星最终在战争的铁蹄下陷落。纵使赫克托尔是特洛伊的英雄，他也终究无法超脱凡人的桎梏，面对身具神性的阿基琉斯，只能饮恨。即使退缩，因为兄长帕里斯与两位女神的过节，他也一定会被以毒辣的方式置于死地。

　　赫克托尔的结局并不符合人们对美好的期待，但正因如此，这个人物才能震撼人心。面对必死的结局，他仍然勇往直前，用生命守护自己的挚爱，向命运发出不甘的咆哮。只有这样的男人，才配成为人们传唱的史诗吧。

（作者：张浩雨）

*到此可清晰看到，文章分别从"主观""客观""主客结合"三个具有内在逻辑关联的方面论证赫克托尔"出城参战"的原因，条分缕析、周到全面。且每一段分论都以**中心句**开头，使论述结构清晰明了。

完成三段分论后，此段做小结**，说明一个阶段性结论，将论述提升到更高层级，也由此扣住标题中"命定的悲剧"这一全文的中心结论。

***前文以赫克托尔为何要赴一场毫无意义的死亡之战约为切入问题，从其个人及特洛伊战争背景的层面对赫克托尔形象悲剧性的"表象"进行阐释，而到此则深入到一个更加"本质"的层级将问题深化，即赫克托尔形象悲剧性的实质出于诸神的纷争。文章通过这样一个**推进性**的论述把握到了《伊利亚特》的内核，即人的命运与神的关系，可以说从经典文本的内在叙事逻辑把握到了古希腊世界更加深层的文化和精神结构。

综合点评：

这篇读书报告紧密结合经典原文展开论述，文章言之有物、言之有据；组织论证的过程呈现出谋篇布局谨严的逻辑结构、层层深入的推进性论述意识；周到全面的复杂化思维能力使相关论述能超越表象、直达本质；论述语言朴素干净、准确绵密、有论辩性。最精彩之处则在于其问题意识，提出了一个好问题，尤为可贵的是主干论述部分也没有辜负这个好问题，完成了令人信服的论证。

第二节 《伯罗奔尼撒战争史》

演说词中的历史[*]

　　《伯罗奔尼撒战争史》是由古希腊历史学家修昔底德所著，记述了古希腊历史上最重大的一场战争。全书有一突出特点：战争的叙述中穿插着许多的演说词。这些演说词对战争史的记叙具有重要意义，我们也能从中感受到修昔底德严谨的叙史态度。[**]

　　《伯罗奔尼撒战争史》中记述了多篇演说词，但实际上大多都是作者自己"创作"出来的，针对这一问题，修昔底德的回答是，客观地承认自己所获信息的不完备，但竭力做到真实。在书的第一章，修昔底德便表明了自己的叙史态度，他首先说明了演说词的来源：一部分是自己亲耳所闻，另一部分则是通过各种渠道获取而来的。再者，丝毫没有掩饰所获信息的不确定性：他承认自己的记忆力有限，无法记得所有，客观地阐述他人之口相传的信息会有出入的事实。演说词的不准确性就这样被真实地表明给了读者。

　　即便会有所偏差，修昔底德也将竭力做到真实。原文中这样说道："我的习惯是这样的：一方面使演说者说出我认为各种场合所要求说的话，另一方面当然要尽可能保持实际所讲的话的大意""这些材料的确凿性，我总是尽可能用最严格、最仔细的方法检验过的"。作者毫无遮掩地展示自己考察历史的方式，并表明将以自己的方式尽可能地保证历史的真实性。毕竟当时的记录方式有限，很难全面准确地去描述演说词的真实内容，为了确保战争叙述的全面性，保证这些重要演讲的核心内容能够继续在书中以演说词的形式保留下来，修昔底德进行了合理的"创作"，并尽量使自己的创作与事实贴近，以确保历史叙述的真实性。

　　从修昔底德的自述和书中演说词的具体内容，我深刻地感受到了这位大历史学家严谨的叙史态度[***]。他不同于荷马，由于史诗咏唱的特点和自

[*] **标题**既含括了文章中的两个最重要的关键词，又建立了二者之间的关系，言简意赅，清晰有力。

[**] 开篇引入论说对象，从书名到作者再到内容，到此都是环环相扣的，但接下来段尾从"演说词对战争史的记叙具有重要意义"到"感受到修昔底德严谨的叙史态度"，这两句话之间出现**逻辑跳跃**，需要一个过渡句才能实现衔接。读书报告写作中，句与句、段与段之间，皆应该黏合紧密、逻辑关系清晰，需通过反复检查，确保表达意向和表达效果之间的一致性，避免出现逻辑跳跃的情况。

[***] 表述**冗余**。文章中所写内容本就是作者看法，无须强调这是"我深刻地感受到"的；而修昔底德已在历史上有其公认地位，称其为"大历史学家"，也并无必要，属多余的形容。这句话仅表述为"可见其严谨的叙史态度"即可。

己作为诗人的身份，荷马在叙述特洛伊战争时总带有许多夸大的成分和一些引起矛盾的点。在考察历史真相的过程中，修昔底德会亲自到实地进行考察，比如他所记载的公元前419年雅典和阿尔哥斯、曼丁尼亚以及爱利斯所签订条约的内容，可能就出自他亲手从奥林匹亚的石柱上抄录下来的铭文，因为他著作中的记载与考古发掘出来的铭文内容基本相同。

记叙演说词这一形式在修昔底德的战争史叙述当中是具有重要意义的。以伯里克利葬礼演说词为例<u>*</u>，其意义主要有以下两点：

第一点，演说词很好地反映了真实的历史内容。伯里克利的葬礼演说词提供了大量当时雅典各方面的信息。当时的雅典正受到内部瘟疫和外部敌军的双重打击，伯里克利为了鼓舞民心，全面描述了雅典的美好以增强公民的自豪感与信心。我们因此了解到了那个时代的雅典的基本状况：民主制度高度发达，百姓生活丰富多彩，价值观积极高尚……在这样激情的演讲中更感受到了伯里克利高超的演说能力和政治才能。他先以"祖辈们将奋斗所得土地继承给我们"来赋予听众一种使命感，再通过对雅典各方面美好的描述来让听众感受到作为雅典城邦一员的自豪感，最终以赞颂战死的将士们，他们为了保护自己美好的家园而勇敢去战斗，作为公民为雅典献身，他们的死是光荣高尚的这样的颂词来鼓舞听众为了自己的家园努力奋斗。整个演说词极具感染力，伯里克利的形象生动地呈现在我们的眼前。

第二点，演说词让战争叙述的视角得到切换，叙述更灵活，读者可身临其境地感受历史。<u>《伯罗奔尼撒战争史》中大多采用的是全知视角，修昔底德全面地对整个战争的过程进行详细的叙述。而演说词中采用的是听众的视角，视角自然地进行了切换</u><u>**</u>，这样一来，战争史叙述变得更加的灵活，不会让读者感受到那么枯燥，读者也能通过这样的视角，以听众的身份融入历史中，在伯里克利的演说中深刻地感受到雅典的美好和作为雅典人的自豪，更加投入地进行阅读，从而对伯罗奔尼撒战争的历史印象更加深刻。

<u>《伯罗奔尼撒战争史》中的演说词，让我们从中感受到了那段伟大的历史！</u><u>***</u>

（作者：丁智玲）

* 读书报告应言之有物，而非泛泛之谈。如何做到言之有物，结合具体**案例**做分析就是其中一法。这里便通过伯里克利墓前演说词案例说明修昔底德的战争史叙述特点。而到此，文章的结构特点也显豁无余：前半部分总论演说词的形式和特点，后半部分则结合伯里克利墓前演说词进一步展开分析。二者相辅相成。

** 此处观点颇有新意，能将演说词的多元视角和《伯罗奔尼撒战争史》其他部分的全知视角联系起来。但接下来对此的具体论述太过粗浅，变成一种泛泛而谈的感受性语言，而非对演说词特点及其意义的深入分析。如能**举例**说明演说词中多元视角模式如何补充文本多数时候的全知视角模式，那么论述则可"更上一层楼"。

*** **结尾**这句话是非常典型的表态式语言和腔调。这种没有实质信息的空话和套话，会损伤读书报告的整体品质。

综合点评：

　　这篇读书报告选题立意偏大，一旦处理不好，容易流于空泛。因为它并没有一个明确具体的问题，而是尝试讨论《伯罗奔尼撒战争史》中一种叙史形式的特点。行文中不管是将它与修昔底德的叙史伦理关联，还是通过伯里克利葬礼演说词的案例具体分析，都是尝试缩小讨论范围的努力。应该说，上述努力还是取得了一定成效；但从理想标准看，文章还是略显空泛平淡。如写作者对修昔底德演说词叙史形式背后隐含的矛盾有更深入的把握，摆脱单一肯定性论述姿态，或局面将有所不同。

　　文章有不少具体看法颇为新颖独到，如倒数第二段中对演说词"视角切换"问题的敏锐观察，可惜并未深入。其实，这篇读书报告如果仅围绕这个问题展开，也可大有作为。比如，可以演说词的"视角切换"特点为切入点做分析，结合经典原文中"多元视角"和"全知视角"对历史呈现的差异，把握体现在演说词中的历史叙述效果与"视角切换"这一文本形式的关系，进而再深入对修昔底德叙史伦理的探讨，如此便就是以小见大这一典范的读书报告写作方法的实践了。

流放民主*

　　《伯罗奔尼撒战争史》是一部描述古希腊时期伯罗奔尼撒同盟与提洛同盟战争的历史名著，作者修昔底德是早期朴素历史唯物主义学派的代表人物**，该著中的许多观点能够契合信奉历史唯物主义及辩证唯物主义的中国学子，其中"修昔底德陷阱"更是在近年的中美关系中多次被提及，让人们见证了历史唯物主义学派的智慧。

　　《伯罗奔尼撒战争史》第三卷，讲述了米提列涅人谋划暴乱以及被俘后被押送雅典接受审判的故事。本卷立足于克里昂与狄奥多图斯辩论展开，他们讨论了如何处置引发暴乱的米提列涅人的事情，克里昂主张处决所有的公民，建立雅典城邦的公信力，"打得一拳开，免得百拳来。"狄奥多图斯则主张杀死有罪的人，以平等来对待所有的公民，一切以罪罚论处，保证最大的公平性，以激励的方式来笼络人心。

* **题目**简洁大方、掷地有声，但也存在含混和歧义的表意局限，无法让读者清晰理解文章主旨。

** 将修昔底德的治史思路同一种理论方法（"早期朴素历史唯物主义"）建立连接，是一种积极探索，但应注意其**准确性**。如这里作者用到历史唯物主义概念，就显得笼统而暧昧。历史唯物主义高度强调经济基础对上层建筑在归根结底意义上的决定意义，但经济层面并非《伯罗奔尼撒战争史》的重心所在，后者更倾向于从政治—军事角度记录历史，从人性角度分析历史，因此将修昔底德的治史方法同历史唯物主义联系在一起，不尽准确。须知不是所有重视实际、采用实录方法的书写方式都可称为历史唯物主义；另本文第一段属一般常识介绍，与文章主旨和主干论述无紧密关系，对文章而言像一顶无关痛痒的帽子，建议摘掉。

站在辩证唯物主义的视角，首先两人辩论的方式让我这个局外人感到不齿，他们的言论中充斥着对与自己立场不同的辩论者的阴谋论，两人却都无法拿出实证，简而言之，这叫"诽谤"，给人一种先立靶，再打靶之嫌疑，我可以质疑先贤的观点，但不能怀疑先贤的智商，这一套辩论的逻辑在古希腊社会广为流传，在普通群众缺乏足够的素养下具有极强的蛊惑性，是早期辩论的一把利刃，是煽动情绪的好助力，容易激发群众的趋利避害心理，辩论者从而获得更多的支持。

诚然，我不乐意接纳此种辩论方法，可我所见的这些弊端也不过是历史给予先贤的局限性罢了，抛开这类对辩论技巧的批判不谈，我认同双方的观点，尚且不足以辩证地评判他们观点的优劣得失。

从中国历史发展来看，克里昂的观点更倾向于秦的法律，而狄奥多图斯的观点则更偏向于汉的制度，秦制让秦在战国的纷乱中一统九州，汉则承继秦制威震八方，延续数百年统治。* 然而秦统一后便内乱四起，史学家言秦亡暴政，汉则饱受北方游牧民族的侵扰，难以实现真正的和平。归根结底，无论是克里昂还是狄奥多图斯的观点，都缺乏实践性，都建立于他们的个人经历以及一生所学上，目的也无非于引发更多的认同罢了，他们的观点都无法带来长期有效的收益。** 回顾两河流域的历史，希腊不久后将会在马其顿的方阵下迎来城邦制度的终结以及封建帝制的新生，生产力以及制度的双双落后让这个欧洲文明的第一次辉煌落幕，以一个历史唯物主义者的身份站在这历史长河的分岔路口，心中似乎只有同情与缅怀在久久回荡。

那么，二者的代价分别是什么？克里昂的代价是当下一次面对同样局面时，反抗者将会更加强大，更加不遗余力，因为他们和他们的公民没有后退的余地，只有殊死一搏；狄奥多图斯的代价是什么？仇恨的种子能否因为宽容而消散我们犹未可知，但其他城邦的公民们内心的贪婪是否会因缺乏限制而无限扩展引发更大的危机，我们亦无从知晓。所有古代政治体制都有自身循环的周期，马克思主义告诉我们那是内部矛盾无法调和而爆发的必然结局，而所谓的暴乱也不过是一根小小的导火索罢了。

为什么题目是流放民主？

我想，民主的投票制度本来在哲学家们的眼中应该是由少数人提出关键性的观点，然后由人们本着内心朴素的价值观来投票。想象中这一制度本应该无往不利，但当观点一步步被替代为话语权，那么多数人的暴政也就由此而生，寡头们开始通过诸如煽动情绪、激发同理心等手段诱导"朴素"

* 将西方与中国古代历史的相似情境进行**比较分析**，但论述略显匆忙，最好稍作展开，说明为什么"克里昂的观点更倾向于秦的法律，而狄奥多图斯则更偏向于汉的制度"。

** 停留在对立立场的某一方，为一方辩护并对另一方提出质疑，是较容易出现的浅层论述方式，但这里从更深层面同时否定了对立双方，且能给出较能令人信服的理由，有种釜底抽薪的**论辩质感**。

的民众，价值观的地位一步步被利益交换取代。民主追求的不过是多数人的利益最大化，多数人的暴政里没有人性的位置，只能一步步给兽性让路。

所以我们要去流放民主，民主不是不好，但绝不是建立在私有财产神圣不可侵犯的前提之下，民主从来不应当成为寡头们的玩具，而应该让它回归人性，回归价值观。

小国应该如何在大国的漩涡中立足，当今社会最显著的例子当属夹在北约和俄罗斯之间的乌克兰吧，乌克兰的"精英们"以个人利益为重，将苏联曾经的骄傲——乌克兰——作为攻击俄罗斯的武器，最终玩火自焚，然而这群"精英"们并不会因为战争而风餐露宿，无家可归，到头来也不过是被欧美价值观侵蚀的平民百姓流离失所罢了。国家本身不过是统治阶级的工具，如果统治阶级只有"精英"们，那么乌克兰这个工具已经给他的现任主人带来了足够的利益，抛弃它也不足惜，反正乌克兰也不是百姓们的。

一个主权属于全体公民的国家又应该如何自处？我的答案较为简单，团结一切可以团结的力量，永远占据舆论的高地，给予百姓求知的权利，不屈服于任何意识形态，还权力与人民即可。*

（作者：赵锐）

综合点评：

这篇读书报告中心论点明确，紧密结合经典原文展开分析，有理有据；论述过程中也做到了逻辑性、论辩性和历史化的自觉，展示出写作者不俗的思维能力；而文章的主要教训在于陷入"提问—解答"的思维定式。读书报告主要是一种提出、分析问题的文体，而非解决问题的提案书。即便"解决"问题，也主要是在概念或理论的澄清和反思意义上，而非在现实和实践的层面。

<h2 align="center">小国的周旋求存之道**</h2>

小国当如何依靠外交手段，在霸权与帝国之间保持独立，甚至在巨兽口中拔牙？*** 这是一个自古以来善于权术的政治家、外交家都企图弄明白的问题，直到如今仍是一大问题。**** 中国虽是大国，但在大分裂时

*文章行文思路的深处还是保存着根深蒂固的**提问一回答"思维**方式，以至于总是试图"解决"问题。但现实和历史中具有根本性的难题，不是三言两语就可以解决的。读书报告能做的是尽可能把问题的复杂性分析出来，而不是总跃跃欲试要去解决什么。非要强行"解决"，容易流于纸上谈兵。

** **标题**言简意赅，既具体又实在，文辞上也干干净净、清晰明确。

*** "在巨兽口中拔牙"是一个朴实的修辞运用，直接达到**点题**功效，使论点一目了然。

**** 强调开篇提出的这个问题，"自古以来……直到如今"都是"大问题"，并随之举出例证，既表明文章主题的重要性，又展示出作者的历史意识和现实关怀。

期也曾面临过这样的问题。古有苏秦张仪合纵连横，讲究大国远交而近攻，小国事众弱以攻一强，以抵挡入侵，保证自己的自由。就在他们通过实践探究小国求存之道的几乎同一时期，当时的欧洲，所谓"世界的中心"，也处在从大分裂步入大一统的进程之中，那里的小国亦产生了一套求存之道：逆来顺受，依附大国。现在看来，这样的生存之道远比众弱攻强现实，小国夹缝求存，是现实的需要。

让我们把眼光聚焦到近两千五百年前，伯罗奔尼撒战争时期。那时的希腊政治局势是雅典与斯巴达两极争霸，各小国城邦夹缝求存。那时，雅典如古中国之强秦，经济文化伴随着政治的革新高度发达，这就使这个希腊第一国诞生了一种新的需求：称霸。* 雅典将波希战争时期建立的提洛同盟改造为实现自己地区霸权的工具，利用武力与外交，动用盟国的金库、签署不平等贸易条款，甚至收编海军以索取贡赋，昔日的同盟国如今完全变为了仆从国。另一边，斯巴达在波希战争中立奇功，加上得天独厚的地理条件，也成了伯罗奔尼撒半岛的霸主。随着雅典的强大，斯巴达与伯罗奔尼撒的小国都开始忌惮雅典的崛起与扩张，于是便将同在波希战争时期组建的伯罗奔尼撒同盟转变为对抗雅典的军事同盟。

很容易看出来，两个大国与其所领导同盟的立场是极不一样的。雅典想要的是希腊的霸权，而提洛同盟的小国只求不受雅典的入侵以及得到雅典的保护；斯巴达的目的是抑制雅典的扩张以保护自己在伯罗奔尼撒半岛的霸权，而伯罗奔尼撒同盟小国只是希望能够借助斯巴达的力量抵御雅典的入侵以捍卫自己的"主权"自由。在战争中，不断有小国城邦左右摇摆，其实也只是利用大国来保护自己的方式。

在战争的第四年与第五年，就发生了一次比较大的暴动：米提列涅的暴动。米提列涅一方面对雅典将抵御外敌的同盟变为霸权统治的工具十分不满，正如米提列涅使者在拉栖代梦所言："我们与雅典人的同盟起始于波斯战争将要结束的时候；当时，你们退出战争，而雅典人要继续战斗以完成这项事业。但是，我们和雅典人建立同盟的目的不是要雅典人来奴役希腊人，而是把这些希腊人从波斯的统治下解放出来。雅典人公正地领导我们的时候，我们是忠心追随他们的。但是当我们看到，他们一方面对波斯的敌视越来越少，另一方面却力图奴役同盟诸邦，我们便开始恐惧了。"** 另一方面，米提列涅是被雅典控制最少的提洛同盟成员，这也就意味着它仍有一定的自决权，是小国中的大国；另外，伯罗奔尼撒同盟的

* 通过**中西比较**为描述雅典所处历史情势提供一个理解上的参照，既便于读者形象化理解，也便于文章论述逻辑的推进。

** 适当**引述**经典原文的重要段落，有利于读书报告更好地结合原著，同时也使论证有所依据。

逐渐得势也让米提列涅相信伯罗奔尼撒同盟有能力保护它。当然，以如今的阶级史观来看，最重要的也许是米提列涅国家的政治寡头势力较大，排斥雅典民主制度。

很显然，小国没有能力决定自己的意识形态，更无从抵御大国的入侵。雅典虽已初见疲态，但其强大的经济与海军支撑仍让米提列涅无力抵抗，只得投降。这里有个小细节，雅典公民大会对如何处置战败的米提列涅展开激烈讨论。主战派克里昂为了自己的名誉及公民支持度，主张杀死米提列涅的所有男人，并将妇孺贩卖为奴。而权位并不如克里昂的狄奥多图斯主张宽大，只处置背叛了雅典的人。此时的公民还未受仇恨与愤怒蒙蔽，选择了后者。

依附大国或依附近国似乎是小国夹缝求存的最终答案。* 米提列涅是错误地估计了自己国家的力量，选择远交而近攻，却又无抵御强国雅典的实力。而左右逢源、放弃立场的小国，却多日渐强盛。这么看来，在国际局势的重压之下，完全的中立不可能，即便所谓"万世中立国"的瑞士，也会在纳粹德国的淫威之下俯首——这也是它只受到较少的纳粹渗透的原因。

可在当今世界，真的有必要成为这样的一个小国吗？** 古人言，合久必分，分久必合，我认为那只是局限于时代的谬论。无论同盟会不会分裂，分裂得多么破碎零散，在无穷远的未来，总是会形成大一统的文明的。作者修昔底德虽确实忽视了雅典侵略的本质，却很真实地预言了一件事：伯罗奔尼撒战争是希腊最后的机会，最后统一的机会。然而雅典失败了，希腊仍如以前一样破碎零散。在不久后面对马其顿帝国的铁蹄时，有限的联合与大伤的元气使希腊再难抵挡。昔日希波战争的神话是个奇迹，希腊人却只图小国利益，将奇迹变为辩论的谈资——事实证明了奇迹再难复刻，别说波斯，连马其顿它都战胜不了。失天命者天不助，不顺从历史规律大一统的希腊民族，只能迎来长久的终结——带着雅典那虚假的民主、斯巴达那外强中干的军队，一同葬入历史的坟墓中，直至今天。难道小国想学习的夹缝求存之道，只是为了延缓它自己的死期吗？

我认为，小国如何存活，不是重要的问题。小国不该存活，应该融入大国。*** 这不是一个民族或是一段历史来决定的融合，而是阶级决定的。马克思认为，国家的利益是阶级的利益，国家的性质是统治阶级的性质。昔日强盛的苏联，旗下数十国，地缘民族皆有不同，却几乎能够一条心——他们的统治阶级都是工农人民（早期）。只为自己的利益、自己民族的利

* 这里得出一个根据论述逻辑而来的"可能"结论，却并非文章最终结论。论述结构上，本段起到**过渡**作用：它承接了前文论述，却无意在此处做结，作者将在文末提供更具有解构性的个人观点。

** 临近文章结尾再次以提问方式，接引出针对本文中心问题更深入和个性化的思考。这篇文章以**疑问句**开头，又在文末抛出作者真正观点时以疑问句结尾，体现出对疑问句使用的自觉。疑问句在这篇文章中也的确发挥了重要的接引功能。

*** 结尾总结性地抛出"终极"结论，虽展开不够充分，论述上对讨论对象的复杂性把握亦不够，但激进中也具备某种片面的深刻性。这也提示，文章未必只求四平八稳，有时言之有据的"胡说八道"亦未必没有价值，毕竟，思想有它的**实验性**功能。

益或是现有国家的利益考虑，都是鄙劣的，是阻碍文明融合与发展的。所谓成为一个放弃立场左右摇摆的小国，不可能是符合人民利益与心愿的，只是部分得利者、现有统治阶级或是可笑的民族主义者的心愿，而全世界无产阶级联合起来，才是全天下人民最崇高、美好的理想。

（作者：朱骛宇）

综合点评：

这篇读书报告具备较好的结构意识，体现在如下两方面：其一，首尾呼应、推进思路清晰，开篇明确提出问题，结尾则清晰给出结论；其二，起承得力、转合有度，整个论述过程围绕中心论题展开，不枝不蔓；其三，具有层次性和推进性，步步紧逼、层层深入，尤其值得称道的是写作者善于利用疑问句推进论述。

文章同时体现出磅礴的发散性思维，主要体现在中西对比和古今参照意识，二者结合展示出写作者不俗的思想深度；但值得注意的是，思想深度除了尖锐性和穿透力，也需注意它对事物本身复杂性的把握，让其更富张力地具有随物赋形的能力。好文章固然不求四平八稳，鼓励锐意创新，但也应避免"偏激"，尽量考虑周全。

浅析国家内外的治理政策

"九死南荒吾不恨，兹游奇绝冠平生。"是母亲教导我一生所追求的境界。而在我品味西方著作《伯罗奔尼撒战争史》时也从中发现了宽阔伟岸的胸襟。*

米提列涅人在暴乱被镇压之后，到了他们真正的生死存亡之际，他们此时的命运并不能够掌握在自己的手中，而是掌握在雅典公民的手中。其中对此具有决定性作用的两人便是克里昂与狄奥多图斯，他们的一场讨论关乎米提列涅人的存亡。

此次讨论的核心便在于：是否应该将带到雅典的战犯和米提列涅全体成年男子统统处死，并把妇女和儿童当作奴隶？我支持狄奥多图斯的观点，并对克里昂其中的部分观点表示赞同。**

* 读书报告写作一般拒绝**主观性**，但不拒绝**个性**。个性与主观性不同，主观性意味着臆测和片面，个性则属风格层面的独异表现，使用得当，非但不会破坏论说文客观准确的品格，反而会增加文章的亲和力。这篇文章的开篇，看似主观性陈述，实则是个性化表达，类似文章论点的助燃器，能增加文章亲和力，引发读者阅读兴趣。

** 明确交代作者主张，并起**提纲挈领**作用，引出下文对克里昂和狄奥多图斯观点的分头论述。

双方所持不同的观点，首先来论述克里昂的观点，便是要处死米提列涅人。我对他观点中的精华进行提取，他认为人民是无法真正管理国家的，这个思想就如同我们当代帕累托的精英理论，认为民主制无法真正地去管理一个国家，因为大多数人民在群体中无法发现恐惧和阴谋，群体会使得人民变得愚蠢。其中最为核心的论点是，必须要有固定的法律，不论法律的好与坏。*普通人对国家的治理会优于自认为自己智慧的人，因为天才总会去摆弄自己的才华，认为自己可以超越法律，就如同苏格拉底所说的智者一般，拒绝人们对他们的建议，所以必须要有法律去约束这些人。他们获得战争的胜利、获得别人的尊敬，是因为他们拥有武力的优势，而并非其他。

狄奥多图斯最坚决地反对处死米提列涅人。劝说全体雅典公民应该保持理智，愤怒是思想幼稚和心胸狭窄的标志，并劝导民众的投票应当经过深思熟虑，因为在民主制度中，人民并不会是一个决策失败的最直接受害人，所以会有许多人随意地根据自己的意志来作决定。他将自己的论述主要放在了利害关系上面，在这里我认为他对城邦的现在与将来作了完全彻底的分析，把城邦的利益放在了首位。持续的围攻会耗费更多的财力和人力，最终获得的收益并不会很大，并且很可能动摇他们征服其他国家的根基，对如今的损失很大。城邦和人一样都容易犯错误，就如同法律虽然能约束人们犯错误，但却不能做到让所有人不犯错误，总会有个例出现。而人们聚集到一起，总会出现莫名的勇气，使得他们在犯了错误的时候，却并不认为自己所犯的是错误，这点在《乌合之众》的群体心理学分析中也曾被论述过。**我们不应该去剥夺一个犯错误的人悔过的机会，剥夺他们赎罪的机会，从而使他们陷入绝境。如果让他们改过，雅典未来将会收获民心。一个帝国收获民心最有利的方法，并不是曹操的"宁可我负天下人，不可天下人负我"的霸道蛮横的手段，而应该是李白的"仰天大笑出门去，我辈岂是蓬蒿人"那种宽阔伟岸的胸襟。

纵观古今中外，每一位伟大的统治者都拥有伟大的胸怀。统治者应该以民心为基础，形成与人民的血肉联系。治国之策不应该出现绝对的民主，也不该有绝对的专政，我们应该去找寻民主与专政之间的平衡点。对于法律，我们应该维护它的权威，让法律不断与时俱进，不断积极地去维护社会中的公平与正义。

* 陈述克里昂的观点时，借助帕累托的政治哲学理论做**参照解释**，展示出广博视野，也帮助读者更好地理解克里昂观点的内核。用当代理论对历史人物观点做参照解释的方法在论说文中鼓励适当使用，但也需警惕强制阐释的可能，要充分考虑时代语境差异。

** 论述狄奥多图斯观点时，再次使用**参照解释**的方法。但点到即止，略显仓促。这里若能结合庞勒在《乌合之众》中对群体心理学相关问题的具体分析稍作展开，将使论述更加深入。另此处论述中搬出《乌合之众》做参照解释的解释对象并不足够清晰，也需要做必要的展开论述，否则这里的参照解释无法起到促进分析的作用，反而会让文章变得枝蔓。

* 本段与前文衔接不够紧密，略显逻辑跳跃，也未充分结合前文对《伯罗奔尼撒战争史》关于如何处置米提列涅人的辩论的分析，影响文章的**贯通性**。

当代国际局势趋于复杂多变，小国的生存发展是一个极其重要的问题。* 小国因为其面积小与人口少等原因被称为小国。在政治发展上他们应该去积极寻求大国的帮助，不是去实施一边倒的战略，而是去平衡各个大国之间的关系，采用偏于某个大国的政策。而最关键的是，小国应当去找寻本国的优势（例如，自然优势、区位优势、人才优势、技术优势等），并将自己的优势作为平衡各大国之间关系的筹码，也是自身发展的筹码。此平衡筹码并不是绝对的而是相对的，会随着国际局势的发展变化不断地改变。小国还要采取"少树敌、多交友"的对外政策，在各种国际政治斗争中，不要成为大国对抗的棋子，而应当尽可能地去保持自己的中立地位，发挥小国灵活的国际外交优势，积极调解大国间的矛盾。如此，不仅能提升本国的国际形象，还可以不断提升本国的软实力，为维护世界的和平发展贡献力量。

（作者：周柯余）

综合点评：

阅读广泛、视野开阔有助于给论说文写作带来纵横四海、深入浅出的气势和品格，这篇读书报告对此有充分体现，展示出写作者对中国古代文化和当代政治理论等方面的修养和活学活用能力，使论述在很大的历史和理论视野中展开。

文章结构可谓清晰有序，遗憾之处是最后一段与前文对《伯罗奔尼撒战争史》经典文本中关于如何处置米提列涅人的辩论的分析发生割裂，使文章从一个主权统一的疆域变成两个分裂的邦国，这是论说文写作中应警惕和避免的问题。

** 主标题和副标题相结合的标题拟定方式。主标题引用俗语来喻示本文结论，副标题言本文目标或问题，两相结合，清楚交代本文主旨。

搬起石头砸自己的脚

——浅谈雅典远征西西里的失败原因 **

雅典远征西西里，是伯罗奔尼撒战争中最具关键性也最具转折性的战役，雅典这一计划的失败，不仅直接导致其陆、海军主力部队基本全军覆没，更导致其国力的大幅下滑和提洛同盟的分崩离析，为斯巴达最终的胜利做好了铺垫。影响雅典远征西西里战果的因素颇多，在总体格局上，雅典似乎是"步步错"，但凡任何一方面的因素发挥了正向作用，也不会导致如此后果。讨论雅典远征西西里失败的原因，不仅能帮助我们了解古希腊的政治、军事等方面的具体情况，在国际形势复杂、各种斗争势力交错的今天，更能给我们在战争策略、国际斗争、统治策略等方面以一些有益的反思和教训。*

事物的变化是由内因决定的，而外因是内因作用的条件。但限于篇幅，本次只论述雅典战败的内因。我认为，从雅典自身来讲，导致雅典远征西西里失败的因素主要有雅典的政治制度、雅典同盟的缺陷、战争指挥官的失误、战争中前期态度傲慢，等等。下面我将就雅典远征西西里失败的原因浅谈我的看法。**

首先是雅典的政治制度，我认为这是此役失败的最主要因素。*** 马克思主义认为，战争是政治的极端手段，因此雅典远征西西里其实彰显了其政治意图，体现了公民大会的意志。众所周知，该时期雅典实行奴隶制基础上的直接民主制度，这种所谓辉煌的制度，一方面经受住了希波战争的考验，推动雅典国富民强，另一方面却又搬起石头砸自己的脚，成了伯里克利去世和雅典战败的最大痛点——这种制度程序简单，选民素质和能力有很大的不确定性，如果应用不当，产生的便是多数人的暴政，最终危害全体公民和城邦的利益。

伯里克利在伯罗奔尼撒战争时期修建了雅典卫城并将城邦封锁，以消耗战的策略，抵抗陆上强国斯巴达的侵略，该策略很奏效，但由此带来的田地毁坏和瘟疫蔓延损害了公民的利益。公民大会终止了伯里克利的执政权力，而他也正是在此后的一段时间感染瘟疫去世。后来公民大会选出伯里克利的政敌，竞选时大夸海口的克里昂上台。与伯里克利相反，克里昂采取积极应战的策略，而其治理能力十分羸弱，他在镇压叛乱时对联盟城邦的公民痛下杀手，希望借此彰显其竞选时的勇敢，最后在与斯巴达的战斗中阵亡，其部队全军覆没。而在此后，公民大会决定让主和派的执政官尼基阿斯带领雅典几乎全部军队远征西西里，而为了避免被处死，尼基阿斯在失利后也只得选择与斯巴达决战。而同在战场的阿西比德，则由于政敌的煽动，被公民大会判处死刑，导致其叛逃至斯巴达一方。在战争中后期，元气大伤的雅典远征军希望突围撤出时，公民大会却决定再派遣大批

* 开篇简洁有力，信息量充足，能用较短篇幅把问题引入，所涉文本内容、立论及其意义等也得到了较为全面的表达。

** 进入正式的"原因"分析之前总述雅典战败分内因和外因，并明确交代文本的论域（主要谈"内因"），随后列举出分论点，提纲挈领地预告后文内容，起到了逻辑统领的作用。

*** 进入分论之后，每个分论点都以中心句开篇，体现出文章谋篇布局的结构意识和逻辑自觉。

军队前往西西里岛。在雅典方面，可以说整场战争的部署基本是受到公民大会操纵的，而执政素养不强又极易被煽动的雅典公民，通过一步步的错误决策，将军队、城邦和公民集体送入坟墓。

其次是雅典联盟的组织形式。提洛同盟在希波战争结束后并没有解散，反而异化成为雅典剥削压迫其联盟成员的工具。与斯巴达领导的伯罗奔尼撒同盟相比，雅典与其诸城邦的关系可以说是大奴隶主与诸奴隶的关系。也可以说，雅典在伯里克利时期能够辉煌的根本原因，就在于其对联盟成员的财富、资源、人口等的剥削。这样专制、不人道、不平等的联盟体系，势必会受到成员国的反对和背叛，而雅典则选择将其镇压，而这也成为波斯攻击雅典的重要把柄。*在远征西西里期间，相比于伯罗奔尼撒同盟，提洛同盟忽视成员国利益，势必得不到成员国强有力的凝聚力和各方面战争资源，这也是雅典战败的重要原因。

再次是战争核心人物的失误。骁勇善战的拉马科斯战死后，战争指挥权完全落到尼基阿斯手中。显然，作为远征军指挥官，尼基阿斯在战争谋略方面的能力十分欠缺。在重要高地被敌军抢占后，消极应战的尼基阿斯并没有组织反扑，而是撤退到三处环境恶劣的位置重新安顿，淡水的缺乏和疟疾的侵袭削弱了士兵的战力，叙拉古和波斯军队的不断骚扰致使雅典军队的补给更加困难。而亚西比德的叛逃，则让雅典军队的行动和情报暴露无遗。雅典素以海战闻名，但其海军却在此役中全军覆没。雅典舰队在增援到达前便受到叙拉古舰队的引诱出海作战，而叙拉古和波斯联军则趁机从陆上攻占其舰队基地，抢夺资源，让雅典舰队无处可去。雅典战船不适合深海作战，只能近海作战，平常需要在避风港停靠，而西西里岛狭窄的地形和海峡又极大地限制了雅典舰队的活动。在战争后期，叙拉古舰队改进了战术，选择撞击雅典舰队，登船与其短兵相接，更派出小船士兵射杀雅典舰队的桨手，这一系列行动给雅典舰队带来了沉重打击。在战术战略方面，雅典可谓一把好牌打得稀烂。

最后是战争中前期雅典军队的盲目自大。雅典围困叙拉古时，对沿岸防守松弛，给了斯巴达小股部队秘密登陆、潜入作战的机会；而叙拉古和波斯军队汇合后，雅典人又疏于对城墙的看守，使得古波联军得以突出围困进行作战。

导致雅典失败的原因是复杂的，限于篇幅，其他因素诸如战线过长、资源匮乏、敌军强大等则不便在此赘述。**

*读书报告写作应结合经典文本展开，"结合"不等于"屈从"，即不带批判性的眼光完全陷入经典文本作者本人的论述框架内。这里的论述，便体现出作者的**批判性思维**，跟经典文本建立起一种平等对话关系，不拘泥于其所提供的理解框架，能在修昔底德论述的缝隙处，看到另一种历史真实。

这一段既体现出文章看问题全面周到，又体现出中心线索**意识，即论述紧密结合中心论点展开，将与中心论点关联性较弱的内容用简略方式一笔带过，如此便使文章不枝不蔓。

雅典远征西西里的失败，事实上能给我们许多教训和启发。[*]例如，拿上文提及的政治制度来说，从统治的角度而言，民主一定是更先进，更优越的吗？其实不然，在一定历史条件下，不同国家都有最适合自己的政治制度。以民主著称的雅典，便因为失去理智的暴民政治，输给寡头制的斯巴达。现如今，关于所谓"民主""自由"，我们在意识形态领域有诸多争论。究竟什么是民主？这是没有固定答案的。而当由所谓"民主"产生了错误、非正义的决策时，它还更优越吗？其实不论是我们的民主还是西方人所谓的民主，相对于古希腊的直接民主而言，都是"假"民主，因为它们做不到也没必要做到完全体现选民的意志。而讨论到近现代民主，我们又有希特勒这样的恶劣案例。难道尊重所有选民的意愿，便是"光伟正"吗？那如果是在社会风气恶劣的国家，这样的人民会选出什么样的领导者？

我信仰马克思主义，我也认同集体主义，我相信人民民主，反对精英政治。但这并不意味着所有人民的声音都是正确的、有意义的。以马克思主义去引导社会思想，使其发出具有建设性和革命性的声音是至关重要的。群众观点、群众路线不是群众说的无论好坏都悉听尊便，而是要听取民众声音，从最广大群众的利益出发进行决策。切实听取群众声音，为群众办实事，关心广大民生，立志维护公平正义，为各国人民共同福祉和全人类共同利益而服务的民主，才是"真"民主。马克思主义认为，政权是一种剥削和压迫的异化物的存在，何种社会制度的国家无一例外。我希望人类实现真正的解放、真正的民主，但经济基础决定上层建筑，在生产力水平和社会思想远不能企及的情况下，切不可好高骛远。强行实行超前的制度只会带来灾难，阻碍社会的发展。

（作者：李铭轩）

综合点评：

这篇读书报告主旨清晰，读者意识明确，分析过程严谨细密，逻辑架构不枝不蔓。可资商榷之处是结尾部分，这里缩到对民主制的反思中，与前文主体论述部分讨论"雅典远征西西里的原因"衔接性和照应性偏弱，显得有些与前文脱节，就如同班主任对全班期末成绩做总结时，却只谈了其中一个学生的成绩。

* **结尾**两段结合雅典远征西西里失败谈其"给我们许多教训和启发"，处理方式是联系当下现实进行讨论，并通过提问的方式深入，是一种评价式总结，展示出作者在写作中思考的主动性。但值得注意的是，文章主旨在于对"雅典远征西西里失败的原因"的多方面分析，而最后对"教训和启发"的阐释，却只围绕其中民主问题这一个方面，难以承接前文。

第三节 《哈姆雷特》

浅谈哈姆雷特的复仇

复仇，向来是西方文学中经久不衰的主题。莎士比亚此剧亦是以此为主线。可令人疑惑的是，主人公哈姆雷特明明有多次复仇机会，却将此事一拖再拖。这无疑是一大疑点。但稍做分析，这拖延的行为从哈姆雷特的性格、莎士比亚的意图和复仇行为的本质看，都存在其合理性。*

首先，拖延复仇，无疑和哈姆雷特的个人性格有关。** 谈及哈姆雷特，他最鲜明的性格特征便是优柔寡断。一次次面对仇人在眼前把酒言欢却无所作为的退缩，装疯卖傻伺机而动的机会主义，甚至怀疑鬼魂的优柔，这样的性格无疑增加了他复仇的难度。每次机会来临，还未复仇却想着失败的后果，我想，若不是最后知道自己命不久矣，酒局上的复仇他也未必会付诸实践。他性格的弱点导致了复仇的延宕。

其次，拖延复仇，折射了莎士比亚写作此剧的意图。莎士比亚赋予哈姆雷特的，是人文精神的洗礼。莎士比亚为哈姆雷特所创造的困境，并非杀死篡位者如此简单，而是一位生性善良的人眼见自己以为的美好的人文世界崩塌时的自我否定与信念毁灭。这就意味着哈姆雷特所面对的不仅仅是有杀父、夺母、窃国之仇的克劳狄斯，还有克劳狄斯所代表的人文主义对立势力。从莎士比亚的意图看，哈姆雷特是人文主义的代表，其善良与正义观，必然导致其追求以一种正义行为进行复仇，这也导致了哈姆雷特复仇的延宕。

最后，哈姆雷特实施的复仇行为的本质。从开篇这位王子的独白来看，从莎士比亚赋予这位王子的人文主义视角来看，哈姆雷特最纠结、最疑惑、最痛苦的，并非父亲被谋杀，而是众人，尤其是母亲这么快就淡忘了父亲。这一点在其与母亲对峙中的所言所行，从开始老国王与王后的海誓山盟看来，无比明显。*** 哈姆雷特的复仇，本质上是想让母亲了解并承认自

*开篇用以大（西方文学的复仇主题）见小（哈姆雷特复仇的特殊性）方式**引入**主题，既有磅礴之气，又能见出问题的具体性，且能引发读者兴趣。

主干论述三部分都用逻辑提示词（首先、其次、最后）和中心句相结合的方式做段落开头，让文章的逻辑结构**清晰明确。

***此处提出对哈姆雷特内心究竟纠结于什么的看法后，紧随以经典原文中的情节进行论证，可谓有理有据，观点也颇为新颖；但这个新颖之见，在随后论述中被展开得过于**绝对**，过度强调"母亲"在哈姆雷特复仇考量中的地位，会消解哈姆雷特延宕复仇本身的复杂性。

己认为的正义，让母亲明白真相。哈姆雷特的复仇，远非只简单报杀父、夺母、窃国之仇，也不只是为了抽象的人文主义复仇，同时也是为了被以母亲为代表的普通人们忘记的美好、善良与正义复仇。这就是拖延的原因：哈姆雷特不仅仅要复仇，他还要杀人诛心，揭露叔父的丑恶，唤起以母亲为首的人们的良知。无法做到这些的复仇对于哈姆雷特来说毫无价值。这也解释了为什么哈姆雷特在与母亲对峙后刺向躲在帘后之人的一反常态的果断和最后为什么一定要霍拉旭活下去向世人传递真相。哈姆雷特对复仇意义的追求，导致了其延宕。

从上述分析可见，哈姆雷特的复仇与古希腊式的复仇虽然在形式上都是以武力实施报复的行为，但它们的内涵却大相径庭。古希腊的复仇，是一触即发的，不存在什么"君子报仇十年不晚"的信条，也不存在考虑规模与后果。夺妻之仇，可以引发一场持续多年的特洛伊战争；丧友之仇，可以让阿基琉斯重返战场……如果说哈姆雷特的复仇与基督山伯爵更相近，更像是一种对自己精神与理念的胜利的追求，对反人性行为的反抗，那么古希腊的复仇则更接近于《圣经》所写的"以眼还眼，以牙还牙"，纯粹是勇者血性的承载物。个中差异，也许就是莎士比亚想传达的人文精神的困境与价值吧。*

（作者：张子毅）

*有层次地分析哈姆雷特为何延宕复仇后，结尾通过比较其与古希腊式复仇的差异，进一步阐明《哈姆雷特》中"复仇"的意义和困境所在，将现象分析抬升到历史和文化分析层面，即从"就事论事"进入到**"就事论理"**的层面。

综合点评：

这篇读书报告短小精悍，但在文采和义理上多有可观之处：主旨明确，结构清晰，行文流畅，且层层递进，不断深入，带领读者从最浅显的人物性格层面出发，进入写作者饱含人文主义思想的写作意图，又进一步延伸到自己对哈姆雷特复仇行为本质的看法。观点恰切，说服力强。行文最后延伸到与其他经典文本相似情节的对比，并能迅速抓住二者核心要义上的差异，从而抬升对哈姆雷特复仇之"延宕"原因分析的维度，不拘泥于就事论事，而是进入"就事论理"的层面，使文章主旨得到深入讨论。

行动为何如此困难

* 从经典原文中的一句著名台词引入，是一种可行的读书报告开篇办法。但更好的处理方式是不要孤立地引用，而是结合上下文语境和读书报告自身的主旨，对其做适当说明和阐释，这样它的引入价值才能发挥得更好。

"存在还是毁灭，这是一个问题。"* 在哈姆雷特面对老国王遇刺这样显而易见的事实，还犹豫不决的背景之下，他说出的这句话，其思想深度就已经和整个作品的内容紧密结合，而不靠其简单的结构来体现了。

哈姆雷特是丹麦王子，接受了良好的教育，感受着百姓以及大臣的尊敬和爱戴，因此也相信世间是充满美好的。国王遇刺后，化作鬼魂告诉王子自己的死因，希望他为自己报仇。可王子并不相信，一再求证，甚至装疯演戏，但这时他叔父对他起了杀心，他显然已经错过了最佳的报仇时间。最后，善良的王子与邪恶的新王都死了。他们争夺的是什么？王位吗？搭进性命最后却将其拱手让给了外人。

** 文章的一个突出特点是联系生活来理解经典，或经由经典引发对生活的思考。对于读书报告写作，拿捏好二者结合的分寸并非易事，关键在于如何做到相互照亮式的结合，而不是机械僵硬的结合。

现实生活中，许多拖延症患者喜欢说与之类似的话，许多行动力缺失症患者也会经常借此类句式来与自己博弈。当然，他们的结果和哈姆雷特一样，没有得到理想的结局。面对如此明显、紧急、重要得都差点要跟故事里的国王一样变成鬼魂来提醒他们的事实，他们却存疑，非得让自己彻底相信才行。**

从正义的角度，作为王子的哈姆雷特应该为父亲报仇，除恶扬善，可他多想了一下，把这件事情给拖延了，就算他有理由，他还是拖延了，哪个拖延会没有理由呢？这种拖延最终酿成了整个复仇的悲剧。

*** 文字表述有些黏黏答答，不够清爽利落。炼字磨句也是读书报告写作中一道必不可少的"工序"，如何用最俭省、清晰、朴素、流畅的语言，表达出丰富、复杂和富于张力的内容，应成为写作中永无止境的追求。建议不断重读写出的文字，甚至可发声朗读，检验其流畅性和清晰度，反复打磨，精益求精。好文章是"改"出来的，而非"写"出来的，内容层面是如此，语言层面更是如此。

从良好的生活作息来看，一个人明知道应该趁热打铁——这里重点是跟哈姆雷特类似的"明知"——赶快完成作业，可他多想了一下，也就把这件事给拖延了，一开始还需要理由，多来那么几次也就成为自然了，而这种拖延的习惯得不到重视，就可以慢慢地毁掉一个人的生活了。

借着这个生活中的常见例子来理解哈姆雷特的犹豫不决，哈姆雷特难以行动的一个原因是其思考得多了一点儿吗？不是，多思考一点儿也可以是一件好事，不然从古至今这么多的思想著作也就没这么大的意义了。很多时候思考得多反而能够催生出伟大的行动，比如说近代中国青年对于如何拯救中华民族于水火之中的持续二百年的不断探索，最终建立了这个伟大的中国特色社会主义制度。

再回去审视之前的那个人拖延着不写作业的简单例子，对比哈姆雷特非得要演一出麻烦的戏来证明自己难以接受（注意这里用的是"接受"）的事实，总不免让人回想起高中时代有人会一直去问"我们为什么要学习"。***

这不是明摆着答案的问题吗？很好笑，不是吗？可又是那么深刻，深刻到每一个人的人性之中，谁又不是这样呢？《哈姆雷特》的长盛不衰，不就是在于它从人类的本性里面汲取营养吗？

综上考量，行动如此困难的一个重要原因也就十分明显，人们对这种与自己价值观不符的行动，非得要问一个所以然出来，反而对那些上瘾的东西，倒是开始不讲道理起来了。*这种现象在莎士比亚的年代是这样，在现代也是这样。这是个有意思的问题，哲学家对这种现象研究得相当多，他们给它起了一个名字，叫做"非严肃性反思"。

简单地说就是低质量的思考，现代也叫内耗。这种思考一般具有反射性，好比哈姆雷特在教堂"不忍心"杀死叔父的理由竟然是鬼神天堂之说，他不是连自己的父亲的鬼魂都不相信吗！这绝不是莎翁的漏洞，因为这个理由就是他曾经所接受的教育的反射，他那时正在进行的就是一种不严肃的反思，一种低质量的思考。进一步说，他所谓的不信鬼神，难道不是他接受的科学教育的一种反射吗？到这里，可以看出哈姆雷特在剧中进行的非严肃反思可谓很多，正因此他才如此迟疑、如此犹豫。一些行动力比较强的人读哈姆雷特，会感到憋屈恶心，这不是没有理由的。

文学经典的阅读是要对生活起到一定作用的。哪怕这作用实际上还不及平时一呼一吸的作用那么大，也不该忽视它，不应拔高它。许多人强调要以经典理解生活，不得不说这种思路很愚笨，这种人很不热爱生活，这种人真能读进去几本经典？真正的阅读，该以生活理解经典，这样的阅读才可以说是深刻的，才能真正作用于生活，才能提高生活质量。

那么既然已经理解了哈姆雷特难以行动的原因是其"非严肃性反思"，回到现实中看看自己的生活吧。《美丽新世界》第三章倒数第四段里写道，"老年人没有空闲时间思考，哪怕不幸真的有一点时间可以思考，他们也将迷迷糊糊地昏睡过去。"这里的思考显然指的就是严肃性思考了，毕竟有些反射性思考可以时时刻刻进行。实话实说，现在这个手机，和苏摩相差不太大了。如此一来，我们不断地接收手机里面的"快乐信息"，空闲时间也渐渐被手机占据，其他时间也因为熬夜变得迷迷糊糊。思考也就慢慢地不再严肃了，思考也开始慢慢变得充满反射性、娱乐性了，这只能说是很让人厌恶的事情。最后，我们都丧失了行动力，我们都成了哈姆雷特。

这种观点会被质疑，因为很少人有杀父仇人，我们也不是善良的王子。

*结合前文论述引出"非严肃性反思"概念，体现结合现实的理论思考自觉，但应注意其**准确性**。试图为某种不符合自己价值观的行为提供正当性，倒不失为对哈姆雷特延宕行为的一种刻画，但言其就是"非严肃性反思""低质量的思考"，却是一种脱离文本的强制阐释，显得过于绝对。

不过，当我们所构想的美好未来，因为我们的一拖再拖、犹豫不决，变成一个只能将就着接受的、还行的结局时，我们也可以稍微体验到哈姆雷特临死前的遗憾了吧。

（作者：韩旭）

综合点评：

这是一篇文风颇为独特的读书报告，虽主动性思考姿态可贵，但不少想法不无偏颇。对如何阅读经典，写作者有自己的方法论，即"与其从经典出发理解生活，不如从生活出发理解经典"。整篇文章也堪称这种阅读方法的体现，能较好地游走于经典与生活体验之间，找到其互相指涉阐发的空间。但值得注意的是，过多地从生活出发理解经典可能会发生"过度阐释"，即戴着某种源于生活经验的有色眼镜去看经典，又迫切希望它能回应现代人的生活体悟，造成对经典的理解有所偏颇。把经典这样"吃"下去，有些暴殄天物，不能让它发挥最大的"风味"特点和"营养"价值。固然不能脱离生活理解经典，但也应承认经典本身的难度和自在性。为结合现实生活而歪曲经典本身固有的客观历史内涵，是一种得不偿失的选择。

奥菲莉亚的必要性

《哈姆雷特》中的女主角奥菲莉亚纯洁、可爱、美丽、忠贞，却最后跳河自尽，结束了悲剧的一生。她的角色设计大大丰富了哈姆雷特的剧情内容，人物纯粹的真善美与悲剧结局形成巨大反差，给人留下深刻的印象。而她与哈姆雷特之间的错综复杂的感情，也从侧面成就了哈姆雷特多层次的人物形象。可以说，她身上的矛盾性比哈姆雷特更加尖锐，也是文中与哈姆雷特形成最鲜明对比的女性角色之一。[*]

就整体剧情而言，她是必不可少的"润滑剂"[**]，使文章每一个富有戏剧性的急转直下都显得合情合理。正是因为有她的存在，波洛尼厄斯才会怀疑哈姆雷特的疯癫是因奥菲莉亚而起，从而被牵连进这场皇室斗争，最终被误杀丧命；正是因为她与哈姆雷特的接触，使国王放松了警惕，参加

[*] 开篇以简练语言概括奥菲莉亚人物形象特征和她在《哈姆雷特》中的结构功能，指认其重要性并**开门见山**地呈现出文章的核心问题。以俭省语言表达出丰富的信息量，是读书报告写作中值得追求的风格，这个开篇堪称范例。

[**] 本段论述体现文章的**文本细读**功夫，例举《哈姆雷特》不同部分的几段情节，分析其共性特征，进而指认奥菲莉亚在剧中的"润滑剂"人物功能。论点、论据俱全，观点合理，论证充分。

了那次具有试探性质的剧中剧；正是因为她的死，哈姆雷特主动提出与其兄决斗……她正面出场的次数不算太多，却都能点燃高潮，使整个剧本连为一体，给剧情的跌宕起伏找够了"借口"。

就人物本身而言，这个完美符合"悲剧就是把有价值的东西毁灭给人看"的女主角丰富了剧本的内容，是一个经典的形象。她纯洁美丽，对自己的爱人忠贞不贰，这与口蜜腹剑的国王和迅速改嫁的王后形成鲜明对比，而这就是作者塑造她的最大目的——这个剧本中，体现人性复杂的男主角、挣扎在儿子与丈夫之间的王后、虚伪至极的国王都已经有了，这些都是或多或少带有负面形象的角色，确实需要一个在剧本中绝对化真善美的角色来衬托，而且最好是以悲剧收场以增添剧本的悲剧性，以及把这种真善美捧得更高。这个角色就是倒霉的奥菲莉亚。自一开始，父兄的话就预言了她以悲剧结尾的爱情。她爱着哈姆雷特，但哈姆雷特却在阴差阳错下杀了她父亲；她在爱情与亲情的伦理道德牵扯下痛苦挣扎。作为一个典型的脆弱美好的西方小姐的形象，她不可能有胆魄做复仇的决定。所以，她最终沦为一个符合女性情绪脆弱的结局——疯了，美好地戴着花环淹死水中。

她带着这份美好来到哈姆雷特身边，却因为与刚刚背叛了先王的王后形成对比，引得哈姆雷特口不择言地嘲讽："因为聪明人都明白你们会叫他们变成怎样的怪物。"莎士比亚的作品虽然伟大，但也未能摆脱时代局限性下的大男子主义。哈姆雷特真正爱着奥菲莉亚，但在这样一个装疯隐忍的阶段，他不会在意奥菲莉亚的感受。对爱的不确定在得知父亲的死讯后在奥菲莉亚的心中反复拉扯，最终导致"我不杀伯仁，伯仁却因我而死"之悲。导致这个悲剧的哈姆雷特，起因是在大背景下不得不装疯的发泄——或许不止如此，也有发泄在母亲身上感到的伦理矛盾这种意味在其中，以及真正找不到借口的出于复仇欲的误杀。<u>奥菲莉亚之死也开始让读者跳出"因为叔父杀父夺母之仇所以复仇是绝对正义的"这样一个道德层面上的微妙错觉，看到出于正当理由的复仇在综合环境与情感的发酵下可能引起的连锁反应，引起我们对复仇正义性的思考。</u>*

一万个人心中有一万个哈姆雷特。虽然我相信绝大多数人看到的都是这个复仇故事中伦理道德的纠缠，但我更多看到的是奥菲莉亚之死所引发的一个争议：从一个确实会让人愤怒的条件出发，抛开它本身的伦理道德性，哈姆雷特的复仇就正义了吗？可能是我的眼光确实狭隘了——<u>我认为，</u>

* 此处不仅涉及复仇正义的问题，也涉及悲剧的内核，都是理解《哈姆雷特》的关键问题。文章分析奥菲莉亚形象时切入这些关键问题，非常可贵，没能进一步对此展开分析，殊为遗憾。比如在这里，作者既然说"……引起我们对复仇正义性的思考"，那么这"思考"究竟是什么，应认真思索并诉诸文字。否则所谓"思考"，还只是某种表态，抑或只是起到一种类似终止符的修辞作用。

* **结尾**读来略有意犹未尽之感。文章结束在一个分论点的论述之中，如能再起一段，围绕"奥菲莉亚的必要性"这个中心问题做总结，文章的完整性和完成度都将得到提升。

在他杀死波洛尼厄斯的时候，他对奥菲莉亚造成的伤害与犯下的罪就注定他不能再回头了。*

（作者：熊家露 ）

综合点评：

这篇读书报告在立意上颇具一格，重点谈《哈姆雷特》中的一个相对次要人物奥菲莉亚对戏剧整体的结构性意义。具体论述过程围绕这个中心问题，紧密结合经典文本，论证奥菲莉亚的"润滑剂"功能、衬托功能，同时指出这个形象本身对这部戏剧的悲剧性内涵也有重要的建构意义。综合看来，整个论述体现出写作者优秀的文本细读功力，使论点清晰有力、论证有理有据。遗憾之处在于结尾略显匆忙，倘能围绕"奥菲莉亚的必要性"这一中心问题做总结，将使文章更加完整。

** 短短一句话，**引入**文章基本主题——死亡，且作者能紧随经典原文中的情节和引用哈姆雷特的独白来对此做出解说。

*** 同样短短的一句话，交代文章的**基本问题**——生和死的问题让哈姆雷特陷入怎样的困境，他又要如何克服这一困境？

**** 例举《哈姆雷特》中多起死亡事件后，得出一个阶段性结论："死亡是《哈姆雷特》中极其重要的一个元素。"这既呼应了开篇，也有理有据地从**文本细读**中分析出《哈姆雷特》的一个重要特点。但接下来的分析并未沿此推进，而是仍回到哈姆雷特自身的问题，导致文章在此处**逻辑混乱**。一种调整方式是将第二、三段调整到文章开头，首先宏观指出"死亡"是《哈姆雷特》的重要元素和背景，再聚焦于它给哈姆雷特带来的困境，后文则可围绕这个困境以及哈姆雷特如何克服它而展开，如此磕绊的逻辑则可被理顺。

看待生死

《哈姆雷特》开篇便从死亡写起**，一开场，莎士比亚就讲述出丹麦宫廷一幅混乱的局面——老国王刚刚驾崩，死因还未查明，他的弟弟克劳狄斯就迫不及待地篡夺了王位并且娶了老国王的遗孀——自己的嫂子。年轻的哈姆雷特王子看到这一幕幕，发出感慨："啊，但愿这一个坚实的肉体会溶解，消散，化成一堆露水！或者那永生的真神未曾制定禁止自杀的律法！"哈姆雷特通过这句话表达了自己对当前黑暗人生的厌恶和对死亡的渴望，想要以自杀这种方式来摆脱自己沉重的肉身，但自杀在基督教中是罪恶的，故出此言。当父亲的亡灵向其招手示意时，哈姆雷特同样也想追随而去。生存的不堪和死亡的未知让哈姆雷特进退维谷。***

后来死亡又多次出现，哈姆雷特误杀了藏在挂毯后的波洛尼厄斯，哈姆雷特在回国途中目睹了挪威将士遭受的天灾，罗森格兰兹和吉尔登斯吞在毫不知情的情况下被英王斩首，悲恸过度以致精神失常的奥菲莉亚攀上柳树却失足掉进河中淹死，哈姆雷特与好友霍拉旭来到墓地，与掘墓人交谈，以及戏剧最后三杀的结束场面。

死亡是《哈姆雷特》中极其重要的一个元素****，从中我们也能更好地看到哈姆雷特对生死看法的不断转变。在得知真相后，为了不引起叔父的注意，他选择装疯卖傻之际，那句有名的"生存还是毁灭，这是一个问题"便脱口而出。此时的他正纠结于是否对叔父下手，万一那个鬼魂是恶魔假扮来欺骗纯真善良的自己的呢？但万一又是真的，自己又该如何下手，何时何地复仇呢？如其所说，活在这人世间，必须忍受来自人世的鞭挞和讥嘲、压迫者的凌辱、傲慢者的冷眼、被轻蔑的爱情的惨痛、法律的迁延、官吏的横暴和俊杰大才费尽辛勤所换来的鄙视，于他自身还必须克服懦弱向叔父复仇，然后继续承担整个世界的苦痛与折磨；但如果死去，是否就意味着一切都归于宁静，还是有什么不可知的事发生在自己死后的灵魂上。这体现的是哈姆雷特面对死亡后果未知时的纠结、犹豫和畏惧。

不仅是恐惧死亡，哈姆雷特还认为生死由神掌握，死去时对神的态度也决定着死后的经历。第一次便体现在他与父亲鬼魂的对话，鬼魂说道："我是你父亲的灵魂，因为生前孽障未尽，被判在晚间游行地上，白昼忍受火焰的烧灼，必须经过相当的时期，等生前的过失被火焰净化以后，方才可以脱罪。"哈姆雷特对此深信不疑，以及后来哈姆雷特不敢自杀也是囿于神的原因；第二次就是在其叔父祷告时，天赐良机，可哈姆雷特却迟迟不动手，他觉得在祷告时杀死他会将其送入天堂，因其现在对神真诚，须待他罪孽深重时再复仇。"现在他正在洗涤他的灵魂，要是我在这时候结果了他，那么天国的路是为他开放着，这样还算是复仇吗？不，收起来，我的剑，等候一个更残酷的机会吧；当他在酒醉以后，在愤怒之中，或是在荒淫纵欲的时候，在赌博、咒骂或是其他邪恶的行为的中间，我就要叫他颠踬在我的脚下，让他幽深黑暗不见天日的灵魂永堕地狱。"

但好在后来哈姆雷特经过与掘墓人的对话后，便对死亡释然了，完成了角色的转变，最后复仇成功。* 在坟墓和骷髅面前，死亡从抽象的思考变成了具体的存在———一堆堆骸骨骷髅。哈姆雷特幡然醒悟，亚历山大也好，恺撒也罢，甚至是自己视为女神的奥菲莉亚，到头来都只不过是一堆与蛆虫同床共枕的枯骨、一撮黄土、塞在酒桶上的泥土。直到此时，他终于意识到所有所谓的意义都是自我欺骗，所有的荣华富贵、权势名誉到头来都是一场空，这就是人生。并且，所有人都像掘墓人所说的那样，人生经历的一切都不过是在自掘坟墓。死亡和生存一样，只不过是人类的一种存在形式，一切生物都来自尘土，而终将又归于尘土。至此，哈姆雷特拥有了面对死亡的坦然。

* 按文章思路，哈姆雷特对死亡的看法经历了一个从"纠结、犹豫和畏惧"到"释然"的转变。这一分析本身可谓有理有据，但**理据**并非任人打扮的小姑娘，尤其是内在于经典原文中的情节依据，不仅要从其字面理解，还需将其放在具体上下文语境中去理解。文章对哈姆雷特死亡观变化的讨论，主要是在字面层次望文生义，忽略了其上下文语境，导致结论较为扁平和简单化，不能由此将《哈姆雷特》文本"爆破"开来，促进理解的深入。

哈姆雷特生死观的变化，可对比于庄子的生死观。首先，庄子认为生死由天、自由为先："万物一府，死生同状。""死生，命也；其有夜旦之常，天也。""人之生，气之聚也。聚则为生，散则为死。"不论生或死，人都不过是一团气，只不过时而聚集，时而分散，但本质不变。所谓生死，顺其自然就好。人的生命是有限的，所以要超脱生死与肉体的束缚，不要让生死问题与肉体问题影响到自己对自由的追求。其次，庄子的自由是一种绝对的精神自由。他认为只有在精神上超越才能达到自由的状态。再次，庄子反对名利，认为人类诞生之初，本就没有所谓名利，而是日后世俗为禁锢人们才产生了名利。真正的自由应该放下名利观念，不被世俗束缚，追求自己本然的生活状态。

*比较"成长后的"哈姆雷特和庄子的生死观，得出二者"大同小异"的结论。但主要还是字面比较，没有深入到两部经典原文的上下文语境和历史文化语境，导致**望文生义**。

显而易见，哈姆雷特在最后的转变成长后的生死观与庄子的是大同小异的，都认为生与死无区别，只不过是不同的存在形式。*至于我自己，管它是活是死，自由、开心就好。就如史铁生先生所说"死是一件无须乎着急去做的事，是一件无论怎样耽搁也不会错过了的事，一个必然会降临的节日。""既然死不了，那就为'死不了'而活着，为'活着'而活着。"人的一生总会庆祝"死亡"这个节日，与其把人生珍贵的时间浪费在思考生死的真谛是什么这些虚无缥缈的东西上面，不如在活着的时候，多做一些准备来庆祝节日，在有限的时间内多学点东西，创造出更多的物质和精神财富。我们应该自由地航行在生活的大海上，即使这海面并不平静，但仍应活在当下，及时行乐，坦然地面对生死大限。

对死亡的探究侧面表现出对生存意义的思考。死亡之于生命并非毫无意义，它使生命得以绽放。没有死亡的黑暗，也就没有生命的灿烂。

（作者：郑少飞）

综合点评：

这篇读书报告中心问题清晰，即谈"生死"/"死亡"问题，分三部分展开论述：《哈姆雷特》文本中的"死亡"、主人公哈姆雷特生死观的转变、对比哈姆雷特和庄子的生死观。具体论述过程能紧密结合原文，抛出观点并跟随相应论证，行文过程有血有肉、有理有据。

文章的主要缺点是偶有望文生义：分析文本时，容易满足于从其字面意思分析，未能深入到上下文语境和历史文化语境去考察，导致无法形成和经典著作的对话关系，经典著作只成为确认写作者既有认知和见解的某种"由头"。阅读及读书报告写作的真正成效，在于读者/写作者与经典文本碰撞，引发其对既有思维、认知乃至偏见的反省和校正，而望文生义式的阅读和写作，则与此相违背，它是独白的，而非对话的，是封闭的，而非开放的。因此，要想真正打开经典文本，并由此达到写作者自我认知和思维能力的提升，须力避望文生义这一错误思维方式。

方生方死，方死方生[*]

当哈姆雷特得知有父亲的鬼魂出现并亲眼所见时，他并不胆怯，他渴望得到一个真相，尽管这阴魂与他一直以来接受的教育相矛盾。"我早把这条命，看得还不如一根针；至于我灵魂呢，它能拿我怎么样？^{**}我那灵魂跟这阴魂不同样是不灭的吗？"这是他面对远处的阴魂时，对廷臣所说的。"看得还不如一根针"直接道出了他对自己生命的轻视，说明了当前的朝廷，此刻的生活于他而言暗淡无光，他渴望得到一个答案，能令他心底满意，敦促他接受或反抗这样的结局，不虚度，不违心。

"我那灵魂跟这阴魂不同样是不灭的吗？"也确是如此，他的灵魂与这阴魂并没有本质区别，可能唯一的不同在于其中一个尚且附着在活人身上，另一个因没有完整的躯干只能流浪人间。在哈姆雷特眼中，即便他死掉了，也会有灵魂上的解脱，这与庄子思想中的死亡观如出一辙——死亡不过是另一种形式的生存。二者观点可能类似，但对待生死的态度却截然不同，庄子对此是释然的，超脱世俗的，是不羁的洒脱；而哈姆雷特的想法却很消极，饱含了对生命的蔑视。^{***}于他而言，不过是世间缺少他活着的理由罢了，被朋友背叛的绅士、乱伦母亲的儿子、毫无地位的丹麦王子，这些都使他厌恶，此刻的生活使他厌烦。

生还是死？论气魄，究竟哪一种更加高超？这是哈姆雷特抛出的问题，随后他也给出了自己的解答。对苦难来说，敢于以"生"去对抗，是绝对英勇的，那些他口中"敢挺身而起，用反抗去扫除烦恼"的人，在气魄上是高超的。同样，以"死"来解决问题无疑是一种逃避，是不负责任、没有能力的表现：他们怯于承担，怯于忍受苦难。

---

* "方生方死，方死方生"来自《庄子·齐物论》。这篇关于《哈姆雷特》的读书报告以此为**题目**，却未必合适。一方面，这个题目对文中的具体论述并不能做到完全涵盖；另一方面，它可以构成理解《哈姆雷特》的一个视角，却也容易淹没或消解后者所传达出的生死观的特殊性。

** 适当**引用**经典文本原文做引入、例证或具体细读的段落，值得鼓励，这是贴合论说对象的办法，也是增加文章丰满度的办法。

*** **异同比较**是读书报告写作中常用的思维方式和逻辑方法，通过将两种既有共性、又有差异的对象做对比分析，既能深入呈现二者自身内涵，也便于文章由此发现问题，促进其论述的深入展开。对本文而言，通过比较而得来的问题便是：哈姆雷特何以在生死观上如此消极？

可能"死"的确洒脱，"死了——睡熟了，就这么回事。"对的，的确就是这么一回事，死了和睡熟了一样，都是没有意识的状态，也都代表了回避的态度。这样的态度正如《世说新语》中所写魏晋时期竹林七贤中的阮籍："文帝初欲为武帝求婚于籍，籍醉六十日，不得言而止。"如此戏剧性的解决方式独阮籍一家所有，借醉酒逃避现实，心中愤懑却少有作为，活像一本悲剧集。可倘若不是面对苦难，那么死可能又是另一种状态，如谭嗣同、赫克托尔等英雄的死，都是很壮烈、很有意义的，足以名垂青史。

可哈姆雷特本身又是害怕死亡的，"只消他拔出了尖刀，就可以摆脱痛苦的残生。"相较于生，死是极其简单的，不论从方式还是代价来看，但是很少有人去选择它，可能他们和哈姆雷特的想法一致："要不是害怕死后，不知会怎么样；害怕那只见有人去，不见有人回的神秘的冥府。"他们害怕死后的生活，害怕今生的德怨究竟会致使他们去往天堂，还是地狱。人这个物种本身对未知的事情总会抱有一丝恐惧，好比人天生会害怕黑暗，这是人的天性，是无法被改变的。于是这些对死亡恐惧的人，"宁可受眼前的气，切身的痛苦，却死活不肯向未知的苦难投奔。"包括哈姆雷特。

在哈姆雷特看来，死亡是一个新的阶段，他本可以在很早之前就处决新王，为父亲复仇，奈何那时的新王正在心中忏悔祷告，哈姆雷特便收了刀。这是由于他心中还有很浓厚的鬼神思想，一并融入了对生死的看法，这与当时的时代背景和他受教育的内容是割裂不开的。在特定情况下，我们对某种事件的抉择和我们本身是一体的。换句话讲，在那样的情境下，他必须做出这样的抉择，因为他是哈姆雷特，他要为父报仇，让浑身淌满罪恶血液的小丑新王，"漆黑的灵魂，直滚进地狱。"坠入深渊，万劫不复！

生是气的汇聚，万物源于气，死是气的消散，可死并不等同于结束，死亡是新的开始。这是庄子思想的一部分，这些由气汇聚成的万物在本质上是可以相互转化的，我们所看到的这些宏观的物体，早晚都会改变或"消失"，转化到另一个物体上去。哈姆雷特在坟墓前对霍拉旭说："谁知道亚历山大大帝的贵体化成的一堆尘土，不就是人家拿来给酒桶塞孔眼的泥巴？"这句话不仅和庄子的物化思想十分接近，还与《庄子》中的《齐物论》

的"万物平等"的思想吻合。即便是伟大的亚历山大，也难逃死亡，死后的躯体也会像其他普普通通的人一样，回归自然，转化到其他事物上去。即便伟大如亚历山大，他化为泥土的躯体也可以作为给酒桶塞孔眼的泥巴。如此平等且正道的道家思想，哈姆雷特也有。从这个角度来看，哈姆雷特也多少算是道家学派的人了罢。

"既然一个人对他身后之事，一无所知，那么早些晚些离开人世，又有什么关系呢？"这是哈姆雷特在上击剑场前所说的，从中可以看到他在对待死亡的态度上的转变，从蔑视生命，到对未知的畏惧，再到后来的洒脱、释然，哈姆雷特改变了很多，但不变的是他反抗非正义的心和为父报仇的坚定意志。*

生与死的辩谈古往今来有过很多，生与死本身藏于人们心中，也困惑了无数的文人志士、英雄豪杰。我们没有必要去追究生死，也不必感到迷茫，以更大的视野来看，生与死皆是琐事，并不能成为人的起点和终点。人当始于逍遥，止于逍遥。

（作者：冯璐鑫）

综合点评：

这篇读书报告借庄子哲学的比较视野，谈《哈姆雷特》中的生死观问题。优点在于，与经典原文结合紧密，这既体现在对经典原文的阐发，也体现在写作形式上对经典原文的适度引用，尤其是后者，可谓本文亮点；缺点在于论述过程逻辑略显散漫，不少论述有重复冗余之嫌。此外，结尾过于仓促，使文章给人留下虎头蛇尾的印象。

* 提出哈姆雷特生死观在戏剧文本中的前后变化，却引而不发，不展开分析这种变化的原因和过程，使文章有**虎头蛇尾**之感；另外，这里仅凭一句哈姆雷特上击剑场前说的话和前文绝大多数篇幅分析的"生存还是毁灭"经典独白做对照，就得出哈姆雷特生死观发生了前后变化的观点，论证薄弱，缺乏**说服力**。

第四节　《第一哲学沉思集》

虚实轮转中的沉思 *

　　"智力取消了命运，只要一个人在思考，他就是自主的。"这句言论和笛卡尔的沉思不谋而合。人的一生尚且有限，若是不思不虑，只求温饱，倒也可以幸福度过；但是人的一生大概率也仅有一次，若是失去了思考，丧失了理智，那么便是失去了人生最大的乐趣。**

　　大多数情况下，人们总是对自己亲眼所见的事实深信不疑，因而"耳听为虚，眼见为实"也早已流传，对于依赖感官、缺乏思考之人，此言必是乏恶可陈；然而有心之人稍加思考便会发现其中盲点。你曾见到过天上海浪翻涌吗？你曾见到过杯水之中日光乍泄吗？你曾见到过窗户上烈火炎炎吗？你曾见到过筷子在水中曲折吗？你看到的这些都是事实吗？不，会有人告诉你：云层翻卷犹如海浪，丁达尔效应给光形状，落日余晖映射窗户，折射现象曲折筷子……正如笛卡尔所言：我们的感官有时是会骗人的，为了谨慎起见，对于骗过我们的东西就绝不全然加以信任。

　　我们通过理智而不通过感官认识物体。很多时候我们的感官和我们的主观思想是不自由的，除了我们本身的内在自我，外物无时无刻不在试图改变我们，塑造我们，诱导我们接受主流，带领我们迎合大众，即便那不合逻辑、违背我们意志。我们虽不能说已被完全改变，但多少会受到影响。而我们的理智总是在思考，总会在我们的头脑中发出声音，无论这个声音多么微弱。拿我们的性别为例：倘若是在明清时期，尚有裹足陋习叫我们区分男女；而今时代开放，行至街上，有男性身穿裙子，头系发带；也有女性一头短发，阳光帅气；若是凭靠感官，我们或许会张冠李戴。而依靠我们的理智，便不会在瞬间盲目决断，我们的理智敦促我们思考：通过观察音色、第二性征等谨慎做出决定。诸如此类例子，生活中数不胜数。只要还在思考，我们的理智就不会消亡。

* 题目中着重强调"虚""实"关系，不能说正文对此完全没有呼应，但直接的呼应十分有限。**标题**应与文章内容相辅相成，而不是可有可无的摆设。题目如果是一把伞，正文中要把它撑开，如果是一颗炸弹，正文内容就应是它引爆后的效果和痕迹。

** 引用格言与文章所论对象参照，并表达对"思考"这一问题的一般评论，是一种便于读者进入的开篇**引入**方式；但也应注意格言本身的权威性和新颖性，不权威，不具有说服力，不新颖，易落入老生常谈，反而会使其引入效果南辕北辙。

诚然，我们不一定通过感官认识物体，但感官必定会给理智加以铺垫、形成前提，从而做出初步判断。* 耳闻蝉鸣、燥热不减，我们便知晓春去夏已至；晨光熹微、空气清新，我们便明白夜结白昼到。我们能嗅到花香、窥见日光、聆听鸟鸣、触碰自然、品尝鲜美。我们的感官不会给我们百分之百的正确认知，却会给我们的理智百分之百的真实感受。没有感官或许会有理智的认知，但我认为这并不是一件简单的事，至少对大部分人来说。

因而在我看来，大多数情况下认识一个物体应是始于感官，止于理智。盲人认识一个物体会首先通过声音，患有耳疾之人认识一个物体会首先通过行为。继而通过不断思考证实初次的认知或是推翻初次的认知，建立一个新的认知。以此不断重复便是我们的理智。理智与认知都是不断怀疑、不断刷新的一个过程，时间一刻不停，我们的理智也不会一成不变。

读笛卡尔《第一哲学沉思集》后对"思考"也有一些认识：思考合该是与生俱来的，我们初生之时会对世界充满好奇与畏惧，从而嚎啕大哭；我们年少之时会对世界充满希望与期待，从而奋身向前；待我们黄发骀背之时，或许会对世界充满爱意与不舍，从而追溯岁月。** 我们的好奇、希望与不舍没有一样是不经思考、不带问号的。所以不要总是认为自己没在思考。除了有意识的思考，很多情况下思考是无意识进行的。我们不用刻意去怀疑一切、否定一切，我们不必非要弄清为什么二加三等于五、为什么我们叫作人，我们生来便已经在一种由前人而定的规则体系之下，我们可以合理怀疑我们身边的一切，但不是去钻牛角尖；我们不能否认我们是错的，我们也不能否认别人是错的，不同的规则体系之下我们不同的思考带来的结果是不同的，哲学与世界联系、与人类挂钩，我们有权利怀疑，有能力思考，但很多人是没有能力凭一己之力力挽狂澜、改变世界体系的，因而我们的思考只是一种思考、一种人生态度，而不是去怀疑整个世界。

（作者：余媛）

综合点评：

这篇读书报告的一个鲜明特点是对举例论证的反复使用，使文章整体颇具生动性，也体现出对《第一哲学沉思集》阅读和思考的主动性。但举例论证，并非没有限度，案例选取应充分考虑，具体论述也应使其贴合经典文本，不能望文生义，不能借着原著中的某些关键词为由头就

---

* 此段可称为**洗白论述**。前文突出理智在认识事物中的重要性，在此映衬下，感官和感性被论述为理性认识的障碍。但这并不意味着感观和感性在认识事物的过程中不重要，这一段就是对它的"洗白"。文章中的洗白论述，往往既有转折性，又有承接性，可让所论述观点具备丰富性和层次感，使论述把握到事物和对象的客观性和复杂性。

** **排比修辞**的使用要有限度。排比是可增加论述气势的修辞手段，但也可能造成行文空洞、华丽有余而干货不足。文章第二段中一串排比反问句，已有此问题，但放在开篇处，尚能起到引发读者疑问和兴趣的作用；而这里在结尾做文章结论的地方再次使用排比修辞，会破坏结论本应具有的朴素性，也会给结论的边界带来漫漶感，影响其严谨性和准确性。

联想开去自顾自展开论述。

　　文章另一个突出特点在于修辞使用，尤其是排比修辞，有的地方它起到加强论述的作用，有的地方却成为论述的妨害。读书报告写作不拒绝文采，但不能以辞害意，要坚持实用和朴素的原则。实用原则，即如果要使用修辞，那么它一定要承担实在的表述和阐发功能，而非只为语言美感或声音节奏；朴素原则，即在读书报告写作中应尽可能朴素表达，就像数学推算一样朴实无华。提出和论证观点是读书报告的本性所在，美感和文采皆在其次，那些有八股嫌疑的套路化修辞表达，更须坚决舍弃。

由笛卡尔引发的对认识的思考

　　认识是人类汲取对新事物看法的一项最为重要的能力，同样它也是一项我们与生俱来的能力。但是，我们真的了解这种能力吗？*

　　依照常理，我们认识一个物体往往是从感官入手，由视觉、嗅觉、听觉等组成对物体的基本了解。但感官传达给我们的信息就百分之百真实吗？答案显然是否定的。感官传递我们的信号构成了我们的各种感觉，从理论上说人为地提供给大脑各种化学信号也是能够达成相同效果的。笛卡尔在《第一哲学沉思集》中也提到，梦境之中我们的感官同样被模拟："仔细想想，我就想起来我时常在睡梦中受过这样的一些假象的欺骗。想到这里，我就明显地看到没有什么确定不移的标记，也没有什么相当可靠的迹象使人能够从这上面清清楚楚地分辨出清醒和睡梦来。"此外，由于人体器官的局限性，获得的信息同样有着极大的局限性，直接从获得的信息来实现认识很容易出现错误。感官在实现认识功能上不再可靠，那么我们究竟通过何种方式才能实现真正的认识呢？**

　　对于如何实现真正的认识，笛卡尔在第一个沉思中曾有过妖怪论的论断。他先假设有一个本领强大的"妖怪"，在此基础之上他提出了假设的内容："我要认为天、空气、地、颜色、形状、声音以及我们所看到的一切外界事物都不过是他用来骗取我轻信的一些假象和骗局。"如何摆脱这

* 以问题作为开篇**引入**，既间接表述了文章论题，又可引发读者的兴趣和思考。

** 由疑问句结束一个段落，是形成文章不同段落之间内在黏合的衔接方法，因为这样的句子一方面对前文有总结作用，另一方面也引出需后文去回答的问题。因此，这一段末尾的提问，就起到**承上启下**的篇章过渡作用，也是引导读者思路的"路标"，便于读者跟住写作者的论述思路。

种骗局呢？笛卡尔认为："我要把我自己看成是本来就没有手，没有眼睛，没有肉，没有血，什么感官都没有，而却错误地相信我有这些东西。"如果这样还不够，"那么至少我有能力不去下判断。"换句话说，感觉呈现给我们的信息，最终还是通过理智去筛选，形成最终的认识。整个过程中感觉只是起到了辅助作用，作为提供可能信息的来源。即使感官传递给我们一些信息，我们的理智也可能会得到截然相反的结论。这表明我们在实现对一个物体的认识之前，还可以通过理智去减缓甚至阻止认识的形成，这同样表明理智在决定认识上有着决定性的作用。如果不加以理智，那么我们获得的对物体的认识很有可能与其真实的性质大相径庭。真正地认识一个物体也就无从谈起了。

由此，认识一个物体不能依靠感官而是理智。[*]例如，一个表面不沾水却被灌满水的气球混在一群灌满氦气的气球中，映入眼帘之时我们可能会感觉它很轻。这就是感官直接传递给我们的信息，但事实真的如此吗？显然不是。我们只收到了视觉传递的信息，感官受限"欺骗"了我们。那么我们怎样才能真正地认识一个物体呢？在这个例子中，感官首先提供给我们可供参考的信息——气球看起来很轻。那么理智开始对现象进行分析——气球真的很轻吗？把气球全部都拿起来，依次掂量估计重量，实践之后答案很明显是否定的。那么理智就很明显地认识到了一件事：在视觉效果上，装满水的气球和装满氦气的气球别无二致，但实际重量相差甚远。上述整个过程就是感官收集信息，然后理智进行分析最终实现认识的。事物的性质往往是多维的，从单一的维度去估计物体的性质而实现对物体的认识，这种行为往往只会得到错误的结论。理智的作用就是在信息面前保持"理智"，然后综合出一个可靠的结论，很明显理智在整个过程中是多维的，它是高于感官而存在的。因此在实现认识这一过程中，理智才是起到关键性作用的。

认识能力基础但复杂，往往被我们认为由感官主导。感官是我们获取信息的窗口，但感官的局限性让它并不怎么牢靠。理智是综合信息的中枢，实现对认识的输出。笛卡尔的怀疑论让我们认识到，显而易见的并非真实，只有通过严谨的论证才能获得对物体的真正认识。[**]

（作者：冷淼）

[*] 文章主干论述部分三段，每段开头第一句话都是本段**中心句**。就具体一个段落而言，它能提纲挈领，富有总结性，就文章整体而言，它可以明晰呈现段与段之间的逻辑层次关系。

[**] **总结**全文，既言简意赅，又条理清晰。但也体现本文的一个缺点，就是将感官和理智做了比较粗疏的二元化理解，而这一理解即便不读《第一哲学沉思集》大概也能推断出相似结论。这就意味着，这篇读书报告对经典文本打开的程度是不够的。

综合点评：

这篇读书报告谋篇布局的逻辑性出色，展现出很强的结构性意识。全文被落实在总—分—总结构中，具体论述也没有出现明显的逻辑跳跃，句与句、段与段之间有较好的黏合，文章有贯通感。

文章的缺点在于对《第一哲学沉思集》根本性问题意识的认知和把握不足，这导致用复杂论述说明了一个即便不阅经典原著也明白的道理。这并非经典阅读和读书报告写作的理想结果。阅读和写作应找到这样一种感觉：不是被经典拖着走，也不是把经典作为自己既有信念或观点的图解，而是要与经典对话，甚至和它缠斗在一起。

"我思故我在"

——逆向认识我们的世界

什么是现实？如何认识我们身边的现实？笛卡尔借由这两个问题阐述了他作为一位数学家、科学家，如何证明和解释我们的存在以及我们的认识。*"我思故我在"便是其阐释的开端，不过在此必须为这句话做一个解释："我思故我在"应该被翻译为"正因为我在思考，所以我可以说是存在的"，而非"我的思考导致了我的存在"，两种翻译都可以被文言简化为"我思故我在"，或被白话化为"因为我在思考，所以我存在"，但前者可以被类比为"因为我在呼吸，所以（说明）我活着"，而后者应类比为"因为我在呼吸，所以我（还能）活着"；两者虽然字面完全相同，但却是完全不同的两句话，在前两个沉思的内容中，我能鲜明地感受到笛卡尔的思想应解释为前者。在纠正完翻译上可能存在的问题后，我将阐述笛卡尔认识世界的思维逻辑，并证明它并不是唯心主义的产物。**

笛卡尔首先抛出了一种怀疑，在文中他使用了自己假想的神作为造成问题的开关，是因为他生活在信息论尚未产生的年代，不能用学术化的语言来描述***，但在信息观念深入人心的当代，我们完全可以用更有逻辑、理性的语言去描述。

*以提问方式开篇引入，这个问题既是笛卡尔《第一哲学沉思集》的问题，也是每个读者或多或少都会遇到的问题，因此它既能引起读者兴趣，又能引入讨论对象，可谓一举两得。

**正本清源地厘清对"我思故我在"的基本理解后，交代文章主旨和目的，给读者接下来的阅读提供了清晰的路线图。

***"信息论"并非不言自明的概念，如使用需对其做概念界定，便于读者知道文章是在什么意义上使用它；而这里说笛卡尔"不能用学术化的语言来描述"，也略显武断，何谓"学术化"本身就有多种理解可能，评价一种表述不"学术化"，须给予相应论证。

首先我们必须承认，在常识上我们对自身存在的认识是建立在外物映衬的基础上的，我们通常认为一个昏迷的人或者一个植物人是不能认识到自己存在的，也就是说我们接收到外界的信息，并借由这些信息将自身同外界区分，由此得到了对自身存在的认识。由此，笛卡尔提出了一种怀疑——我们接收的信息是否来源于外界呢？当代脑机连接的科学研究已经告诉我们，人脑中的信息可以像电脑一样直接输入，而不通过我们的感受器官，进一步说，感受也是一种信息输入，与脑机技术本质上没有差别。那么有没有可能我只是一个培养皿中的大脑，我们所看到的、听到的、所有的感受都来自脑机的输入？再进一步，连培养皿中的大脑也可以省略，我们也可能只是纯粹的复杂的思想而已，因为成为这样的思想也不会与我们习惯的现实产生冲突——只要信息输入完备，作为一个思想体生活和作为一个生物生活是没有区别的，因为作为生物生活时我们的感受也来自于器官输入的信息。经过这样的怀疑之后，笛卡尔意识到：真正能被认为是绝对存在的事物，只有我们的思想本身；正因为我们在思考，在试图认识事物，所以我们的思想绝对存在，而由我们所获取的信息定义的外界，其存在是存疑的。*这种怀疑推翻了我们以往认识世界、认识物质存在的习惯，从而产生了对一种新的认识方式的需求，这就产生了笛卡尔后文的沉思：我们如何在"意识绝对存在"的前提下，由已存在的意识的各项特性来外推认识的实在性。

如何外推呢？笛卡尔先提出了一种前提：在常识中，我们无法完全凭空想象一种事物，即便是不存在的事物，其特性也是在存在的事物上改变的。虽然常识并不全在笛卡尔当前的哲学体系中，但是这条常识的现实前提与理论的前提不冲突——即便我们作为思想体存在，也不能凭空想象。在提出这一前提后，笛卡尔通过简单的思维实验解释了认识的实在性：一块蜡的固态与液态在同一属性上拥有完全不同的表现（气味、形状等），我们却能清晰地认为它们都是"蜡"；如果蜡来自于想象，即我们对蜡的认识来自于对其他已知事物的迁移，那么蜡便不能拥有同一属性的两种表现，否则，在我们的认知中应该有至少一件事物包含同一方面的所有属性，由此才能出现有不同属性的事物被定义成同一事物的情况，然而我们并找不到又大又小、又圆又方的事物，这就产生了矛盾，证明我们认识到的事物一定有一部分来自于我们的观察和感受而非想象，我们的认识也是实在的。

* 这段文字的论说特点是能用自己的语言来陈述笛卡尔的认识论思想，这样做的前提是较为充分地把握了《第一哲学沉思集》中笛卡尔认识论思想的核心要义，随后用自己的语言完成对它的**消化吸收**，体现出写作者对经典文本的细读、反思、语言转化和思路重组的能动性，达到既高度凝练又能和经典文本展开对话的效果。

　　说完这些，所谓的唯心主义也不攻自破了，笛卡尔的思想在于从一个绝对可靠的基点出发，以严谨的思维路线去认识世界。作为一个科学家，他敏锐地察觉到，人们习惯的认识论并没有坚实的基础，在面对偏唯心主义的怀疑论时并不能站住脚，因此他试图利用思维实验和逻辑思考寻找一种能够自洽并且有理有据的认识论。于是，以"我思故我在"为基本前提的、逆向于习惯的认识论诞生了，并反驳了唯心主义"只存在思想"的观点，这样的思想又怎么会是一种唯心主义呢？

（作者：徐涵浩）

综合点评：

　　这篇读书报告逻辑结构清晰：第一段开门见山，说明文章的主旨和目的；第二段交代方法，即写作者要对《第一哲学沉思集》进行一种语言"翻译"（用更有逻辑、理性的语言描述）；第三、第四段是主干论述部分，用写作者的话说即"阐述笛卡尔认识世界的思维逻辑"；最后一段交代结论，并呼应文章开头，论定上述"思维逻辑"绝非"唯心主义的产物"。文章最大的示范意义在于具有论述语言转换的自觉。面对经典文本，写作者没有亦步亦趋，而是尝试用自己的语言来"翻译"笛卡尔的语言，语言的转换过程，也是写作者的运思过程，读书报告的写作，本质正在于阅读和思考相结合后的文字产出，这样的产出不是静态的，而是饱含着跃跃欲试的思想的动态的。

从《第一哲学沉思集》看"意志"与"理智"*

　　史学使人清醒，哲学使人坚定。文史哲的学习会潜移默化地影响人，让人拥有一颗更加从容的心，更加平静地看待生命的高低起伏。笛卡尔是一位伟人，而在提到笛卡尔时，更为人们熟知的，似乎是他的数学成就。但是，通过对《第一哲学沉思集》这本书的阅读，我们不得不惊讶于他多方面的才华。那些出人意料的发问，那些听起来有些让人难以理解的"清除旧见解"的行为，都展现着他对这个世界的深邃思考。**这些思考当中"意志"与"理智"一直贯穿始终，作为其论述的重点而存在。

* 文章虽谈及"意志"和"理智"各自的内涵，但真正重心是谈二者之间的关系。这个**标题**没有反映出文章论述的主旨和重心。

** 跟文章主题**相关性**弱的铺垫过长。在篇幅有限的情况下，应选取最关键的文字作为开篇，让读者第一时间知道文章所要表达的观点和想法。

　　首先笛卡尔设置了许多在自己以往的认识上值得怀疑的问题，这些问题使他迫切地需要找到一个毋庸置疑的点，好以此来真正正确地认识世界。他对外假定自己看见的东西和感知的东西都是假的，对内则剔除自己的一切感官，假定自己无形无相，仅仅只是一个在思维着的东西，由此引发了对自身内部，即自己的思维的思考，进而追寻真理或错误。

　　笛卡尔说道："在这以后，更进一步看看我，并且考虑一下哪些是我的错误（只有这些错误才证明我不完满），我发现这是由两个原因造成的，即由于我心里的认识能力和选择能力，或由于我的自由意志，也就是说，由于我的理智，同时也由于我的意志。"这里，他用了另一种说法来解释"意志"和"理智"，"意志"为"自由意志"，而理智是"认识能力"。*

　　进一步地，笛卡尔认为造成认识错误的原因，既是理智，也是意志，因为理智不过是认识能力，这种能力是有限的，"我"以理智来领会"我"能够领会的东西，并且总是实事求是地去领会，在这里面不会有错误；而意志是非常大、非常广的，什么界限都限制不住它，但如果给意志加上了理智，使它受到理智的驱使，它便不再像前文描述的那么广大。不过，笛卡尔认为这并不是说我们的意志就因此失去了自由，因为在两个东西的选择当中，只有我们越是清晰地认识到其中的某一个具有善和真，或者说一切趋向于更好的因素，我们就能够越清晰和自由地选择这一个，即做出正确的选择，如果我们在这样的选择当中，认为选择任何一个都无所谓的话，"这种无所谓的态度不过是最低程度的自由"，当我们的意志没有任何限制时，自然也就无所谓对错。所以，造成错误的原因，不仅仅是理智，也不仅仅是意志，而是理智和意志共同的结果，当"我"没有把比理智大得多、广得多的意志加以理智的限制，把它扩展到"我"所理解不到的东西上时，就可能产生错误。

　　我赞同笛卡尔的观点，也认为受到理智驱使的意志并不是不自由的，相反，只有受到理智驱使的意志才具有真正的自由。笛卡尔在这里的对于意志和理智的论述，与孟子的观点有些许相似之处。孟子说："万物皆备于我矣。反身而诚，乐莫大焉。强恕而行求仁莫近焉。"这里，"万物皆备于我"就像笛卡尔所说的，意志是广大而无限的；而下文所说的"反身而诚，乐莫大焉。强恕而行求仁莫近焉"就像是在广大而无限的意志上加上自己的理智。**当我们具有广大而无限的一切时，我们更应该思考我们所做出的选择的正确性，这种正确性在笛卡尔看来，是全能的上

* 通过引用经典原文对"意志"和"理智"做出**概念界定**，为后文论述做出铺垫。但这里的概念界定略显单薄，毕竟它们是文章最为重要的核心论述对象，除引述原文外，还应做相应补充解释说明。

** 将中西方哲学观点联系起来**比较论述**，但也应注意比较项双方的可比性和语境，避免望文生义。

帝所给予的追求真和善的趋向性，从孟子的这句话来看，孟子亦具有这种趋向性，只不过以"诚"与"仁"来表达，这就是我们的理智，一部分与生俱来，一部分从后天的观念里获得，它看起来约束了意志的自由，实际上正是理智的约束使得意志的自由得以存在。

从笛卡尔生活的时代算起，约过了两百年以后，出现了一位同样十分伟大的哲学家卡尔·马克思，他的唯物辩证法的矛盾观认为，一切事物都是对立而统一的，如同我们的思维，既有理智的约束，也有意志的自由，它们相互斗争，却又相互依存，如果失去了理智的约束，那么意志的自由也将不复存在。康德有一条著名论断："自律即自由"，与这个观点也有异曲同工之处，只有意志受到理智的驱使，即"自律"，有所为，有所不为，才能实现真正的自我的控制，使意志获得真正的"自由"。[*]

总而言之，不管从哪个方面来看，不管出于何种目的，理智的约束和意志的自由都是天生的一对，对 17 世纪的笛卡尔来说是这样，在 400 年后的今天仍是这样。我们若是追求完全自由的意志，是期盼从中获得什么呢？照理来说，当意志完全自由时，做什么都无所谓，当然也就无所谓期盼，如果我们渴求自由，证明我们还有这种趋向性，认为自由是"真""善"，这本身也是一种理智，那么"绝对自由"也就形成一个悖论，不攻自破了。

（作者：余文凤）

综合点评：

这篇读书报告论点明晰，即讨论《第一哲学沉思集》中"意志"和"理智"的关系。文章对这两个关键词有概念界定自觉，但阐释得不够充分，且偶尔望文生义，导致后文论述中两个概念的意涵有游动性，有的地方还会偏离经典原文语境，给人一种强制阐释的印象，如文章常呈现出理智应驾驭意志的思维定势，就是较为想当然的理解，它忽略了笛卡尔论述的原初语境，却进入了知行关系或道德哲学的讨论范式。

可见，读书报告写作中准确清晰界定核心概念至关重要，否则，行文过程就像骑一辆歪轮子的自行车，固然可以前进，却容易打晃，甚至跌倒。相反，深刻把握和清楚界定后的核心概念就像两条平顺笔直的铁轨，便于列车平稳行驶。这对我们的阅读和写作提供启示：经典阅读中，要尽力把握清楚核心概念在经典原著的上下文中的准确意涵；读书报告

（左栏旁注）[*] **引经据典**，增进对相关问题的论证。但这里的征引略显表面化，比较论述也未能充分深入展开。

写作中，则应基于这一把握将其按照自己的论述目标深入阐释和界定，并在行文过程中不偏离这一阐释和界定。

《第一哲学沉思集》读书报告 *

阅读笛卡尔的《第一哲学沉思集》后，我认为身体与心灵通过大脑神经互相关联，但是我们不一定能通过神经科学破解意识之谜。**

笛卡尔的"心物二元论"认为人是由两个部分组成的，"物质的本质属性是广延，心灵的本质属性是思想""肉体是一个有广延的东西而不能思维，我是一个在思维的东西没有广延"，物质与心灵互相独立，互不依赖。*** 但众多现实现象与经验表明，人的心灵控制肉体，肉体在外界所处的状态又影响着心灵做出的反应。例如，人的手指感受到火，手指作为感受器通过神经的传输将感受作用到大脑，大脑做出缩回手指的指令并且使手指上的效应器服从指令。若以大脑作为心灵的一部分，以手指作为身体的一部分，那么在这个实例中，人的身体就通过神经系统与人的心灵有了交流联结。通过对这一现象的思考，我并不赞成笛卡尔的"心物二元论"。并且笛卡尔本人也曾说："我很容易相信在我心里绝没有什么观念不是从前通过我的感官得来的。"若将观念视为心灵的一部分，感官视为身体的一部分，笛卡尔的这句话也在说明心灵和感官是有联系的，不是互不依赖的，此外从现代科学的角度解释，那些感官是通过神经将信息传送到大脑形成观念的，因此"心物二元论"并不可靠。

我不苟同"心物二元论"，但也不赞成"心物一元论"。**** 举同样的例子说明，手指感受到热与烫之后人的感受器因为受到了刺激疼痛想要缩回，但如果人有足够的忍耐力，人的心灵就可以违背疼痛引起的缩回指令，控制身体维持现状，即，身体想要缩回，但心灵相对独立于身体，即使身体做出的反应是缩回，心灵也可以选择不缩回。从这个方面出发，我认为心灵又是独立于身体的，所以我也并不赞成"心物一元论"。

我不赞同"心物二元论"和"心物一元论"中的任何一方。我的见解是：心灵与身体相互独立又相互依赖并且二者可以通过大脑神经进行联系。

** **开门见山**抛出观点，且使用"不一定"这个描述留置讨论空间，而非独断地表达同意或反对意见。

*** 采用引用原文、辅以总结的方式交代笛卡尔"心物二元论"思想，简洁清晰地**铺垫**后文论述。

**** 前文呈现文章初步结论："心物二元论"并不可靠。本段补充说明：不赞同"心物二元论"不等于赞同"心物一元论"。这样就规避了二元对立、非此即彼的逻辑偏颇，使文章展示出论辩逻辑的**缜密**。

* 将问题本身**问题
化**，转换成自己的
提问和思考方式，
即"人类能否通过
神经科学破解意识
之谜"这个问题在
作者看来，无非就
是人能够认知自己
的问题，进一步，
它又变成人的主观
性能够客观化地认
识自己的问题，层
层将问题引入深化。

对于"人类能否通过神经科学破解意识之谜"这个问题，我的思考是，人类或许可以通过神经科学破解意识之谜，但是我们目前对于神经科学的研究都是建立在人的思维、人的大脑这一思考方式上的，以人的大脑研究人类神经的问题，很难得出客观公正的结果。*人类在神经科学上取得的一些重大突破，例如知道了人体内的神经信息传导是通过电流与物质双重作用这些科研成果，是超乎本人意料之外的。如果人的意识、思维与心灵那些虚无缥缈没有实体的东西存在于另外一个空间中，就像人的身体与神经存在于地球空间一样，意识思维心灵也有自己的空间，两者通过一种未知的方式联系，那么人就很难通过此空间的神经科学破解彼空间的意识之谜。

（作者：金文玲）

综合点评：

这篇读书报告体现出较强的分析和思辨能力。总体看，逻辑缜密、结构清晰、语言克制、文风从容、结论有说服力；具体看，既能充分结合经典文本，又能结合具体经验现象及现代科学理论观点等，站在一个超越二元对立、非此即彼的复杂性思维和批判性思维的高度上，环环相扣地展开对问题的陈述和对观点的论证。并且在这个过程中，善于将问题本身问题化，即对待一个问题，不是仓促进入，而是首先分析它本身的基本预设、可能层次，将问题内核完全暴露出来后，再进行分析和争辩，如此能够打开更丰富的论述面向，使观点全面周到。

第五节 《社会契约论》

《社会契约论》中人类社会发展的源动力*

《社会契约论》中，人类已从原始社会发展至复杂社会，并将在可能的未来达到契约社会。卢梭并没有具体描述为何人们从原始社会能发展到复杂社会。不过显然，人类从原始社会发展到复杂社会的整个过程中，欲望一直都是强有力的推动力，并且正是欲望使得社会的发展成为可能与必然。人类需求的扩大和相互依存的加深使得个人不再能通过自身的努力来满足自己的需求，而必须依赖与他人合作。但相互依存的单独个体之间不免存在着矛盾与冲突，为了实现集体的自由并消除不安，根据在卢梭之前的社会契约学者（霍布斯、洛克等）的理论，人们应该同意放弃自身的部分自由而建立由主权领导的国家权威和法律。

那么人的欲望由何而来？在此之前，得先谈谈卢梭所说的自由。**"人生而自由"，在卢梭看来，处于自然状态的人类本身"天赋人权"般地存在着自由。所以这里的自由并未被探讨为何是自由，而是被描述性地展示出来，被定义为自然状态下、人只遵循人性的状态下的一种状态。自然状态下，人和动物拥有一样平等的欲望，渴望需要的东西，但不需要他没有欲望的东西。换句话说，人对周围世界的意识是为满足他的生存和繁衍需要而定制的，而不是被当今社会所擅长的各种欲望所奴役的。

可见，"自然自由"下的人类实际不存在贪婪欲，那么社会应该也不会向复杂发展——但这种自然状态实质只是卢梭的假想，不会也不可能存在一个实际的、如此纯粹的时期，因为至少，远古时期还存在着在卢梭口中的"政治社会的原始模型"，即家庭。家庭是最小的社会。通过家庭生活，人发现了爱，从而发展了美和优点。关于社会，卢梭是这么描述的："此前只关心他自己的人才发现他今后不能不按照其他的原则行事，即，在听从他的天性驱使前要先问一问他的理性。"正是这种

> * **标题**简洁大方，但不够透彻，最好将"源动力"的具体所指在标题中直接挑明。

> ** 文章核心观点即"欲望"是"人类社会发展的源动力"，本段讨论"欲望"的起源，文章将它放在《社会契约论》的思想脉络中，把一个抽象的大问题落实到了具体讨论空间。

理性让人从愚昧的动物变成了一个人。但同时，社会的存在也引起了竞争，以及虚荣心、蔑视、羞耻和嫉妒，这些由社会发酵而出的毒药"使他（人类）往往堕落到比他原先更糟糕的地步"。

可以看出，卢梭似乎一直在强调人性本善，而社会使人堕落。简而言之，欲望由被社会腐蚀的人类产生，而又推动社会发展。*根据卢梭的观念，这样由贪欲产生的国家权威和法律必然会被歪曲腐化，为上层阶层所利用，造成社会的不平等与剥削。"人生而自由"才是人类本来的样子，但如今人们已在"无往不在枷锁之中"的社会中，遭到异化。因此，卢梭试图用《社会契约论》为这个社会提供一个替代方案，找到个人自由与国家权威之间的一个调和点。在这个方案中，从现有的复杂社会转向他所设想的社会契约靠的是人对"自由"的追求和"善"的本性，即，正是人们想要获得自由平等才使得社会契约是可能且必然的。社会契约的使命是将一种难以实现的自由（自然自由）换成另一种可行的自由（公民自由）。毕竟在一个由相互依存的人们组成的世界，想要享受原初的自由而又不剥削他人几乎是不可能的。但若是根据所有人的意愿创造出一个"公意"主权，个人既是公民又是主权的一分子，那么随着主权权力的到位，个人就能在法律之下享有平等的自由，并保护自己的人身和财产安全。

公意是法律之源，代表着每个公民的意志。因此，也就是说，在遵守法律时，每个公民都仍然受制于他自身的意志，但仍然保持着自身的"自由"。可以说，这种"主权在民"的民主思想在那个年代**是相当超前的。不过卢梭的理论并不是天衣无缝的。例如，对于人性本善而社会使其堕落这个主张，卢梭就没有做出清晰合理的解释。人性之善，是一般人所认为的道德意义吗？可卢梭又在多处明确指出，道德不是人类的自然特征。由于卢梭对此没有定义，这里只能擅自把卢梭所认为的"善"移到"已经讲得太多"却未给出哲学定义的"自由"头上了。此外，将社会契约的保障寄托于道德、拒绝代表制而只认同全公民投票等接近"空想"的发想，让卢梭的理念带有了一丝乌托邦的情结。

（作者：陈心乐）

综合点评：

这篇读书报告以"欲望"概念为论述中心和线索，重新讲述一遍《社会契约论》的"故事"。论说文不是记叙文，但和记叙文一样也要讲"故事"，只不过在论说文讲述的"故事"中，主角不是人物，而是一个思想观念的开端、发展及其矛盾性、可能性。在讲"故事"的意义上，这篇文章可谓立意精彩。

　　文章的缺点是头重脚轻，前面为引出"欲望"概念而去论述"自然自由"时，写作者花费过多笔墨；后面进入对"契约论"思想的分析时，"欲望"这个对文章最关键的概念却被隐匿了。"自然自由"和"欲望"是什么关系？"公民自由"和"欲望"是什么关系？"公意"和"欲望"又是什么关系？这些问题值得进一步思考和讨论。

探索卢梭的公意

　　卢梭在探索政治权利与政治原理上为人类做出了不可磨灭的贡献。罗伯斯庇尔曾称赞卢梭道："他是法国大革命的先驱。"歌德评价卢梭道："伏尔泰结束了一个旧时代，而卢梭开创了一个新时代。"国家教学名师赵林曾评价他说："卢梭是崇高与卑劣、美德与邪恶之间的一条纽带，他一生都在这两个极端之间流浪，从一个断点向另一个断点跳跃。他落脚于污秽的深渊，却始终仰望着头顶上那片澄碧纯净的蓝天。"*卢梭对社会原理、国家起源的思考，值得我们仔细研读。

　　卢梭设想，全体人类终将发展到这么一个状态：遏制人类自我生存的各种障碍，已经远大于每个人仅为保全自身所能做的最大限度的努力。因此，独善其身的策略必将导致人类的灭亡。为了延续生存，人类应该发展出一种理想的共同体、结合体，用凝聚起来的力量继续保护每个结合者的个人利益。基于这种假设，卢梭提出了自己的社会契约理论，也提出了"公意"的概念。

　　在卢梭看来，社会契约是社会发展、国家建设的基石。由特定社会契约所形成的主权者共同体，可以被看作一个独立的人格、独立的意志，就像一个幻想中存在的人一样。这一共同体所具有的意志，便是公意。

　　因此，对于现代国家而言，公意可以被看作公共利益、共同利益，是所有人民利益的融合。但公意并非所有个体利益的简单加和。所有个体利益的简单加和，是众意而非公意。众意，本质上仍在考虑私人的利益，不

*开篇通过卢梭评价史引入讨论对象，好处是能间接论证文章所讨论对象的重要性，但也应注意对评价史的引用与文章论述主题应紧密相关。就本文而言，应相关到"公意"，相关到"卢梭"就显得过于宽泛。再就是，这里引用的名家评价有堆砌之嫌，与前后文衔接不足，显得散乱无章。

163 -

仅包含了人们共同向往的利益，还包含了人们彼此冲突、矛盾的部分。如果从众意中去除分歧，只留下被共同认可的那部分利益，那便有了公意。

可以说，公意理论是卢梭社会契约理论的重要基石。公意是结合体的最高指导。并且，"公意永远是公正的"。这是因为，公意是排除分歧后，所有人的意志的融合。当一个人为结合体思考、服务时，他本质上也在为自己思考、服务，因为得益于"公意"的形成方式，小我与大我的利益方向必然一致。

*通过一个**转折句**，从"人们的道德水准"视角分析卢梭"公意"论述的局限性，体现出文章思考的主动性。但论述过程，略显主观，即这里主要是从个人经验感受出发批评卢梭，与经典原文结合不足。

然而，卢梭的公意理论在现实生活中也有一些缺陷。*比如，人们的道德水准常常不能达到卢梭所设想的水平。卢梭的许多理论与思想都基于人的道德，抑或说是"性善论"。他设想，个体愿意让渡一部分"自由"与权利，以某一方面的牺牲换取另一方面更大的收获，可以考虑共同体的利益，不会仅仅着眼于私人的利益。现实生活中的人，并非都具备这样的思想觉悟。从卢梭所处的时代发展至今，我们似乎很难说人的道德水平有了多么显著的提高。道德水平呈现出巨大的个体、地域差异。

如果公民的个人意志与公意不一致，服从公意是否意味着让渡了自由呢？我认为，确实让渡了自由，但这一部分自由的缺失会换来其他方面更大的收获。

借助"公意"与"个人意志"相比较的方式展开论述。但这里的"个人意志"又颇具经验感受色彩，在后面两段论述中，时而接近《社会契约论》所说的"众意"，时而又类似日常生活中的"个人"。应避免这样的含糊**其辞。

个人意志与公意并非"对"与"错"的对立关系，而是范围大小的关系。**从公意的内涵我们可以知道，公意是全部个体意志最保守、最中庸的总和，它关注到所有人的核心利益，但也剔除了相当一部分带有个性的利益。因此，在本质上，个人意志的范围大于公意，个人意志几乎必然包含公意所不接纳的内容。而公意所不接纳的部分，必然是全体人民有所分歧、冲突的部分。

如此看来，个人意志与公意的不一致，其实是正常的个人意志的显现。个体为了自己的某些利益需求，渐渐走上与公意相悖的道路。理想情况下，个体应该服从公意，放下不合理的利益，这也意味着让渡了自由。只不过，有失必有得。虽然失去部分自由，但一方面，他维护了结合体的利益，实现了更高层次的价值；另一方面，他那被公意所认可的核心利益会得到补充、强化。

*** 除非是特殊情况（例如承上启下段），**段落长度**最好不宜有过山车式的突然缩短。就这段内容来说，应具体展开阐释说明相关观点，仅有观点而没有论证如同仅有骨骼却无血肉的身体，是没有生命力的。

如果个体拒不服从公意，为个体意志而我行我素，则会使共同体毁灭。***

"公意"理论，反映最深刻的是卢梭的自由平等观念。公意的形成，反映了卢梭对于人类政体的一种期待。当人类发展到一定程度，每个人都是平等的，无论何种天资，何种成长环境，何种出身，都不影响每个人追寻人类共同的理想。

（作者：陈子洋）

综合点评：

这篇读书报告能围绕论述的中心话题展开讨论，结构完整。对经典中的观点，也能有针对性地提出不同意见，指出其局限性。但文中重要概念应更多结合经典原文做出深入的对话式阐述，而不能仅凭个人经验感受做出单方面评价。

文章存在推进性论述不足的缺点，给人一种平铺感。尤其是出现很多重复论述，同样的意思反复表达，而不是沿着某个问题意识层层推进，导致冗余，通透感和流畅度不足。出现此类问题，归根到底是未能超越"就事论事"的思维定势。读书报告写作应超越此定势，进入"就事论理"的深度。即把"事"描述清楚后，上升到"理"的层面，展开论辩性和推进性的分析。如何从"事"上升到"理"？如卢梭就不是在个体和群体关系这一现象层面讨论问题，而是在"公意"和"众意"两个概念的辨析性论述中讲如何保全"公意"之"理"。这是值得借鉴的思考方式。读书报告归根到底应在概念和义理层面展开论述，不能拘泥于现象和感受层面，后者可以做前者的引入和基础，但前者才是读书报告的核心和灵魂。

<h2 align="center">厘正公意，维护主权</h2>

"立法权好比国之心脏，行政权好比控制行动的大脑"，这是卢梭对一个国家政治生命的生动阐释。倘若大脑瘫痪失灵，人仍然可以活着，只是没有了知觉；可是一旦心脏停止跳动，人便一定会死去——一个国家也是如此，是靠人民所拥有的立法权而不是政府对法律的执行权而存在的，它的生命根本——主权权威在于人民，在于公意。*因此，要想一个国家不衰败，就必须要保持公共意志不腐化、不被私人利益所侵吞，从而为法律注入新的

* 以《社会契约论》经典原文中的一个经典比喻做开篇**引入**，并对这段原文进行恰当阐述，提示文章所要讨论的问题，便于读者顺畅进入文章。

* 交代文章目标，即对《社会契约论》第三、四卷陈述、总结和分析，将之概括为"国家面临的挑战和可能的解决路径"，准确精炼。

力量。卢梭在本书第三、第四卷分别就国家面临的挑战和可能的解决路径展开了描述。*

首先，任何形式的政府都会不可避免地自发蜕化——"由于个体意志总是处在公意的对立面，那么政府就会不断地发挥起作用，反对主权"，这种体制上的弊端最终会导致一个国家的衰败。为了延缓它的发生，使政权达到稳固的状态，就必须从体制上维护主权权威。对此，卢梭提出的方法是定期举行合法集会；进一步，在集会中，掌权者应该要考虑两大问题：掌权者是否愿意政府继续以现在的形式存在，人民是否愿意让现在的行政官当政。这两大问题是防止政府篡权、腐化的关键所在。

立足当今，我国各级人民代表大会就充分参考了卢梭对集会的论述。人大代表作为掌权者，定期参会，对各项议题做出决定；同时，上述两大问题也以对各项改革法案深入探讨、对政府的述职报告进行评定的形式得以讨论。但是，卢梭认为最富有生命力的集会方式，是不设首都而在不同城市分别召开集会，让各地的人民都有权利参与政治，使得主权在不逐级分散的前提下同样能得以稳固——可面对一个十四亿人口的大国，如此大费周章"流转"中央政府，并且要求古希腊式的全民政治，显然是行不通的。

与此同时，利己主义的抬头不仅在体制上会导致政府的蜕化，同时在社会层面会导致公意的腐化与堕落——大社会将被各种小社会影响，公意不再是所有人的意志——症结由大脑直接威胁到心脏，国家会更加岌岌可危，最后只能以虚幻空洞的形式苟延残喘。为厘正公意，在完善选举制、投票制之外，卢梭从对古罗马的体制的考察中得到了一些新构想，并在第四卷中展开论述。

** 此后三段分析《社会契约论》第四卷"厘正公意"的相关论述，层次分明，逻辑清楚，展现出写作者的结构意识自觉。

第一，建立保民官制。**卢梭口中的保民官是法律的神圣保卫者，这样做的目的是使国家的各个组成部分之间的比例恢复正常。这套附加体制的内涵与儒家的中庸哲学十分契合，使法律的建立与行使得以调和：它既可以像罗马的保民官维护人民利益，也可以像威尼斯十人会议一样保障政府的运行，还可以像斯巴达的监察委维护两方的和平——如此可以使得公意不被私利带入错误方向，也可以防止私利的抬头造成的政府篡权。这套体制在我国也有所体现：各级人民检察院通过一系列检察活动以打击犯罪分子，使得社会上养成遵守法律的风气；各级监察委员会对所有公职人员进行监察，开展廉政建设。而根据卢梭的设想，保民官同时兼有检察院与监察委的职责；立足当今，将这两个系统进行融合能减少体制的冗余、提高检查的效率，不失为一个妙计；但这就需要"保民官"时刻把握主要矛盾、达成中庸，这对他们的能力就有更高的要求。

　　第二，实行短时独裁制。当一个国家性命攸关、法律完全僵化时，指定一个最高首领掌控大局，探索国家的生存道路是最佳的方式；而人民如此授权是为了保全国家，因此并未违背公意。如今世界上的各种国家都有赋予领导人宣布紧急状态的权力，此时领导人就成了暂时的独裁者，把控大局。但要注意，领导人得到的是公意的授权，倘若真到如此覆水难收的境地，领导人必须站在人民的立场上，进行果断、清晰、明智的判断——苏共中央曾希望逼迫戈尔巴乔夫颁布紧急状态令、停止自由化改革以拯救国家，但是他却倒行逆施，与叶利钦等寡头沆瀣一气，最终反而加速了苏联的覆灭。*

　　第三，建立监察官制。"法律是公意的体现"，因此监察官需要以有效的措施使公意保持正确性，防止腐化，来保证法律的公正并维系一个民族的风气。宣传部门积极开展信仰理想信念建设，厘正社会舆论走向，这与卢梭口中监察官的职责相符合；而将这些宣传部门如他设想一般建立成一个平行于政府的系统，是否能使宣传工作更有效率地开展，同样值得商榷。

　　总而言之，卢梭为了巩固政权提出的"厘正公意，维护主权"思想是至今适用的；而对此所提出的各种建议同样是值得忖度并结合实际加以运用的。

（作者：施劲）

*这段将经典原文的评述和经典原文之外的案例结合在一起，且不落斧凿痕迹，一方面展现出作者的**发散性思维**，另一方面也体现出与经典文本对话的自觉，使行文呈现出作者的积极性和主动性，也增加了文章的可读性。

综合点评：

　　这篇读书报告结合《社会契约论》第三、第四卷展开论述，在比较准确清晰地陈述了卢梭的基本观点后，对中国现实国情中的政治制度、政府组织展开积极主动的思考，将阅读、写作与当下现实紧密地联系在一起。整体结构清晰、思路流畅、论述完整、语言干净。不足之处在于略显平铺直叙，文章的问题意识和论辩感有待提升。

剥离强权，保障民主*

人类文明自古发展到现在，无数先哲在一次次理论与实践的火花碰撞中，思考着政治存在与发展的形式，也探索着作为人类的集合方式之一——国家的治理方法。而这种社会治理的呈现形式，也成为了无数先辈的争论关键。** 如何防止国家的衰败与解体，也变为从古希腊先哲开始到当代社会民众广泛而深刻地思考的问题。

卢梭作为为理性主义呐喊的先驱，他的自由与平等理论影响了一个又一个时代。同时，他对传统国家弊端的揭露与批判，对当今国家建设也有着重要的警示意义。因此他的理论体系无论是对当时社会还是现代国家，都提供了各个层面的借鉴。

在第三卷中，卢梭提出了自己对"政府"与"公民"之间关系的理解。*** 政府的角色更像是一个纽带，主权者与公民通过它实现政治活动、"执行法律与维护自由"。因此，政府更像是一个被雇佣的角色，它需要做出有利于雇佣它的人，即人民，从而来带动整个社会国家的发展。故对于一个国家来说，是否走向衰败不在于公民，而在于政府的管理者。

因此，若要防止国家衰败和解体，首先便要避免陷入无政府主义的泥沼，规范政府管理者的行为与意志。因为政府的管理者身处不同职位，本应拥有公共意志、团体意志、个人意志，失去公共意志，只为团体意志和个人意志负责，本身就是一件可怕的事。同样地，政府也能根据各个方面进行分类。卢梭根据国情和社会发展状况将政府分为三类，即民主制、贵族制与君主制。**** 每一类都是依据现实情况而定，因此，每个国家都只能概括地被包含在每个类别的集合中，因为各地都有自己不同的特点，没有一种政府的形式是适用于一切国家的。而此观点也与我们现如今的社会发展相适应：我国坚持因地制宜，在借鉴前政府模式的基础上，走出一条属于自己的中国特色社会主义道路，因此获得了长久的正向发展。这也警示当今诸多国家，不能将一些政府的运行模式强硬地套到自己身上，走自己的路才是治国理政的正确选择。

规范政府行为，还需要加强立法，防止政府人员公权力的滥用。"行政官人数愈多，政府力量愈弱。"***** 所以，国家越大，政府便越应该合理优化政府结构，做到人员精简，避免冗官冗员，换一种表达就是，行政官

---

* **标题**准确概括全文核心观点，八字短语铿锵有力、立场分明。但此类八字短语式的标题，也存在流于标语和口号化的可能，需谨慎对待。

** 采用将问题放在更大历史脉络中的方式**引入**文章问题，并指出该问题是"无数先辈争论关键"，由此论证其重要性。

*** 本段进入对《社会契约论》相关观点的评述，一开始便通过**中心句**交代评述的具体章节及问题实质，便于读者锚定区域，参与思考。

**** 这段表述存在**逻辑跳跃**的问题。在"同样地"这个连接词之前，表达的意思是"应该有一个政府"，而在它之后表达的意思却是"政府有不同的分类"。从"应该有一个政府"到"政府有不同的分类"之间，缺乏必要**衔接**。通顺而完整的逻辑应是：应该有一个政府—不应只有一个政府—政府有不同的分类。

***** 读书报告写作中，鼓励适当**引用**经典原文，尤其是这样既简洁又高度凝练地体现原著思想精髓的句子，它既能增强读书报告的说服力，也能增强读书报告与经典原著之间的结合性。

人数越多，团体意志就越接近公意。但也不是人员越少越好，如果只有唯一的行政官，那么团体意志就畸变成了个人意志，决策也就不具备公信力。因此，立法便有利于规范与平衡政府人员与公民的意志决策，从而更好地避免霸权主义与强权政治。在当今时代，建立合理的法律体系尤为重要。健全法治社会能合理地规避政府人员公权力的滥用，从而更好地维护公民的权利。

此外，要正视民众的公意，建立健全制度体系。第四卷提出，公意是不可摧毁的。民众是国家的主人，所以代表民众心声的意志便始终是牢固的、不可冲破的。在卢梭对罗马人民大会等一系列历史制度进行反思后，他强调，一个开明且治理有效的国家，必须要有一个合理的制度去反映、保障民众的基本权利。我们需要一个强大的制度体系来保证人民的公意受到重视，也要保证代表公意的运行体系能够正常运转。一个治理有效的国家，必然会采取强有力且合乎情理的制度去保障公民的一系列权利。由此，我国的人民代表大会制度等一系列保障人民权利的基本制度，便是上述做法的正确实施形式。夯实一个国家的治理基础，首先还是需要一套合理运转的对内体系，才能保障一个国家的发展前景。

一个国家维持长久的发展，防止衰败解体，是一个庞大的综合性话题。卢梭的观点可能带有一定的历史局限性与偏激性，但不可否认的是，其政治观念与人生观点成了历史长河中的闪耀新星，也是人类精神文明发展史的宝贵财富。作为从实践出发去思考问题的理论家，卢梭对于民主与人权的考量方式，也同样为当今世界的各个国家提供了借鉴方式和治理蓝本。*

（作者：王怡婷）

综合点评：

这篇读书报告开篇引入即高屋建瓴，将卢梭在《社会契约论》所讨论的核心问题，放在更大的历史脉络中，可谓先声夺人。具体论述中，以《社会契约论》中"政府"和"公民"关系论述为中心线索，对卢梭观点做出较到位的总结，也有结合现实来展开具体分析的自觉，展示出关怀当下的问题意识。

文章的教训主要体现在结尾部分，这里没有针对性地围绕全文中心论述展开总结，而是对卢梭思想做了一番宏观评价，脱离了全文论述主

*读书报告的言说对象是一部经典著作，但具体展开却需具体化到其观点要义。读书报告围绕这个观点要义展开，而不是围绕经典作者或经典本身展开。结尾处的**总结**也是如此。这里的总结过于宽泛，相对读书报告主体论述部分的针对性和衔接性不足，造成逻辑跳跃。再就是，结尾中的一些看法也值得商榷，如"人生观点"之论，与正文没有关联；再如说卢梭是"以实践出发去思考问题的理论家"，也与卢梭自述的"我探讨的是权利的道理，我不要争论事实"相违背。不管是正文还是结尾，读书报告写作都应紧密结合经典著作本身的内涵，注意言之有据，不能话赶话或凭空论述。

线，这导致结尾与正文关联性偏弱。此外，读书报告写作中，尤其是总结部分，对文章中心对象做更加总体性的评析的难度要大过主体论述部分结合经典文本细部的具体讨论，这就要求写作者在此处尤其要慎之又慎，切切要做到言之有据，万万不能信口开河。

不囿于强权的藩篱，有适于民主的张力

——如何勾勒国家固存肌理 *

* **标题**以主副标题相结合的方式拟定，主标题与结论相关，副标题与问题意识相关。但须注意的是，标题尚简不尚繁，这篇文章的标题略显冗长，一般主标题中也不建议加入标点符号。

自人类文明的火把在历史的车轮中不断燃起，筚路蓝缕的先驱们便有意识地思考政治的存在形式。而"国家"作为政治的社会治理形式，自然而然地成为思想家们讨论与争辩的关键。从柏拉图的"理想国"到孟德斯鸠的"三权分立"，从伏尔泰的"开明君主制"到卢梭的"民主共和制"，如何找到一个能在适应国情基础上保障大多数人权益的政府形式，成为了古希腊先哲与启蒙时代思想家们共同探寻的思想研究方向。**

** 开篇综述背景，一方面**引入**文章主题，另一方面言明本文讨论对象所关涉的"政治存在形式"这一问题的重要性。

而作为发出"人生而自由却无往不在枷锁之中"理性呐喊的卢梭，无疑是启蒙时代对传统国家形式的弊端批判最为彻底且激进的一位。其《社会契约论》并不是如托马斯·莫尔的"乌托邦"那般架空，在批驳了洛克和霍布斯"自然自由"的观点后，在最后两卷对国家的如何设置与衰败警示进行了正反两面的深刻论述。下面笔者将就卢梭所论及其观点对当今国家建设的借鉴意义谈谈自己的思考。

首先，依国情设置政府，避免陷入无政府主义泥沼。*** 卢梭在第三卷第一章政府通论，便言简意赅地提出了自己对"政府"的理解与定义："政府是介于公民和主权之间使二者相互沟通的中间体，它的任务是执行法律与维护自由。"因此，卢梭认为，一个国家治理的前提是有一个代表"公意"的强有力的组织管理形式。那么设置怎样的政府对国家的管理才是行之有效且保障人民的权益的呢？卢梭的答案是视国情与社会发展状况而定。他将政府分为民主制、贵族制与君主制三类，每一类有每一类的适用国情，例如民主制的适用条件为小国寡民、民风淳朴等。由此，在强调混合政府

*** 自此往下是三段，是文章主体论述部分，通过逻辑序号和中心句相结合的方式，呈现文章主干**结构**，使其逻辑井然，清晰明了。

的优越性上，卢梭得出结论——没有一种政府形式适用于一切国家。而此观点也与当今我国社会发展模式相适应，即因地制宜、因势利导地走符合我国现阶段国情的中国特色社会主义道路。这也警示当今诸多国家切勿盲目照搬所谓西方发达国家的政府模式，当"和平演变"的悲剧一再上演，走自己的路方为治国理政的首要出发点。*

其次，尊法律为准绳，防止公权力的滥用与蜕化。"天赋人权"是卢梭一切政治主张的理论基础，因此保护公民自由是国家一项必不可少的义务。而避免霸权主义和强权政治的有效举措即是将权力装进制度的笼子，而笼子本身即由法律构成。这一思想也是启蒙思想家们一致尊崇的观点。卢梭对此提出"倒因为果"的观点——使法律先于其表现结果出现在普通民众面前。这一观点的实施无疑是防止公权力滥用的有效手段。而在当今时代，其以法律束缚权力，由人民制定法律的思想更具有建设性的意义。包括我国在内的世界诸多发展中国家当前法治建设仍不够健全，法治成为阻碍社会发展的一大因素。而卢梭的观点为我们当今用法律尊权利、限权力提供了深层的理论依据。

最后，以制度立方圆，强化民众的公意主体地位。正如上文所述，民众是国家的主人，并在社会生活中占据主体地位。那么代表人民心声的"公意"便是牢不可摧的。所以我们需要通过民主制度的构建去保护"公意"的主体地位。第四卷卢梭对罗马人民大会、保民官制、独裁制等历史中的制度进行反思后，强调一个治理有效的国家必须采用合法且合乎情理的制度去保证公民的投票权、选举权、监察权等一系列权利。由此，笔者想到了我们国家的人民代表大会制度等一系列保障人民权益的顶层设计，也正是这些顶层设计对人民利益的保障，才筑牢了我国社会经济基础的根基。而这也启示当今的治国理政者们——一个对外强势的国家首先要有对内民主的制度来夯实国家发展的根基。

尽管卢梭的观点在一定程度上有所激进与偏颇，并带有不可避免的阶级与历史局限性，但我们不能否认其道德政治观中对人类自然权利与政治权利的论述滋生了马克思辩证唯物主义史观与康德道德发展律等一系列人类精神文明史上的宝贵财富。** 而作为一个理论家，其思想更是极富有实践性的，为当今国家的发展提供了充满思辨意义的行动蓝本。

（作者：张子旭）

*三段主干论述中，每一段结尾都遵循一个共同的程式，那就是结合当下中国现实谈卢梭观点的启发和借鉴意义。这样程式化的叙述让文章逻辑结构清晰，但相对来说，也使文章略显机械。造成这一问题的根源不在程式化，而在于作者联系现实的阐发相对浅表，对话性不足，更近乎只是对卢梭思想的注脚。

** 这篇读书报告写法上的一个倾向是尝试将卢梭及其《社会契约论》放在历史和思想史的双重脉络中，这在收尾两段体现得尤为明显。这当然是一种彰显视野和理论基础的"高大上"写法，但同时也是一种极容易犯错的写法。读书报告写作应以**准确**、朴素为上，尽可能不要将自认为精彩却似是而非的内容不加甄别地写进去。再就是，文章总结部分，也应言之有物地针对正文所论述的中心问题。现在这个结尾，总结得有些浮泛和空洞，与前文主干论述部分衔接性不足。

综合点评：

这篇读书报告逻辑结构清晰，但具体展开略显僵化机械。另一个较为鲜明的特点是理论联系实际，即每概括总结一段卢梭在《社会契约论》中的看法后，结合中国实际做一番展开讨论。这一程式本身没有问题，但背后的思维方式值得商榷，即，文章已先入为主地把《社会契约论》摆在启示者的位置上，把卢梭的看法视作"金科玉律"，结合中国现实的讨论，浮泛不说，主要在于它们并非与经典原著相关思想的对话，而只是充作其注脚，这样便既无法推动对经典原文理解的深入，也无法对当下中国现实产生有洞察力的看法。

第六节 《论道德的谱系》

对尼采的反叛性的理解

生于 19 世纪的德国哲学家弗里德里希·威廉·尼采，对当时的宗教、道德等发起了猛烈深刻的批判，显示出其反叛性的一面。本文试根据《论道德的谱系》从对基督教的态度及根源、病人及其病因和禁欲主义者的疗法、对理性的态度等方面，对其反叛性呈现本人粗浅的理解。*

尼采对于基督教的态度主要是批判性的，他通过对欧洲语言文字的历史研究总结出，当时基督教的精神不过是曾经被压迫的"奴隶"无法面对自己被强者征服的现实，于是构思出的一套想象的复仇的话术体系，他们将自己身上的特质如软弱、隐忍描述为"善"，将压迫自己的强者身上的特质如权力、欲望等描述为与之相对立的"恶"，以此构建出基督教宣扬的道德观，宣称"只有苦难者才是好人，只有贫穷者、无能者、卑贱者才是好人，只有忍受折磨者、遭受贫困者、病患者、丑陋者才是唯一善良的、唯一虔诚的，只有他们才能享受天国的幸福"。**这种价值观念是对人性自然的本末倒置，而尼采将基督教在欧洲和其他地方的风靡现象称为"败血病""毒症"，这足以显示其对当时基督教宣扬的道德观的抨击和批判态度。

究其态度产生的根源，我认为在以下几方面：一是尼采具有尊重人性的人文主义特点，他认为"生理问题和那种反动的价值之间的关系一直被忽视了"，强调人的自然天性，而不是去追求所谓"赎罪"的自我压抑；二是尼采本人崇尚传统的、古典的、崇尚力量与美的"高尚道德"，并希望其复兴，而对"教士道德"嗤之以鼻。

尼采认为，"病人"虽身体羸弱，却怀着"表现某种形式的优越"的意志，本能地"渴望找到通向对健康人施暴的秘密路径"，而这种病态的起因则在于人性自身的不定性和复杂性，人"敢作敢为、别出心裁、桀骜不驯""敢于向命运挑战"，"被他过剩的精力胁迫着，找不到片刻安宁"。***

* **开门见山**，提出作者核心看法（尼采的反叛性），进而概述全文即将展开论证的几个方面，为读者理解主干论述提供清晰的路线图。

** 这段论述较典型地体现出陈述经典原文内容的一种方式，即**转述**和**直接引用**相结合。它可在有限篇幅内，通过转述清楚展示经典原文的论述逻辑，通过直接引用来凸显与读书报告论述线索最相关的原文信息。

*** 按照文章开篇的"导航"，可知本段将讨论的内容是"病人及其病因"。但何谓"病人"，前文没有足够清楚的交代，出现在这里就显得突兀，导致本段和前文衔接不足，行文产生了**逻辑跳跃**之感。可能的解决方案是在这段论述的前后分别加上过渡句，以让文章的不同"环"能"扣"起来，形成一条严密而连贯的锁链。

在尼采看来，禁欲主义者们治疗病人的方式并不触及病灶本身，而只是缓解"痛苦者的不适"，具体方法包括"把生命感本身压到最低点""制造快乐的快乐"即"爱他人"等，前者主要如同麻醉剂一般降低对痛苦这一感觉的生命本能的感受能力，抑制人的感官天性；后者主要利用病人的软弱本能，利用他们结伙的倾向性来使他们通过施舍、帮助、夸奖等方式来让个体在团体的成功中唤起强力感、得到快乐。

从尼采对理性的态度来看，他对当时盛行的理性也是批判的。"理性基于一个近似虚无的认知主体"这样的说法是站不住脚的，因为所谓理性的前身或者说起源也是人的感性，而否定人自身的意志，抑制甚至完全排除情感不啻阉割自身的知性和智能。尼采看到当时理性主义对人性本真的扼杀，并提出了质疑。

总的来看，尼采对当时的基督教之下的道德秩序有自己的深刻洞见，对其宣扬的"奴隶道德"和病态的社会现状进行猛烈的批判，显露出其反叛性的一面。

（作者：张世为）

综合点评：

这篇读书报告有基本的问题意识，即从反叛性来理解尼采体现在《论道德的谱系》中的思想；有一定的结构意识：开篇引入问题，结尾总结问题，主干论述按不同要点展开；有结合经典文本展开论述的自觉，对原文概述和直接引用相结合。

但文章在思维方式上存在偏差，即其展开过程依照的是答题式思维而非论说式思维。这尤其体现在主干论述部分的五个分论中。这些分论包括尼采对基督教的态度、上述态度的根源、病人及其病因、禁欲主义者的疗法、对理性的态度等。虽然它们对应开篇预先交代的行文路线，但展开过程中五者却彼此分立，缺乏逻辑衔接。由此造成的结果是，文章没有被建构为一个有内在连贯性的有机整体，而被排布为就像按照五个问题来逐一回答的孤立化答案列表。这就是读书报告写作中应力避的答题式思维方式的体现，它的本质特点是机械僵化，而非普遍联系；是各自为政，而非环环相扣；是标准答案思维，而非开放性和创造性思考。

《论道德的谱系》之"病人"

尼采在《论道德的谱系》第三篇中提到"病态者"（即病人）一词，并说"那些病态者是人类的大威胁：而不是邪恶，不是'食肉动物'"，并对他们进行了详细的叙述。那么，尼采眼中的病态者到底为何物？是什么促成了他们的病态？又如何治疗呢？本文将围绕这三个问题展开论述。*

首先，我们来看尼采所说的病人具体是指哪一类人群。** 书中如此描述："那些一开始就遭逢不幸、被压倒、被打碎的——在人类中间最严重地侵蚀生命的，最危险地毒害和动摇我们对生命、人类和我们自己的信任的，就是他们，就是那些最虚弱者。"由这段话以及尼采之后的描述，我们可以知道病人其实就是人类社会里那些遭逢不幸的失败者和虚弱的无能者，与之对应，健康者就是拥有较幸运的人生的成功者和强者。病人的病态就是将自己的一切悲惨都推诿到健康者的良心中去，企图让那些幸运者对自己的幸福感到羞耻。在尼采看来，这种病态是畸形的，他认为当健康者开始怀疑时，便掉进了患病者的阴谋之中，如果健康的正常的人对于他们美好的人生、对生命生活的热爱都感到耻辱甚至消亡时，那这个社会又会是什么样子？我们都不愿意见到一个人人自怨自艾的社会，那是尼采眼中的"颠倒的社会"。

其次，我们来分析病人的病因。从人类社会和人性的角度看，世界上有强者和弱者，有幸运者和不幸者，这是必然现象，而作为不幸者的人们，由于无法找到迫害他们人生的真正原因，他们会喜欢将自己的不幸推诿到一个人身上，而身为弱者，对强者的生活常常感到羡慕甚至嫉妒，他们将自己的悲观情绪推诿到那些过得比他们好的强者身上，并希望强者和他们一样过得不好，这时他们会制造阴谋，让强者产生负罪感，这便是我们说到的病人的病态，这种病态其实就是人性。

最后，对于这种病态的治疗手段有哪些呢？尼采在书中提到禁欲主义僧侣的治疗手段，即禁欲主义僧侣药方。这个药方的秘诀在于让那些怨恨者、病态者将怨恨的矛头转向他们自身，通过制造"负罪""罪孽""堕入地狱"这类相互矛盾、似是而非的概念来控制病态者。这个药方的原理是什么呢？站在病态者角度来看，他们是想要寻找到一个人来对他们的不幸负责任的，他们怨恨、嫉妒那些健康的人，如果任由他们怨恨那些幸运的、健康的人，那对那些健康者是一个威胁，而如果通过一个方法能让他们把

* **开宗明义**，以三个有逻辑关联的提问句引入，它们同时也是后文所要陈述的要点，既吸引读者注意力，又为其建构一张清晰的导览图。

** 开篇已交代文章将就三个方面展开论述，接下来三段，每段论证其中一个方面。三段皆以**中心句**开头，告知读者本段主旨，使文章结构清晰，便于读者快速跟上文章思路。

怨恨转到自己身上，那怨恨者所具有的怨恨就不会影响到健康者，这样社会就会一直稳定和谐。所以其实这个药方并没有将他们的病态实质性地根除，只是起了一个麻痹、缓解痛苦的作用，实质其实是一种对现实生活的逃避。这种作用类似于鸦片，能够让你从不幸的生活中抽出，无尽地享受无为的乐趣。

但尼采认为，这药方不能治病，只会加重病情。因为逃避永远都不能解决问题，如果让生活本就暗淡无光的病态者还浸泡在充满"罪恶""罪孽"的苦水中，对他们是一种更深的伤害，我认为培养他们对生活、生命的正向看法，积极改变生活状态，或许才是他们重获健康的最佳药方。*

（作者：贺靖雯）

综合点评：

这篇读书报告结构清晰、逻辑完备。第一段开宗明义，直陈问题，问题不是随意的，而是具有逻辑关联的三个问题，即"尼采眼中的病态者到底为何物？是什么促成了他们的病态？又如何治疗呢？"接下来主干论述部分则围绕它们展开，且每段段首都是中心句，直陈本段主旨，给读者提示出清晰的阅读路线；最后一段略作总结，简略提出个人看法。但也不得不说，囿于篇幅，文章对尼采《论道德的谱系》中思想的论述和解读略显单薄，也偶有不确之处，整体论述上也比较陷于就事论事，与尼采思想及其历史语境的对话不够充分。

尼采的道德**

基督教，一个源自中东犹太，却影响欧洲两千年的宗教。自罗马帝国接受它的那日起，它便在欧洲大陆上开花结果。从天主教到东正教，再到后来的新教，基督教义已经扎根于欧洲大陆，从都柏林到莫斯科，从奥斯陆到西西里，基督教的价值影响着每一个人，甚至不只局限于欧洲，航海家、殖民者和传教士们将基督的价值传到了亚洲、非洲、美洲、大洋洲以及世界各地。***

* 执着于"开药方"仍是问答思维的体现，读书报告写作无须为历史和现实难题"开药方"，而是重在对一些重要理论命题的分析和拆解。

** 标题固然简练，却语焉不详，读者将猜想，文章是写尼采的个人品性吗，还是写尼采思想中对道德问题的看法。读书报告的标题，既要简练，还需对文章关键信息做出适当交代，它们未必是倾巢而出的，但须有清晰指向，不可含糊其辞。

*** 相较于开宗明义摆出问题，本文选择以一段铺陈开篇，描绘基督教对西方社会的影响力，进而在下一段引出"善恶之辨"的主旨，同样也较为通达。可见，读书报告开篇写作并非仅开门见山一法，先适当铺垫，再引入主题，也是一种方法。

　　基督的价值被普遍认作是西方的价值观，在如今的西方世界，宗教虽然失去了中世纪那样绝对的社会权力，但基督的价值依然存在，西方的道德体系是建立在基督的价值之上的，哪怕无宗教信仰的人也要承认，他要遵守这个基于基督价值的道德体系。但基督的价值是自然的人类价值吗？天主教提出七宗罪——傲慢、嫉妒、暴怒、懒惰、暴食、贪婪、色欲，以及七美德——谦逊、慷慨、宽容、节制、勤劳、温和、贞洁。那么，所谓七宗罪就是"恶"？所谓七美德即是真正的"善"？[*]

　　尼采在《论道德的谱系》中说："我们作为认知者却不曾认知我们自己。"确实，我们很多时候是不自知的。对于我们所谓认知的一切，可能我们都只是略知一二，对于其隐含的意义，我们可能所知甚少，借此尼采开始反思道德体系，就比如他的发问：人们在什么条件下作出好与坏，善与恶的判断？旧有的观点认为，好的概念源于一个利他的行为受到受益者的赞扬，后来赞扬的起因被人们遗忘，但是利他的行为成了一种好的代言。尼采是反驳这种观点的，他提出了"主人道德"和"奴隶道德"来阐释"善恶好坏"。

　　尼采通过对不同民族语言中的"好""坏"和这些词语的来源进行分析，他发现在主人道德和奴隶道德中"好"与"坏"的来历不同。在主人道德中，"好"是来自主人自己，就如同他们拥有权力和地位一样，他们拥有好的品质。这里的主人是指社会阶级中的上等人、皮尔特沃夫人、奴隶主、贵族、官僚、国王、地主、英雄、强者等。他们是社会的统治者，他们所定义的"好"使自己更加心安理得去统治社会，而主人道德中"坏"即是"好"的对立面。而奴隶道德则正好相反，奴隶价值的起源在于对"外界"的否定，奴隶即指代社会阶级中的下等人、祖安人、奴隶、黑劳士、农民、教士、弱者等，他们基于对外界敌人的怨恨，而从反方向来寻求确定价值的行动。因此，奴隶道德需要有一个对立的外部环境，他们先构想出一个"恶"，然后由此出发，设想了一个作为"恶"的对立面的好人形象，那就是他们自己。简而言之，主人道德中首先基于主人的自身出现"好"的定义，然后仿照"好"去寻找"坏"，而奴隶道德中，奴隶们出于对主人的怨恨而滋生对主人"恶"的定义，然后反过来寻找自身的"善"。^{**}

　　基督教的价值是趋近奴隶道德的，因此遭到尼采的鄙弃，尽管在他所处的时代，教会已然不成气候，民主是社会的主流，这种民主在尼采

* "七宗罪"和"七美德"的例子贯穿全篇，为解释尼采的主人道德和奴隶道德思想提供抓手。读书报告要"卖"一个观点给读者，**具体化论述**有利于让抽象观点更有可读性和说服力。

** 用较长篇幅论述主人道德和奴隶道德的区分及其"好""坏""善""恶"谱系后，言简意赅地用两句话做出总结，这个**总结意识**值得肯定，它让篇章结构更清晰，也有利于相续段落之间的衔接。

* 以提问方式**推进论述**，是使论说文层层递进的重要方法。尤其值得称道的是，这里文章采取的是对一个矛盾的发问，即为何一种"严重阻碍社会的发展"的道德却"可以制约西方社会千年甚至至今"。如爱因斯坦所说，提问有时比回答更重要。文章在这里无疑提出了一个发人深省的问题，这对文章的推进起到关键的爆破作用，能调动起文章的活力。

看来就是奴隶道德的产物，它约束了社会的强者，让更多的弱者得利，在他看来这严重阻碍社会的发展。而主人道德是由统治者所提出、倡导的，奴隶道德只是一些社会底层提出、倡导的，那为什么最后以基督教为代表的奴隶道德可以制约西方社会千年甚至至今？尼采提出了道德起义的理论。*

尼采以罗马人和犹太人为例子，罗马人缔造了强大的帝国，征服了周边的民族和国家，犹太人就是其中之一，这样看来，罗马人就是强者，他们是主人道德的代表；而犹太人即是弱者，他们奉行着奴隶道德。两种道德在争斗，但被征服者没有同征服者争斗的能力。在尼采的观点中，两者能力和价值的不同决定了两者对待敌人的态度，罗马人不畏惧犹太人，他们有绝对的权力，这使得他们可以无视犹太人的价值而去行使自己的权力，但犹太人是被征服者，对征服他们的强者罗马人有着怨恨，这种怨恨不断积累，他们虽没有能力同罗马人硬碰硬，但他们从其他各个方面潜移默化地宣传自己的价值。谎言说得多了，也便成为真的了。罗马人的轻视和犹太人的坚定不移使得罗马人接受了犹太的基督教，罗马人动摇了，罗马人在道德上渐渐落入下风，代表主人道德的皇帝权力开始减少，而代表奴隶道德的教士权力开始增加。罗马城、君士坦丁堡、亚历山大港、耶路撒冷、安条克相继有牧师去宣讲基督的教义，他们宣传奴隶道德的善与恶。在尼采的视角中他们是在颠倒黑白，将主人道德中的坏称为善，将主人道德中的好称为恶。

** 前文对主人道德和奴隶道德概念的转述、总结已经较为清楚，此处再次以"七宗罪""七美德"作具体**案例**，无疑增进文章的论证效力，且使之丰满。

现在我们带着尼采的视野反观天主教的七宗罪和七美德。** 傲慢、嫉妒、暴怒、懒惰、暴食、贪婪、色欲这些似乎是奴隶道德中对"主人"的批评，而谦逊、慷慨、宽容、节制、勤劳、温和、贞洁这些则似乎是奴隶道德中对于"奴隶"自身的赞美。以傲慢和谦逊为例，强者往往是高高在上的，并以此为豪，他们是骄傲的，这在主人道德中是好的；而弱者往往是活在强者的阴影之下的，他们没有骄傲的资本，因此他们只能提倡所谓的谦逊，与之对应，在奴隶道德中既然谦虚是善，那傲慢就必须是恶。这就解释了为什么七宗罪与七美德是相互对应的，因为教士们，或者说弱者们，要从自我身上寻出一项善，就不可避免地去否定强者身上的一项，这一项便作为与之对应的恶。七宗罪是弱者没有能力得到的品质，他们得不到就要去诋毁，因此七宗罪被称为七宗罪。他们篡改主人道德中的好坏，去彰显自己所谓的善，他们推崇禁欲、苦修，反对人最原始、最基本的欲望。

这样做是有代价的，尼采指出奴隶道德使人变得平庸、冷漠，使人失去了对人生命本身的追求和意义。人开始不在意人，这也就是为什么他在开篇就提出"我们作为认知者却不自知"。在他看来奴隶道德是一种虚无主义的道德。尼采强调主人道德的重要性，他认为社会上少数的强者可以为社会进步做出更大的贡献。他认为"人总是会不断接触到光亮，不断地经历他的胜利的黄金时刻"。

以如今的观点来看，这是一种尚强的观念，突出对强者的重视，可是过分地崇尚强者也是一种恃强凌弱的观念。历史已经给予我们教训，一味地崇尚强者已经付出代价。*如日本是一个尚强的民族，对于强者，他们给予足够的尊重，并虚心请教。对于强大的盛唐和近代的西方文明，日本分别进行了大化改新和明治维新，模仿唐和西方列强，很快跻身列强。而面对弱者，日本则没有了那些礼仪，只有冷漠和无情。身为东亚唯一的工业强国，日本肆无忌惮地发动侵略扩张，掠夺周围弱国的资源，发动人神共愤的战争，进行惨无人道的屠杀，这为日本的失败埋下了祸根。另外，尼采的主人道德容易引发极端的思想，近代欧洲一人基于尼采哲学提出了雅利安人的高贵血统，对奴隶道德的始建者犹太人进行了惨绝人寰的屠杀，此人一切推行主人道德，处理一切都用硬实力说话，发动了惊动世界的第二次世界大战，此人正是德意志第三帝国的元首纳粹法西斯阿道夫·希特勒。

可见，过分地推行尼采所谓的主人道德是错误的，甚至会造成比奴隶道德更严重更不可弥补的创伤。尽管从尼采的分析，我们必须认同的是，主人道德确确实实更优于所谓的奴隶道德，但日本和德国的教训依然历历在目，这说明了主人道德不是完美无缺的。因此在人类社会的道德发展中，两者必然相互制约，并在不同的社会发展时期形成相应的、合适的平衡，才是人类道德的最优解。

（作者：史骏兴）

* 在精炼并案例充分地总结了《论道德的谱系》中关于主人道德和奴隶道德的基本观点后，还原出尼采思想的本质，即一种"尚强的观念"，过分推崇它，实际也就站在了"恃强凌弱"的位置上。文章此时拉开与尼采**对话**的架势，进而结合历史上真实发生的案例，批判性地展示出自己的看法。

综合点评：

这篇读书报告有以下四个方面的亮点值得肯定。

第一，铺垫式开头。本书中多数读书报告案例以开门见山的方式开篇，这篇文章提供出另一种可能性。它先从基督教基本状况说起，由其核心价值论说转入尼采对此的批评。从尼采的批判对象起笔而非尼采的批判起笔，有一种娓娓道来之感。

第二，具体化论述。这篇文章很大的一个特点在于从语言修辞方式到具体论证方式，高度重视具体性和案例性，这尤其体现在对《论道德的谱系》的具体分析过程以及对"七宗罪""法西斯"的分析等。具体化论述使文章血肉丰满，论证有说服力。

第三，内在逻辑缜密。文章中少见逻辑秩序提示词，但句子和句子、段落和段落之间却得到较好的黏合，体现出写作者缜密的思维能力。

第四，对话式论辩姿态。对话指写作者不是经典著作的盲目臣服者，而是在准确把握原著要义的基础上，提出与之对话的观点；论辩姿态指写作者有自己观点和立场，论述过程保持清晰的目标性，时刻捍卫自己的观点。

高贵道德是个人需要的，奴隶道德是社会需要的

《论道德的谱系》作为一部伦理学著作，阐释了强者与弱者不同的道德谱系，论述了强者价值取向的好与坏与弱者评判的善与恶。基于《论道德的谱系》第一章，我认为高贵道德对于个人的发展是必不可少的，而奴隶道德对于社会的稳定与调和也是必需的，两者都具有存在的价值以及意义。*

尼采更崇尚高贵道德，他认为，奴隶道德只不过是根植于怨恨的弱者为了掩饰自己对强者的恐惧和嫉妒想要通过所谓的奴隶道德去限制强者的一种手段，是虚伪的！在《论道德的谱系》第一章，尼采区分了属于弱者的道德——奴隶道德和属于强者的道德——高贵道德两种道德。而这两种道德则是从"好"与"坏"的朴素观念演化而来的！"好"的观念可以说是起源于，有人从不自私的行为当中获得了利益，于是这个人就将这种对自己有利的行为和这一种好的观念联系了起来，而与此对立的行为就可以被称为"坏"。但尼采却认为这种起源是有问题的！** 一方面，不自私的行为对所有人都不见得是好的，比如有的时候自己的不自私行为可能会危害自己，这对自己来说就是不好的，也可以被称为"坏"。另一方面，从

* **开门见山**，先说结论，提纲挈领。值得肯定的是，此结论是对《论道德的谱系》书中观点的阐发之论，并非亦步亦趋复述之论。

** 读书报告贵平易朴素，不动声色，以理服人。此处三个叹号一加，**情感色彩**就起来了。情感色彩对于读书报告写作是有破坏性的，因此叹号这类表达情感倾向的标点符号要慎用，或索性就不要使用。另外本段篇幅过长，表述被揉为一团，会增加读者阅读时的注意力负担，不利于文章观点的有效传递。

心理学的角度来讲的话，大家评判好坏是和效用这一概念相联系的，有效用的行为就与"好"相联系，而没有用或没效用的行为就与"坏"相联系。当"好"与"坏"这两种价值产生出来后，两者之间的对立便使得两者越走越远，由此便逐渐催生出了教士的价值方式和"骑士—贵族"的价值方式。"骑士—贵族"的价值方式总的说就是根植于自我肯定、自发的发展，比如说骑士和贵族评判"好"这一概念是基于自己来看的，对于他们而言，能体现自己的特征或者强大的东西都可以被称为好，与自己这些特征相对立的就可以被称为坏，比如，贵族们把自己和平民独立开来，将平常人称为"坏"，甚至从种族的肤色以及发色都进行了好与坏的区分，但要注意的是，这里之所以把平常人归结为"坏"则是因为"懦弱""不思进取"等不好的词在贵族看来往往在平常人身上，这与他们自己不同，所以把平常人归结为"坏"，基于"骑士—贵族"的价值方式便逐步形成了高贵道德，因为高贵道德本质上来源于自我充满积极的生命意志，所以这种道德并不会产生怨恨，不利的情感只会通过弱者体现自己的强大等方式被发泄出去，在这种道德中，"坏"只是"好"的副产品，拥有这种道德的人充满着自信与坦率并且具有强大的自愈力与忘却力，原文中的米拉保就是一个拥有强大忘却力的人，这种人才能够淡化不幸与失误带给自己的痛苦，永远保持积极；而教士的价值方式根植于"坏"的本源，这种价值方式是通过对"外界""非我"的否定来体现出自己的善。就比如对于强者的欺辱弱者选择懦弱地退让，但这种行为在弱者的包装下却变成了诸如"忍让"这种类似于善的词语！弱者将这种价值方式融入教会中，通过所谓教会的传播逐渐改变人们的思维，在这种价值方式下就逐渐形成了奴隶道德，这种道德把强者对弱者的同情视作理所当然，不同情就成了不道德，这种道德是虚伪的、怨恨的，只不过是弱者为了逃避、为了掩饰自己对强者的嫉妒、为了掩盖自己的懦弱等对自身发展不利的东西所产生的东西。尼采之所以要做这样的谱系回溯与批判，是因为尼采认可高贵道德，但是在当时的社会中奴隶道德占据了上风，为了使更多的人信服自己的观点，尼采只有把最本质的来源展现在人们面前，才能让人们认可自己的观点。

高贵道德是个人需要的，奴隶道德是社会需要的。个人只有与高贵道德为伴才能不断发展，不断进步，社会只有在奴隶道德的制约与调和下才能长治久安。*在我看来，个人需要的是高贵道德，因为高贵道德鼓励人们积极进取、崇尚强大、鄙视软弱、追求创新，它鼓励人自身不断创造不断

*这句话堪称**金句**，高度凝练地概括文章核心观点。当然也应注意，由于过于对称，此类金句也可能造成简化论述对象的后果。就此处这个观点而言，既然"高贵道德是个人需要的，奴隶道德是社会需要的"，那么如何处理个人同时也是社会人的矛盾？这里作者就需交代，对于这个矛盾尼采是怎样解答的，作者针对尼采的解答又做如何思考？这是理应考虑到的地方，如果仅停留在"区分"，那还只是正式比赛前的"热身阶段"，对"区分"之后所引发的"矛盾"进行充分分析，才是正式比赛阶段。读书报告是**推进性**文体，道理也在这里，不是把内容放进来就万事大吉，还要有目的地摆放，随后再去解析这样摆放的道理和矛盾所在，并对此做出推进性分析，推进得越远，文章的分析就越具彻底性。

强大；而奴隶道德更多的是制约掩盖自己的不足而不是进取，弱者还会利用奴隶道德来制约强者，甚至让强者让渡自己的利益来体现高尚，比如，新冠疫情的早期，一大部分所谓的"善良的网友"要求甚至命令一些富裕的公众人物捐款、捐物资来体现自己道德的高尚，但这种行为难道不是很可笑的吗？想要更多地表达自己的善意不应该是要求自己而不是要求别人吗？这就是一种奴隶道德坏的体现，它会限制个人的发展。但是对于社会而言却需要奴隶道德的制约与调和来维护社会的稳定，若社会没有奴隶道德，那么强者就可以肆意欺辱弱者，这显然会影响社会的稳定与治理，甚至社会秩序崩塌发生战争。所以，高贵道德是个人需要的，奴隶道德是社会需要的。

（作者：彭飞）

综合点评：

这篇读书报告清晰体现出总—分—总的论述结构。第一段总起全文，开门见山交代观点，第二段展开论述尼采《论道德的谱系》中对于好坏、善恶的谱系学研究，第三段则是对第二段的阐释和发挥，并呼应第一段，对全文做出总结。

这个逻辑结构本身没有太大问题，但也应该注意，总—分—总结构不应是封闭性结构，而应是推进性结构。就本文而言，第三段的功能应是对第一段提出观点的推进性阐释而不是重复性发挥，即，文章做出"高贵道德是个人需要的，奴隶道德是社会需要的"区分后，不应仅停留在这样一个区分性论述。原因在于这个区分不彻底，它自身是包含矛盾的，即个人不是脱离社会的个人而是社会中的个人，因此个人就内在于高贵道德和奴隶道德的矛盾要求之中。结合经典文本批判性地分析这个矛盾，才是文章真正要做的事情。把这个问题说清楚，文章才能得到有效深入。

关于尼采对"哲学家的贞洁"的批判的思考

第一次见到尼采这个名字，是在中学语文课本里鲁迅先生的《拿来主义》："尼采就自诩过他是太阳，光热无穷，只是给与，不想取得。然而尼采究竟不是太阳，他发了疯。"直到最近我再次读《论道德的谱系》，才对尼采以及他的思想有了相对更深刻的认识。本文中笔者将以第三章中尼采对艺术家和哲学家的所谓"贞洁"观念的猛烈批判为主要内容，发表对其哲学思想的浅薄见解与思考。

所谓的"哲学家的贞洁"是什么意思？通过对书的阅读，我认为其本质是禁欲主义理想，即"讨厌尘世、敌视生命、怀疑感官、摈弃情欲"。哲学家的禁欲主义理想是一种特定的禁欲主义，是高级精神活动的必要条件之一，这有助于哲学家摆脱肉体和灵魂上的痛苦，获得无纷扰的内心世界和安静的外部环境，从而为哲学家提供最佳生存环境和最优创造力。更重要的是，哲学本身就是禁欲主义的产物：哲学家们的怀疑、否认、分析等倾向与社会道德和良心相违，使社会不信任哲学家，而禁欲主义有利于控制这种倾向以获取社会的认同。由上面分析可知，"哲学家的贞洁"是哲学家符合自身利益与发展的诉求，并不应该被认为是一种合理的道德价值。

理解完"哲学家的贞洁"之后，那么，尼采为什么要以瓦格纳为例批评艺术家和哲学家的所谓"贞洁"观念呢？其原因是多方面的。

首先，从作者个人方面来看，尼采与瓦格纳有深厚的友情，后面的决裂对尼采产生了较为沉重的打击，因此他对瓦格纳的批判会更为尖锐，所以才会采用很多篇幅来痛批瓦格纳的思想与行为，而其中最明显的就是"贞洁"观念，即禁欲主义理想。两人因都对音乐和叔本华的"悲观"哲学思想感兴趣而结缘，同时也因兴趣上的分道扬镳而决裂。瓦格纳从无神论者逐渐转为基督徒，而尼采在《论道德的谱系》中痛批基督教；瓦格纳结识帝国权贵，为其奏乐，带有浓厚的民族主义思想，尼采却不偏爱权贵或者强人，反而更同情弱小的犹太民族。总之，尼采与瓦格纳的决裂是其反叛权贵的缩影，瓦格纳的"贞洁"观念非常具有典型性，而以昔日友人为例，更显现了尼采对其所谓贞洁观念的不满与蔑视。

其次，从艺术家和哲学家的所谓"贞洁"观念本身来看，尼采认为，不论在什么时代，艺术家都是某种道德、哲学或某种宗教的仆从。因此，

---

*开篇结合作者的阅读经验，带给读者一种亲切感。可惜对于鲁迅这一段话，作者没有展开分析，读者无法确知它跟文章主旨的关系，它也就无法起到引入主题的作用。

**进入分析之前，先通过一个问句对文章中心对象"哲学家的贞洁"做出界定概念，为主干部分的论述做好铺垫。

***以下三段以尼采对瓦格纳的批评为例，对"哲学家的贞洁"问题展开分析。三个部分分头展开论述，且有清晰的逻辑提示词，每一段的第一句则表明论述角度。由此使文章逻辑结构清晰。但在具体论述中，对"哲学家的贞洁"这个中心问题的讨论较为扁平，重复的意思反复表达，深入性不足。

艺术家和哲学家提倡"贞洁"无非是维护自身利益和立场的某种手段，而并非对信仰的追求。同时，"贞洁"背后的禁欲主义理想本身的自相矛盾也是非常明显的，它体现为一种"以生命反生命"的现象。它把生命的获得当作误入歧途，认为人最终要迷途知返，返回迷途的起点。所以已经被驯化的人类身上都有一种病症，即厌恶生命、向往终结，而这违背了人生命本真的原始状态、生命力和本性，即对希望的渴求和对生命的热爱。

最后，从时代背景来看，19 世纪末第二次工业革命的浪潮席卷大多数资本主义国家。科学技术的突飞猛进促进了经济的飞速发展，由此不可避免地造成了贫富的巨大差别，整个社会处在矛盾丛生的对抗中。社会道德问题也因此引发了众多哲学家和艺术家的反思，尼采正是想通过对"贞洁""禁欲"的批判，来反对人们所信仰的基督教和传统道德，打破传统的对道德的刻板的标准，从而重新反思人们生命的价值，重新书写人类道德的谱系。

从尼采对艺术家和哲学家的所谓"贞洁"观念和禁欲主义的批判中，我不由得联想到了最近刚刚看完的《肖申克的救赎》。* 老布在监狱中待了五十年后，虽然被放出狱，但是他已经没有能力面对疾驰的汽车和日新月异的世界了。"这些围墙很奇怪，刚来的时候，你会恨它，慢慢你就会习惯它，日子久了，你就会发现你离不开它，那就是被体制化了。"瑞德的话不仅是对老布自杀的反思，更是对我们后世的告诫。或许禁欲主义理想和所谓的"贞洁"便是那新型的监狱，以刻板压抑的传统伦理道德压抑人们的本质与天性，桎梏人们的思想。尼采之所以痛批"哲学家的贞洁"、反思道德的谱系，或许就是因为看到了旧道德反对创新、扼杀有创新精神的人，看到了基督教告诫大家循规蹈矩、逆来顺受，死了之后才能进入天堂，而这肯定会断送人类的未来。

作为一名百年之后的新时代青年，体悟完尼采的伟大思想后，我认为我们更应该将这种冲破旧事物的勇气传承下去，怀着满腔热情对待日常的生活与学习，开展创造性的活动。正确对待禁欲主义理想，反对消沉颓废，积极奋发有为，脚踏实地，努力追寻人生的价值与意义。**

（作者：李聪盼）

*运用**类比论证**，把经典阅读的所思所想和生活实践的体悟联系起来。但此处案例描述有余，论述不足，便不足以释放类比论证的潜能，反而对案例过多篇幅的描述会使文章显得枝蔓。

**结尾与前文衔接不足，且这样表态式的语言非但不能给文章增色，反而其套路化表达会让文章在结尾处给读者留下空洞无味的印象。

综合点评：

这篇读书报告结构清晰，对象明确，清楚呈现尼采在《论道德的谱系》中批判"哲学家的贞洁"的基本要点。但相对来说文章的问题意识没有得到凝练，导致推进论述过程缺乏内在动力。原因在于文章目前看来更近乎一篇读书笔记，主要还只是对阅读对象的主要观点做总结把握，而未能与此展开对话式争辩。结尾处结合影视作品和个人经验的讨论，也主要是感悟式的，并非针对前文问题的推进式展开。

附录　读书报告写作思考题选粹

　　读书报告写作是重庆大学文明经典通识核心课程的重要环节。每学期课程中，一般需完成六篇左右的读书报告。为引导思考，课程组为每本经典著作预先拟定相应写作思考题。这些思考题并非问答逻辑意义上的提问，由此让学生寻找"标准"作答；相反，它旨在激发思考，铺设一条写作者基于阅读、经验、情感同经典著作碰撞的可能路径。

　　基于上述考虑，课程组对读书报告写作思考题的命制坚持以下原则。

　　（1）只有通过自主阅读和理解文本才可下笔，具备一定的开放性。

　　（2）避免单纯知识性问题，以致学生通过网络百科搜索便可拼凑作答。

　　（3）避免题目过于理论化和学术性，除阅读经典外无其他准入门槛。

　　（4）有一定提示引导，借之能够关联到写作者既有阅历或现实感受。

　　（5）助力提升思维能力，尤其是超越高考作文知识视野和写作套路。

　　可见，读书报告写作思考题意在引导学生对话式读书、主动性思考，调动和培养思维能力、认知能力和表达能力。不管针对阅读还是写作，尤其反对单纯的知识取向与专业化取向，强调阅读与人生和承载着人生的历史传统、社会整体的关联。读书报告根本而言是一种通识写作、一种自我关照、一种思维训练，思考题以此为目标来设计。

　　以下选粹来自 2021 年秋季学期以来的思考题，它们是课程实践的一部分，亦可供对经典阅读和通识写作有兴趣的读者参考。

【文明经典系列 A】

《诗经》

　　◇《诗经》有"十五国风"，请选择其中一国风，仔细阅读所涉全部诗篇，试以合适的方式，结合文本，阐述这些诗篇所体现的这一国风土人情教化之特征。例如，若将这一国风拟人化，你觉得他／她应是一个怎样的人？或者，若以这些诗篇为依据，向他人介绍这一国之"风"，你会如何阐述？

◇《诗经》中，风、雅、颂各自的第一首诗《关雎》《鹿鸣》《文王》《清庙》被古人称为"四始"，具有教化人心的作用。你是否有过受到诗歌或音乐的熏陶触动从而思想品格提升的经历？请结合"四始"诗篇，谈谈心得体会。

◇你认为，《武》这首诗的作者是在赞扬战争的胜利还是歌颂和平的到来？从中你看到诗人对战争与和平是一种什么样的总体态度呢？如果联系《七月》一诗的内容，你是否能理解这种态度的依据和来源？你会有什么样的共鸣？

《庄子》

◇时间是儒、道共同关心的话题。子在川上曰："逝者如斯夫，不舍昼夜。"《逍遥游》说"朝菌不知晦朔，蟪蛄不知春秋"。请结合《逍遥游》《秋水》等篇及其阅读，谈谈你对时间的体认，以及如何在时间维度上突破自我之局限。

◇《庄子·齐物论》以"吾丧我"开篇，请首先回忆你自身经历中关于"忘我"的某一次真实体验，再结合《齐物论》中对于"荅焉似丧其耦"状态的描写，谈一谈学习《庄子》前后，你对"忘我"境界的领悟有何不同。

◇《庄子·齐物论》有"庄周梦蝶"的寓言；苏轼《后赤壁赋》的结尾也写了一个"道士化鹤"的神秘梦境，"梦"成为将鹤与道士联结起来的桥梁。细读这两个故事，你是否能找出二者的相似之处，它们表达的是怎样一种共同观念？历代评论家也指出，《后赤壁赋》在此虽有学《庄子》之处，但东坡却并没有真的厌离尘世、"乘风归去"，而是以超越的心态继续扎根人间，因此在赋的结尾，东坡如梦初醒，重返世俗。在你看来，东坡对人间的眷恋与《齐物论》的超越思想矛盾吗？请结合自己对生活的理解，说明你的依据。

《史记》

◇《史记》对中国史学乃至中国文化的发展都影响巨大，如《游侠列传》中对"侠义"的描述和推崇，《项羽本纪》中对悲剧英雄的同情等，都已成了中国文化的内在精神特质。请根据你阅读的篇目，找到类似的某一点或几点，结合文本和实际生活中的例子谈谈你自己的理解和认识。

◇《史记》中多次提到"高鸟尽，良弓藏，狡兔死，走狗烹，敌国破，谋臣亡"，在汉初的激烈的矛盾纷争中，萧何的日子并不好过，"伴君如伴虎，君臣遇合难"，但最后却得以善终，请读《史记·萧相国世家》，结合文本和情节谈谈萧何是如何处理君臣之间的关系的，对此你有何认识。

◇孔子遭厄于陈蔡之间，绝粮七日，弟子馁病，且有不满，但孔子仍弦歌不绝。

请根据《史记·孔子世家》的相关记载和叙述，谈谈孔子为何会如此选择。作为读书人，孔子在这一困境中的选择，对你有什么样的启发？

《世说新语》

◇对于魏晋门阀士族，有人认为他们垄断官位、剥削百姓，是没落无用的腐朽阶层；也有人认为，正因他们在漫长乱世中坚守文明，中华文明才不曾断流。请结合《世说新语》"政事""雅量""汰侈""简傲"等门，谈谈你对这个问题的看法。

◇阅读《世说新语·贤媛》门，试归纳其中所体现的魏晋女性特征，你对这些特征有什么评价？同时，结合你对魏晋时期的了解，谈谈这些特征出现的原因。

◇雅量是魏晋时期十分具有时代特色的人格内涵，它不仅指人的宽宏大量，更是一种稳定的人格魅力，在当时颇受名士阶层推崇。东晋宰相谢安就是一位以雅量著称的名士，李白曾有诗赞叹："但用东山谢安石，为君谈笑静胡沙。"无论是在剑拔弩张的节点还是生死存亡的关头，谢安都镇定笑对，展现出足以镇安朝野的雅量，赢得时人与后人的肯定和尊重。请阅读《世说新语·雅量》中的第28、第29、第35条与《世说新语·言语》中的第70条关于谢安的记载，谈谈这些条目内容体现了"雅量"的哪些特征，你认为这样的雅量有什么价值或不足，在今天，我们还有继续发扬这样的雅量的必要吗？

《唐律疏议》

◇请结合《论语·为政》篇与《唐律疏议·十恶·不孝》条，谈谈你对于"孝道"与"不孝"罪的理解。

◇《唐律疏议》说："伉俪之道，义期同穴，一与之齐，终身不改。"请阅读《唐律疏议》卷十三、卷十四《户婚》有关婚姻的部分，尤其重点围绕《妻无七出》条，结合现实社会状况，谈谈古代婚姻观对当今社会的启示。

◇《唐律·斗讼》规定，其一：①"诸殴伤妻者，减凡人二等；死者，以凡人论。殴妾折伤以上，减妻二等。"②"诸妻殴夫，徒一年；若殴伤重者，加凡斗伤三等；死者，斩。"这明显体现了男尊女卑的等级制度。但是，《唐律疏议》又规定，其二：③"诸詈祖父母、父母者，绞；殴者，斩；过失杀者，流三千里；伤者，徒三年。"④"诸妻妾詈夫之祖父母、父母者，徒三年（须舅姑告，乃坐）；殴者，绞；伤者，皆斩；过失杀者，徒三年；伤者，徒二年半。"同样是殴詈丈夫父母，妻子定罪反而比丈夫更轻。那么，前后两者之间在法律制定原则上是矛盾的吗？为什么？请阅读《唐律疏议》卷二十二《斗讼》，谈谈你对《唐律疏议》这个问题的认识，并结合自身经历和体会，谈谈其中的文化思维在现实生活中的反映。

《传习录》

◇你如何理解王阳明说的"知之真切笃实处即是行，行之明觉精察处即是知"？你认为"知行合一"能真正解决现实生活中的"知而不行"吗？给出理由。

◇王阳明说"天下无心外之理，无心外之物"，又说"若草木瓦石无人的良知，不可以为草木瓦石矣"。这些论述否定了学习客观知识的必要性吗？阅读《传习录》卷上第 1 至第 10 条、卷中《答顾东桥书》第 130 至第 141 条，结合文本给出你的理解。

◇你如何理解王阳明在《答顾东桥书》中说"夫人必有欲食之心然后知食，欲食之心即是意，即是行之始矣"，又说"一念发动即是行"。请结合具体文本，谈谈你对"知行合一"的理解。你认为"知行合一"能真正解决现实生活中的"知而不行"吗？给出理由。

【文明经典系列 B】

《伊利亚特》

◇荷马塑造了一个几乎完美的赫克托尔形象，但又让赫克托尔被阿基琉斯斩杀和凌辱。请结合文本思考，在读到这样的情节时，你是如何看待赫克托尔的命运的？比如他是否是一个幸福的人？

◇《荷马史诗》是一部神话背景下的凡人史诗，叙述上遵循"双重动因"原则，即事件的起止受到神意和人为两方面因素的推动，既有神力的干预，也有当事人的选择。如在《伊利亚特》第九卷，特拉蒙之子埃阿斯指责"阿基琉斯使他的强烈的心灵变得很高傲"，同时也承认是"神明把一颗为一个女子的缘故而变得执拗的、不良的心放在你胸中"。那么在你看来，神意的介入是否可以免除当事人对事件所负的责任？神意因素在《伊利亚特》的叙事中起了什么作用，是否可以删除（如好莱坞电影《特洛伊》所做的那样）？试举例说明。而当代入神话视角时，你所见的人世及其意义又有何不同？

◇在《伊利亚特》第九卷中，阿基琉斯说自己有两种命运：

我的母亲、银足的忒提斯曾经告诉我，

有两种命运引导我走向死亡的终点。

要是我留在这里，在特洛亚城外作战，

我就会丧失回家的机会，但名声将不朽；

要是我回家到达亲爱的故邦土地，

我就会失去美好名声，性命却长久，

死亡的终点不会很快来到我这里。

你认为阿基琉斯最终的选择是什么？拒绝颐养天年，似乎表示不惧死亡，但如果真的不惧死亡，又为何追求"不朽"的名声？请谈谈你对他的选择的理解。作为终有一死者，我们每个人其实都面临类似境遇，甚至还没有阿基琉斯那样信手可及的扬名立万的机会。那么请就此思考一下，你将如何赋予自己的生命以意义，来抵御死亡带来的虚无？

《伯罗奔尼撒战争史》

◇阅读《伯罗奔尼撒战争史》第三卷，雅典人克里昂与狄奥多图斯就如何处置米提列涅人展开讨论。他们在讨论什么事情？你认为他们谁说得更有道理？战争是残酷的，和平来之不易，米提列涅脱离雅典联盟而加入斯巴达联盟最终失败，试结合当今世界局势，谈谈小国应该如何在大国之间周旋自处。

◇《伯罗奔尼撒战争史》第二卷描述了战争期间雅典遭遇的瘟疫，请结合文本，总结一下雅典人面对疫情时出现了什么思想和行为变化。2020 年起全球也经历了新冠疫情，你认为修昔底德的记述对我们今天有何借鉴意义或启示？

◇《伯罗奔尼撒战争史》第五卷的米洛斯论辩，展现了雅典人与米洛斯人"正义"观念的冲突，这涉及国际关系中权力与正义的关系。请结合文本概述雅典人与米洛斯人在这一问题上各自的观念是什么样的，并思考：如果强权可以规定正义，那么正义的价值如何能是普遍的。如果正义独立于权力，那么一个弱者面对现实的生存威胁时应该作何选择？而如果你身处雅典人和米洛斯人其中一方，或者处于强者和弱者中的一方，你又会如何选择呢？为什么？

《哈姆雷特》

◇《哈姆雷特》剧中面临复仇选择的角色不止哈姆雷特一位。请选取一位这样的角色，结合具体文本分析他（她）的复仇观念与哈姆雷特的异同；结合生活体验，你更赞同谁的观点和行为？

◇"人类是一件多么了不得的杰作！多么高贵的理性！多么伟大的力量！多么优美的仪表！多么文雅的举动！在行为上多么像一个天使！在智慧上多么像一

个天神！宇宙的精华！万物的灵长！"《哈姆雷特》中的这段话常被拿来佐证文艺复兴时期的人文主义思潮。首先，请结合这段话及其所处的上下文语境谈一谈，哈姆雷特是如何看待人的生命和本性的，这种看法如何影响他对复仇行动的选择；其次，请结合你个人的生活、阅读和思考，谈一谈你对人类的高贵与卑微、强大与脆弱的认识，并据此设想你自己对复仇行动的选择。

◇克劳狄斯是《哈姆雷特》剧中的反面人物，在哈姆雷特眼中更是"丑怪"一般，但平心而论他并非无能之辈，反而颇具政治手腕和统治艺术。请尝试将克劳狄斯与此前《荷马史诗》《伯罗奔尼撒战争史》中的某位领袖（例如阿基琉斯、赫克托尔、伯里克利、尼基阿斯，或者阿尔基比阿德斯等）相比较，你觉得其性格或能力有什么相同或相异之处？进而，你认为对于一个国家而言，政治领袖的哪些品质最为重要？统治者的国家治理（公务）与其个人的品行（私德）之间，你觉得是一种什么关系？

《第一哲学沉思集》

◇笛卡尔说"没有可靠的标记区分清醒与睡梦"，是为了证明什么？这种梦境假设与"庄周梦蝶"的典故有何异同？结合前面这两点谈谈你自己对醒梦之分以及这个问题所隐含的意义的理解。

◇笛卡尔在"第二沉思"中通过自己的思考确证自我的存在，然而现在兴起的人工智能似乎比大多数人都"思考"得更好，那么人工智能有"自我"吗？如果你认为没有，那么你如何分辨网聊对象是不是人工智能？如果你认为有，那么请尝试证明你自己不是一个人工智能，这篇作业也不是由人工智能代笔的。

◇笛卡尔在"第五沉思"中把物的本质归结为广延，从而奠定了现代的数学化自然科学的基础。你是否认为一切科学问题都可以完全数学化？如果能的话，那么科学事业是否完全可由人工智能承担？若是如此，如何避免其脱离人类的掌控？如果不能，请以你自己的专业为例说明，什么工作内容必须由人负责，人的什么能力是不可替代的。

《社会契约论》

◇结合《社会契约论》中的论述，思考一下：在卢梭的政治设计中，自然状态下的个人为什么要结合起来组成国家？这是不是对历史与现实中国家诞生过程的实际描述？或者，你觉得提出这样的理论有什么意义？请结合文本回答。

◇对于《伯罗奔尼撒战争史》中米洛斯论辩所涉及的权力与正义的关系，卢梭在《社会契约论》第一卷中给出了自己的观点。请结合文本谈谈卢梭是如何阐述的？它是动摇和改变还是佐证和深化了你读《伯罗奔尼撒战争史》时对这一问题的看法？展开说说。

◇ Democracy 的字面意思是"民众的统治"或"多数人的统治"，那么在卢梭设计的民主制中，少数人的权利如何得到保障？或者，当个人的"自由"或利益与公共的利益不一致时，他设想应该怎么处理？

《论道德的谱系》

◇阅读《论道德的谱系》第一章，尼采区分了哪两种道德？它们是如何从"好"与"坏"的朴素观念演化而来的？为什么尼采要做这样的谱系回溯与批判？试列举书中提及或我们日常生活中的"道德"行为，作一个印证和分析，并针对尼采的这一区分与批判谈谈自己的看法。

◇阅读《论道德的谱系》第一、第三章，我们经常说"苦难使人升华"，但是尼采在这里批判了基督教文化"崇尚苦难"的特征。请结合文本说明尼采批判的根据或理由。"苦难使人升华"和"崇尚苦难"是否一样？你又是如何看待人生中出现的苦难、不顺或压力的？

◇电视剧《狂飙》在2023年初热播，观众普遍感叹，此剧反面角色如高启强"真实有温度"，好人如安欣"太理想脱离实际"。请结合日常生活经历并仔细阅读尼采《论道德的谱系》第一章，列举现实中善与恶的划分标准，试分析它们可能的来源是什么。尼采关于善恶的讨论是植根基督教背景的，他的理论可以描述或解释非西方背景下善恶观念的起源吗？如果可以，具体体现在哪些层面？试举例说明。